# IT'S A DATE!

**Tindern, Ghosting, große Gefühle.
Was die Psychologie über Dating weiß**

Erlebt, recherchiert & geschrieben von

## PIA KABITZSCH

Rowohlt Taschenbuch Verlag

Originalausgabe
Veröffentlicht im Rowohlt Taschenbuch Verlag, Hamburg, Mai 2022
Copyright © 2022 by Rowohlt Verlag GmbH, Hamburg
Covergestaltung zero-media.net, München
Satz aus der Franziska bei Dörlemann Satz, Lemförde
Druck und Bindung GGP Media GmbH, Pößneck, Germany
ISBN 978-3-499-00849-8

Die Rowohlt Verlage haben sich zu einer nachhaltigen Buchproduktion
verpflichtet. Gemeinsam mit unseren Partnern und Lieferanten setzen
wir uns für eine klimaneutrale Buchproduktion ein, die den Erwerb von
Klimazertifikaten zur Kompensation des $CO_2$-Ausstoßes einschließt.
www.klimaneutralerverlag.de

MIX
Papier aus verantwor-
tungsvollen Quellen
FSC® C014496

Für meine Schwester

# Inhalt

## Teil 3  Herz riskiert, nichts passiert?

# Vorwort

«Kannst du mir mal bitte sagen, was ich falsch mache? Das ist jetzt schon das zweite Mal hintereinander, dass ich nach einem, zumindest in meinen Augen, echt schönen Date abserviert werde! Ich sag's dir, ich hätte ihm die Geschichte von dem Elefantenbaby in Thailand nicht erzählen sollen.» Mit diesem Wortschwall begrüßte ich meine Freundin Paula am Telefon. Ich hatte ihr vor fünf Minuten einen Screenshot von einer Nachricht geschickt, in der mich der Typ, mit dem ich mich seit ein paar Wochen traf, freundlich, aber bestimmt abservierte. Die drei Dates mit mir seien «wirklich schön» gewesen, und es tue ihm auch «sehr leid», aber er sei im Kopf gerade «einfach nicht frei». Was auch immer das genau heißen mochte, ich fragte nicht nach. Paula unterbrach meinen Monolog, um mir das zu sagen, was ich in dem Moment am allerwenigsten hören wollte: dass Micha wohl – ja, toll, sagen wir es doch, wie es ist – *auch* nicht der Richtige für mich war. «Zünd eine Kerze an und trauere ein bisschen um ihn», meinte sie halb ernst, halb scherzhaft. Sie wusste, wie gern ich ihn näher kennengelernt hätte, schließlich hatte ich ihr – nachdem ich am Wochenende die Wohnungstür nachts um halb zwei hinter Micha geschlossen hatte – in einer vierminütigen Sprachnachricht in allen Einzelheiten erzählt, was wir für ein un-fass-bar schönes drittes Date hatten.

Als ich eine halbe Stunde später auflegte, ging es mir schon etwas besser. Ich hatte beschlossen, die ganze Situation aus einem anderen Blickwinkel zu betrachten. Ich hatte drei sehr schöne Dates mit Micha, die wir bei einer Flasche Lambrusco, meinem Lieblingswein (don't judge!), und guten Gesprächen auf meinem Balkon, vor dem Brandenburger Tor oder auf meinem Sofa verbracht hatten. Das war doch was! Und ganz ehrlich, wenn er gerade im Kopf «nicht frei war», dann war das ja wohl sein Problem und nicht meins. Ha, ich wünschte, ich wäre nach dem Korb von Micha auch nur halb so abgeklärt gewesen, wie ich hier gerade rüberkomme. Wenn ich nämlich ganz ehrlich bin, fühlte es sich verdammt scheiße an, - mal wieder - abserviert worden zu sein. Ich kochte mir einen Kaffee mit meiner knallgelben Bialetti, schnappte mir meinen Laptop, ein Teelicht und ein Feuerzeug. Und dann saß ich da. Um 10:30 Uhr vormittags, auf meinem Balkon, bei sonnigen 25 Grad. Und Kerzenschein. Ich wusste nicht: Sollte ich lachen? Oder doch lieber weinen? Und entschied mich für beides.

Nur ein paar Tage nachdem ich von Micha abserviert worden war, spazierte ich mit meiner Lektorin Antje über das Tempelhofer Feld. Wir sprachen über Bücher, tauschten Ideen aus, und sie fragte mich, ob ich ein absolutes Herzensthema hätte. Und da wurde es mir plötzlich klar: Ich wollte ein Buch über Dating schreiben. Aber nicht nur irgendein Buch über Dating, sondern ein Buch, das wissenschaftlich fundierte Antworten auf die Fragen parat hatte, die sich gefühlt eine ganze Generation - inklusive mir - stellte: Ist Online-Dating wirklich so oberflächlich, wie alle sagen? Wie soll man mit Ghosting umgehen? (Und was zur Hölle soll das eigentlich?) Hilft Schokolade vielleicht doch gegen Liebeskummer? Kann man diese elektrisierende Anziehung zwischen zwei Menschen erklären? Und: Kann man vielleicht etwas dafür tun, dass der Funke überspringt? Existiert nicht irgendeine Regel, wie lange man Nachrichten austauschen sollte, bevor man einander persönlich trifft? Und überhaupt: Hat nicht endlich jemand eine wissenschaftlich fundierte Anleitung für dieses gottverdammte Dating-Game verfasst? Damit man dabei eben nicht den Kopf, sondern einfach nur sein Herz verliert? Davon mal ab: Ist die *Generation Tinder* tatsächlich so beziehungsunfähig, wie behauptet wird?

Ich bin Pia, 29 Jahre alt, Berlinerin und studierte Psychologin. Du kennst mich vielleicht von meinem YouTube-Kanal *psychologeek*, den ich seit Anfang 2020 für *funk* von ARD und ZDF produziere. Ich habe in meinem Leben schon viel gedatet und mein Herz riskiert. Ich bin Hals über Kopf verliebt in das Leben, immer offen für besondere Momente, Abenteuer, guten Kaffee und neue Begegnungen.

Wenn du dich für echte Dating-Storys und Psychologie interessierst, keine Lust mehr hast, dich planlos durch den (Online-)Dating-Dschungel zu kämpfen, oder endlich verstehen möchtest, was hinter verschiedenen Phänomenen wie zum Beispiel den berühmten Schmetterlingen im Bauch steckt, ist dieses Buch genau richtig für dich. In den nächsten 25 Kapiteln teile ich nämlich Geschichten aus meinem Dating-Leben mir dir, gebe Antworten auf spannende Fragen rund um das Thema Dating, entlarve Mythen, von denen du bestimmt auch schon mal gehört hast, und, ganz wichtig, helfe dir dabei, das (gottverdammte) Dating-Game zu mastern. Gemeinsam kriegen wir das hin!

Als ich angefangen habe, dieses Buch zu schreiben, war ich ziemlich planlos auf den Dating-Apps unterwegs, und nach dem Korb von Micha hatte ich erst mal genug. Durch eine Zufallsbekanntschaft in München bekam ich Lust, es doch wieder zu versuchen, und beschloss, die Mission «Liebe finden» etwas ernster, aber immer noch mit einer ordentlichen Portion Spaß und Leichtigkeit anzugehen. Im ersten Teil des Buches nehme ich dich mit durch die erste turbulente Zeit: von der Generalüberholung

meines Dating-Profils (was zum Teufel sollte ich in der Kurzbeschreibung über mich schreiben?) über die ersten Matches und
Gespräche bis hin zur ersten Verabredung. Um das eigentliche
Dating und die Psychologie dahinter geht es im zweiten Teil des
Buches. Ganz ehrlich, ich kann immer noch nicht so ganz glauben, dass ich dir in diesem Buch so offen und ungeschönt von
meinem Dating-Leben der letzten Jahre erzähle. Über diese Erfahrungen habe ich bisher nämlich noch nie öffentlich gesprochen –
ist ja privat. Ich kann dir gar nicht genau sagen, warum ich mich
entschieden habe, jetzt doch öffentlich darüber zu schreiben. Ich
kann dir aber sagen, dass du dich besser anschnallen solltest, du
begleitest mich nämlich auf eine Achterbahnfahrt der Gefühle.
Und auch im dritten Teil des Buches, der von der Zeit nach dem
Dating handelt, wird es emotional. Nach der kleinen Zeitreise
durch die Dates der vergangenen Jahre geht es im Hier und Jetzt
weiter. Ich erkläre dir, warum Liebeskummer so verdammt weh-
tut, welche Wege dein Gehirn einschlägt, um sich für oder gegen
eine Beziehung zu entscheiden, und warum Ghosting leider keine
Seltenheit ist. Im Anhang findest du alle Quellen, die ich für dieses Buch verwendet habe.

Zwei kurze Hinweise noch, bevor es losgeht: Die Geschichten, die ich in diesem Buch beschreibe, sind so oder so ähnlich
passiert. Um die Privatsphäre der Personen zu schützen, die in
den folgenden Kapiteln auftauchen, habe ich die Namen, den
Kontext und (zu) private Informationen ein wenig abgeändert.
Außerdem: Leider ist die psychologische Forschung immer noch
sehr heteronormativ. Das bedeutet, die meisten Studienergebnisse, die ich dir im Laufe des Buches vorstelle, beziehen sich auf
heterosexuelle Männer und Frauen oder auch auf cis-gender-he-
terosexuelle Paare. Das heißt aber nicht, den Forschenden wäre
nicht bewusst, dass es neben Heterosexualität weitere sexuelle
Orientierungen gibt und sie die queere Community diskriminie-

ren wollten. In der Wissenschaft herrscht vielmehr größtenteils Einigkeit darüber, dass bis auf vereinzelte geringfügige Unterschiede die Psychologie hinter Dating, Verliebtheit und Liebe bei allen Menschen gleich ist und die Studienergebnisse auch auf andere Beziehungskonstellationen übertragbar sind. *Love is love!*

# TEIL 1
# NACH DEM DATE
# IST VOR DEM DATE

## To Tinder or not to Tinder, das ist hier die Frage

Es war der dritte Tag der Erstiwoche, der Einführungswoche für die Erstsemester der Uni Osnabrück, und mein achter Tag in dieser neuen, im Vergleich zu Berlin ziemlich kleinen, aber doch sehr schönen Stadt. Ein paar meiner zukünftigen Kommilitoninnen und ich saßen im Lieblings Kaffee, einem Laden direkt am Domplatz unseres neuen Zuhauses, nippten an Milchkaffees und aßen Waffeln mit heißen Kirschen.

«Ich bin später noch verabredet, komme aber vielleicht nach», sagte ich entschuldigend, als die Mädels am Tisch den Plan schmiedeten, am Abend erst in kleiner Runde vorzuglühen und danach feiern zu gehen. «Er heißt Johannes, und wir haben uns vor ein paar Tagen beim, äh ... Bäcker kennengelernt.» Die anderen sahen mich erwartungsvoll an. «Ich hatte nicht genug Kleingeld dabei, und ... ja, da hat er mir ausgeholfen, voll nett», stammelte ich, als Katharina mich ein bisschen irritiert fragte, mit wem ich denn verabredet sei und wo ich denn so schnell jemanden kennengelernt hätte. Dass ich Johannes, bevor die Erstiwoche überhaupt losging, schon zwei Mal getroffen hatte, behielt ich lieber für mich. Katharina und ich waren zu dem Zeitpunkt die einzigen beiden Singles in der Runde. Ach, was sage ich, die einzigen beiden Singles im Studiengang. So hat es sich zumindest angefühlt.

Ich lud Johannes abends zu mir in meine Dreißig-Quadratmeter-Dachgeschosswohnung ein, wir kochten Pasta und landeten irgendwann im Bett. Das war das erste Mal, dass ich mit jemandem Sex hatte, mit dem ich nicht fest zusammen war. Ich war 21, fühlte mich frei, draufgängerisch und furchtbar erwachsen. Zumindest so lange, bis er fluchte, weil das Kondom gerissen war, und mir auffiel, dass die Pille, die ich am Morgen hätte nehmen sollen, noch in der Packung steckte. Shit. Natürlich malte ich mir gleich aus, wie es wohl wäre, als alleinerziehende Mutter zu studieren. Johannes, die Ruhe in Person, versuchte, mich zurück ins Bett zu ziehen und mich davon zu überzeugen, dass alles halb so wild sei. Keine gute Kombination! «Entspann dich, Prinzessin! Du holst dir morgen einfach die Pille danach, und gut ist.» Ja, das waren seine Worte. Ich wusste zwar, dass er recht hatte, aber sein lapidarer Kommentar war zu viel für mich. Als er dann noch glaubte, mir verkünden zu müssen, dass ihm das Gleiche schon mal mit seiner Ex-Freundin passiert sei, war der Abend für mich gelaufen. Er machte sich auf den Heimweg, und ich löschte Lovoo von meinem Handy.

Dass Johannes und ich uns nicht beim Bäcker kennengelernt hatten, sondern auf einer Dating-App, habe ich meinen Kommilitoninnen, die über die Jahre zu sehr guten Freundinnen geworden sind, bis heute nicht erzählt. Mir fiel es damals nicht leicht, sie anzulügen, ganz im Gegenteil. Aber die kleine Notlüge kam mir weniger schlimm vor, als zuzugeben, dass ich auf einer Dating-App unterwegs war.

Als ich im Oktober 2013 für mein Psychologiestudium von Berlin nach Osnabrück zog, war Online-Dating noch lange nicht so verbreitet und sozial akzeptiert wie heute. Das war damals nur etwas für, ich zitiere mein Umfeld: «Leute, die im echten Leben niemanden abbekommen» und «Leute, die nur Bock auf eine schnelle Nummer haben». Da ich von den Mädels, die ich zu dem

Zeitpunkt gerade mal ein paar Tage kannte, in keine der beiden Schubladen gesteckt werden wollte, hatten Johannes und ich uns eben nicht online, sondern «beim Bäcker» kennengelernt. Andere schienen ähnlich wenig Interesse an Stigmatisierung zu haben: «Wir sagen, dass wir uns im Club über den Weg gelaufen sind, okay?» Solche Formulierungen las ich immer wieder in den Profilbeschreibungen. Ja, lass uns einfach Club oder Bäcker sagen, Hauptsache, *nicht* online.

Heute ist alles anders. Online-Dating ist in den letzten Jahren zu einem regelrechten Trend geworden, und halb Berlin ist tapeziert mit riesigen Werbeplakaten, die Lust auf die unterschiedlichsten Dating-Apps machen sollen. «Date jemanden, der genauso romantisch ist wie du!» steht zum Beispiel in großen weißen Buchstaben auf Werbeplakaten der Dating-App OkCupid. Tinder ist da unromantischer unterwegs und versucht, die Berliner:innen mit dem Slogan «Single macht, was Single will» oder «Single küsst, wen Single küsst» zu catchen und auf die App zu locken. Mittendrin im (Online-)Dating-Dschungel: meine Single-Freundinnen und ich. Drei von uns vier sind längst auf Dating-Apps unterwegs, und auch wenn meine Freundin Marie es nicht hören will, bin ich mir ziemlich sicher, dass es nicht mehr lange dauern wird, bis auch sie resigniert und sich auf einer Dating-App anmeldet. Bisher beharrt sie zwar noch auf ihrer Meinung, dass Online-Dating nichts für sie sei und ihr so «ganz klassisch im echten Leben» schon noch ein Traumtyp über den Weg laufen werde. Wenn Paula, Hanna und ich ihr von unseren Dates mit den Typen erzählen, die wir online kennenlernen, kommt sie aber ins Grübeln, ob sie es nicht doch mal versuchen sollte. Schließlich seien ja offenbar doch «ganz normale Menschen» auf den Dating-Apps aktiv. Und auch die Tatsache, dass immer mehr Personen aus unserem Umkreis ihre:n Partner:in online kennenlernen, scheint sie langsam, aber sicher zu überzeugen. I mean, let's face it: Online ist das neue klassisch!

Ich liebe es, mich mit meinen Single-Freundinnen über unsere Dates auszutauschen, und bin froh, dass Online-Dating heute kein Tabuthema mehr ist. Es ist bei uns fast schon Tradition, dass wir nach einem Date gemeinsam lachen, uns füreinander freuen, weinen und, das kommt auch ab und zu vor, Typen gedanklich auf den Mond schießen. Außerdem gibt es zwischen uns eine Art unausgesprochene Vereinbarung, dass wir uns gegenseitig Profile von Männern schicken, von denen wir denken: Hey, der Typ, der könnte meiner Freundin gefallen.

Dass Online-Dating boomt, zeigt sich nicht nur anhand der zahlreichen Dating-Apps, die man sich heute mit nur wenigen Klicks aufs Handy laden kann, sondern auch an den Ergebnissen einer Umfrage von 2020. Demnach haben schon 28 Prozent der Erwachsenen in Deutschland Erfahrungen mit Online-Dating gemacht. Das mag vielleicht nicht nach viel klingen, man muss aber bedenken, dass an der Umfrage nicht nur Singles teilgenommen haben, sondern auch Personen, die seit Jahren in festen Beziehungen oder verheiratet sind und somit nie zu Zeiten von Online-Dating auf der Suche nach einer Beziehung waren. Unter diesem Gesichtspunkt ist es schon bemerkenswert, dass mehr als jede vierte Person auf den Dating-Apps aktiv war. 64 Prozent der Nutzer:innen auf den Dating-Apps weltweit sind dabei männlich und 36 Prozent weiblich. Dieses Geschlechterungleichgewicht könnte ein Grund dafür sein, warum man es als heterosexuelle Frau potenziell leichter hat als ein heterosexueller Mann, online zu daten. Schließlich kommen auf jede Frau fast zwei Männer, aber auf jeden Mann nur eine halbe Frau. Dafür, dass es häufig mal heißt, Online-Dating funktioniere nicht, sind Nutzer:innen auf den Dating-Apps recht erfolgreich, zumindest wenn sich Erfolg dadurch definiert, dass die Nutzung der Dating-Apps zu einer

Affäre oder einer Beziehung führt. Im Rahmen einer anderen Umfrage von 2020 haben fast 50 Prozent der Befragten angegeben, auf den Plattformen einen festen Partner oder eine feste Partnerin und/oder einen «erotischen Kontakt» gefunden zu haben. Und von den Personen, die in Deutschland in einer frischen Beziehung sind, berichteten ebenfalls die meisten (43 Prozent), dass sie ihre:n jetzige:n Partner:in online kennengelernt hätten, gefolgt von einem Kennenlernen über den Freundes- und Bekanntenkreis (31 Prozent) und beim Ausgehen (neun Prozent).

Bevor ich angefangen habe, für dieses Buch zu recherchieren, war ich der festen Überzeugung, dass bis auf ein paar schwarze Schafe – die gibt es schließlich immer – die große Mehrheit auf Dating-Apps single wäre. Warum sollte man auch sonst auf einer Dating-, und die Betonung liegt auf D a t i n g , App unterwegs sein? Laut einer repräsentativen Studie der Universität Flensburg von 2020 ist aber nur ungefähr die Hälfte der User:innen zwischen 18 und 27 Jahren auf Tinder single. Die Hälfte! Die anderen Nutzer:innen sind entweder in einer festen Partnerschaft (47 Prozent) oder in einer offenen Beziehung (zwei Prozent). Sorry, aber, what the fuck?

Die Frage ist: Was suchen die ganzen Nicht-Singles auf den Dating-Apps? Diese Frage haben sich auch die Wissenschaftlerinnen Elisabeth Timmermans und Elien De Caluwé gestellt und im Rahmen einer Studie von 2017 untersucht, aus welchen Gründen Menschen tindern.

Ich nutze Dating-Apps ja hauptsächlich für die Beziehungssuche, um Männer kennenzulernen, sie zu daten und in ihnen im besten Fall langfristig meinen Partner in Crime zu finden. Auf unverbindliche One-Night-Stands oder Sexbekanntschaften bin ich nicht aus, so wie viele andere Nutzer:innen, die auf Tinder aktiv sind, um sexuelle Erfahrungen zu sammeln. Allerdings habe ich Tinder schon aus Gründen der Geselligkeit genutzt, um Leute kennenzulernen und eine gute Zeit mit ihnen zu haben, ohne sexuelle oder romantische Hintergedanken. Ich habe während meines Psychologiestudiums zum Beispiel für einige Wochen in England und in Australien ein Forschungspraktikum absolviert und dort über Tinder Anschluss zu den Einheimischen gefunden. Auch meine Freundin Hanna nutzt Tinder regelmäßig, um auf ihren Reisen Locals nach Tipps zu fragen, wo es zum Beispiel das leckerste landestypische Essen in der Umgebung gibt oder wo an dem Abend die beste Party steigt. Sie sagt, das sei besser als jeder Reiseführer. Laut der offiziellen Homepage von Tinder ist die App in 190 Ländern und mehr als 40 Sprachen verfügbar. Warum sollte man diese Möglichkeit also nicht nutzen, um andere Reisende und Locals kennenzulernen und sich Tipps von ihnen einzuholen? Mit eigentlichem Dating hat das allerdings nichts zu tun, genauso wenig wie die Suche nach Bestätigung auf Tinder. Im Rahmen der Studie von 2017 hat sich nämlich herausgestellt, dass die Nutzer:innen teilweise nur für diesen Ego-Boost, den wir wahrscheinlich alle kennen, auf Tinder unterwegs sind. Es gibt ihnen ein gutes Gefühl, ein Match zu haben und Aufmerksamkeit in Form von Nachrichten zu bekommen, ehrliches Interesse an Dating haben sie jedoch häufig nicht. Auch die reine Neugierde treibt viele Leute auf Tinder. Sie wollen herausfinden, was es mit Tinder auf sich hat, wer in ihrer Umgebung auf der App aktiv ist, und laden sich aus diesem Grund die Dating-App auf ihr Handy. Sie wollen den Hype um Tinder und Co. verstehen und die App einfach mal ausprobieren – auch in diesem Fall häufig ohne Hintergedanken. Kennst du dieses Swipen aus Langeweile oder zum Zeitvertreib? Es gab Phasen, in denen habe ich in jeder freien Minute die Tinder-App geöffnet und mich durch die verschiedenen Profile geswipt. Gar nicht mal so sehr, weil ich ernsthaft Lust darauf hatte, jemanden kennenzulernen, sondern weil es Spaß macht und weil die Zeit mit Tindern relativ schnell vergeht. Ich habe schon häufiger meine S-Bahn Station verpasst, weil ich so vertieft in das Dating-Game war. Und auch um sich vor so lästigen Aufgaben wie zum Beispiel der Klausurvorbereitung, der Steuererklärung oder der Büroarbeit zu drücken, wird laut der Studie von 2017 Tinder von Nutzer:innen geöffnet. Die einen prokrastinieren, indem sie sich stundenlang Katzenvideos auf Instagram anschauen, andere swipen sich auf Tinder die Finger wund, um sich von der Arbeit abzuhalten. User:innen drücken sich mit Tinder aber nicht nur vor der Arbeit. Während ich nach dem Korb von Micha erst mal die Schnauze gestrichen voll von Online-Dating und Dating im Allgemeinen hatte, nutzen andere Tinder, um über die Ex-Beziehungen hinwegzukommen und sich vom Liebeskummer abzulenken. Wie oft haben mich auf den Dating-Apps schon Nachrichten mit der Info erreicht, dass Person XY gerade frisch getrennt und auf Tinder nur auf der Suche nach Ablenkung und Zerstreuung sei. Ich schätze deine Ehrlichkeit, aber nein danke!

Was meine Freundin Marie zuletzt wahrscheinlich dazu treiben wird, eine Dating-App zu nutzen, ist der Druck von außen und eine Art Gruppenzwang. Schließlich bekommt sie fast wöchentlich von uns zu hören, dass sie sich endlich anmelden solle, und langsam, aber sicher ist sie, dank der Corona-Pandemie, in der es ja fast unmöglich war, offline jemanden kennenzulernen, fast die Letzte aus ihrem Umfeld, die noch nicht online datet. Der Druck von außen und das Bedürfnis nach Zugehörigkeit wurden ebenfalls im Rahmen der Studie als Gründe genannt, Online-Dating zu betreiben, genauso wie der Wunsch, zu flirten und sich mit Leuten zu connecten, die die gleiche sexuelle Orientierung haben.

Ich habe über Tinder bereits tolle Menschen kennengelernt und hatte außergewöhnliche, seltsame, absurde und teils ziemlich verrückte Dates mit den unterschiedlichsten Männern. Ich bin zum Beispiel für ein erstes Date von Schweden aus nach Spanien geflogen, habe einen Arzt kennengelernt, mit dem ich so überhaupt keine Verbindung aufbauen konnte, und direkt bei einem ersten Date vor einem Typ, den ich erst ein paar Tage zuvor bei Tinder kennengelernt hatte, einen Seelenstriptease hingelegt. Aber dazu mehr im zweiten Teil des Buches.

Seitdem ich die Studie über die verschiedenen Motive der Nutzer:innen auf Tinder gelesen habe, sehe ich Dating-Apps allerdings in einem neuen Licht. Auf Tinder & Co. sind wir Menschen auf so viel mehr auf der Suche als nach dem nächsten Date. Plötzlich ergibt alles Sinn: die zahlreichen Matches in meinem Tinder-Profil, bei denen es nie über diese kurze «It's A Match!»-Euphorie hinausging, weil meine Kontaktversuche (selbst ist die Frau!) nie beantwortet wurden. Und die vielen angeregten Chats, wenn es denn zu einem Nachrichtenaustausch kam, die bei dem Vorschlag meinerseits, das Gespräch bei einem Späti-Getränk weiterzuführen, abgebrochen oder mit einem «Hey, da gibt es etwas, das du wissen solltest» quittiert wurden. Ich habe solche Reaktionen lange eher auf mich bezogen, dachte, dass ich irgendwas «Falsches» geschrieben, die andere Person mich vielleicht aus Versehen nach rechts statt links gewischt hatte oder mich niemand kennenlernen wollte. Ganz klar, das wird zum Teil sicher zutreffen. Aber wenn man bedenkt, dass viele Menschen auf Dating-Apps aktiv sind, ohne die Absicht zu verfolgen, jemanden kennenzulernen, ist es gar nicht so verwunderlich, dass aus vielen Matches und Online-Bekanntschaften niemals Begegnungen im Offline-Leben werden. Auf der einen Seite freut sich mein angekratztes Dating-Ego über diese Erkenntnis, auf der anderen Seite bin ich genervt. Schließlich bedeutet das auch, dass man genau wie im Offline-Leben auch auf Dating-Apps erst mal abklopfen muss, ob die Person single, vergeben oder vielleicht sogar verheiratet ist. Irgendwie hatte ich gehofft, dass die App einem diese lästige Detektivarbeit abnehmen würde.

## Tell me what you want, what you really, really want!

Ich war beruflich in München unterwegs und hatte am ersten Abend Natalie und Anton im Vorhoelzer Forum auf der Dachterrasse der TU München kennengelernt. Ich war alleine dort und hatte mich, als die dunklen Wolken am Himmel immer näher kamen und der Donner nicht mehr zu überhören war, neben die beiden unter das Vordach gesetzt. Natalie und Anton wirkten wie zwei gute alte Freund:innen, die sich lange nicht gesehen hatten.

«Hey, das Buch habe ich auch gelesen», kommentierte Natalie, als ich «Everything I Know About Love» von Dolly Alderton beiseitelegte, um die neuen Nachrichten auf meinem Handy zu checken. Natalie, Anton und ich kamen ins Gespräch, teilten uns die Kirschen, die ich eigentlich fürs Frühstück gekauft hatte, und rannten am Ende zu dritt durch den strömenden Regen zur nächsten U-Bahn-Station. Was ich nicht wusste: Natalie und Anton waren gar keine guten alten Freunde, sondern hatten gerade ihr erstes Tinderdate – und ich hatte es aus Versehen gecrasht.

In den nächsten Tagen traf ich mich noch zweimal mit Natalie. Einmal auf einen Gin Tonic auf ihrem kleinen Balkon in der Münchener Innenstadt und einmal im Soda, einer Bar in der Türkenstraße, auf eine große Maracujasaftschorle. Beide Male redeten wir fast ausschließlich über Dates – und unverbindlichen Sex.

Ich selbst habe mich noch nie mit jemandem verabredet, der mir schon durch anzügliche Nachrichten signalisiert hat, dass er unverbindlichen Sex sucht. Ich habe Booty Calls, getarnt als unschuldige «Na, was machst du gerade?»-Nachrichten, die gegen

Mitternacht auf meinem Sperrbildschirm aufploppen, bisher mit einem «Ich lege mich jetzt in Seesternposition in die Mitte von meinem Bett und höre Bibi Blocksberg zum Einschlafen» beantwortet. Von den meisten Männern habe ich danach nie wieder etwas gehört. Auf Bibi Blocksberg ist Verlass.

Ich finde es völlig okay, wenn Leute Dating-Apps nutzen, um Sexbekanntschaften zu machen, keine Frage, aber für mich ist das nichts. Sex ist für mich etwas sehr Intimes, von dem ich mir bisher nicht vorstellen kann, es mit jemandem zu teilen, zu dem ich kaum eine Verbindung habe. Natalie kommentierte an dem Abend zwischen zwei Schluck Gin Tonic, dass ich viel zu romantisch für Online-Dating sei und es bei vielen Tinder-Dates doch so oder so auf unverbindlichen Sex hinauslaufen würde. Ergebnisse einer Studie von 2018 zeigen, dass Natalie mit ihrer Einschätzung gar nicht so unrecht hat. Ganz klar, Tinder ist definitiv mehr als «nur» eine Sex-App, aber trotzdem berichtet in der Studie jede fünfte Person, mindestens schon einmal einen One-Night-Stand mit einem Tinder-Match gehabt zu haben. Und sogar jede dritte Person gibt an, sich schon mindestens einmal mit einem:einer anderen User:in über einen längeren Zeitraum für unverbindlichen Sex getroffen zu haben. Dabei berichten Frauen in der Studie im Durchschnitt häufiger von Sex mit Tinder-Matches als Männer. Als ich das las, dachte ich mir nur: Wait, what? Sind nicht Männer eher diejenigen, die auf unverbindlichen Sex auf den Dating-Apps aus sind? Schließlich haben sie doch laut einem ziemlich weit verbreiteten Mythos einen viel stärkeren Sexualtrieb als Frauen und denken alle sieben Sekunden an Sex.

Auch wenn ich als Psychologin mit wissenschaftlicher Ausbildung nicht recht nachvollziehen kann, warum sich dieser Mythos so hartnäckig hält – schließlich würde das bedeuten, dass Männer fast ausschließlich an Sex denken, und ganz so triebgesteuert schätze ich sie dann doch nicht ein –, frage ich mich, ob nicht doch ein Fünkchen Wahrheit in diesem Mythos steckt.

Der amerikanische Wissenschaftler Terri Fisher und seine Forschungsgruppe haben im Rahmen einer Studie von 2012 Versuchsteilnehmer:innen gebeten, eine Woche zu zählen, wie häufig sie an Sex, Essen oder Schlaf denken. Die Ergebnisse zeigen, dass Männer etwas häufiger an Sex denken als Frauen. Allerdings dachten Männer auch häufiger an Essen und Schlafen. Also ja, die Gedanken von Männern kreisen in der Studie tatsächlich öfter um Sex als die von Frauen, aber sie denken auch insgesamt mehr an ihre eigenen Bedürfnisse. Wie kann man das erklären? Die Wissenschaftler:innen vermuten, es könnte daran liegen, dass Männer mehr auf ihre eigenen Bedürfnisse achten als Frauen. Die Psychologin Terri Conley und ihre Kolleg:innen erklären weiter, Forschung habe gezeigt, dass Männer sozialisiert werden, den Fokus auf sich selbst und die eigenen Bedürfnisse zu legen, während Frauen so sozialisiert werden, dass sie diese häufiger in den Hintergrund stellen.

Bisher bin ich davon ausgegangen: Je häufiger jemand an Sex denkt, desto größer muss auch der Sexualtrieb sein. Aber jetzt, da ich weiß, dass unsere sexuellen Gedanken zu einem gewissen Grad von der Gesellschaft verzerrt sind, frage ich mich, ob Frauen und Männer nicht vielleicht doch einen ähnlich hohen Sexualtrieb haben und Frauen diesen nur seltener oder heimlicher ausleben, weil sie Angst vor Verurteilung haben. Das könnte erklären, warum sie bei einigen anonymen Umfragen durchschnittlich genauso häufig wie Männer angeben, in der Studie von 2018 sogar häufiger, sich schon mal mit einem Tinder-Match zum Sex getroffen zu haben. Schließlich bekommt davon ja niemand etwas mit, wenn man sich über Dating-Apps zum Sex verabredet, mal abgesehen von den jeweiligen Sexpartner:innen. Untersuchungen zeigen, dass der Unterschied zwischen den Geschlechtern in Sachen Sex geringer wird, wenn Frauen sich sicher sind, dass sie für ihr Verhalten nicht verurteilt werden können.

Paula, Hanna und Marie sind so wie ich eher romantisch eingestellt und im Online- und Offline-Leben auf der Suche nach einer festen Beziehung. Es gab aber auch schon wildere Zeiten, in denen Paula Dating-Apps ausschließlich nutzte, um Männer abzuschleppen. «Wenn der Sex gut ist, warum nicht?», lachte sie, als ich sie auf ihre Bettgeschichten ansprach. Sie kam damals gerade aus einer langjährigen Beziehung, hatte das Bedürfnis, sich auszutoben, und genoss es, von verschiedenen Männern gleichzeitig umgarnt zu werden. «Aber immer schön Kondome benutzen, hörst du», erwiderte ich und fühlte mich dabei ein bisschen wie ihre Mutter. Ich freute mich, durch ihre lebendigen und manchmal sehr detaillierten Erzählungen Teil ihrer Abenteuer zu sein.

Der Mythos, dass Männer auf den Dating-Apps nur nach unverbindlichem Sex suchen und Frauen nach der großen Liebe, ist also totaler Quatsch! Wenn du beim Online-Dating nicht auf unverbindlichen Sex aus bist und dich die vorgestellten Studienergebnisse ein wenig verunsichert haben, kann ich dich beruhigen: Insgesamt hat in der Studie von 2018 zwar mehr als ein Drittel der Tinder-Dates zu unverbindlichem Sex geführt, aber auch mehr als 25 Prozent zu einer festen Beziehung. Außerdem spielten die Nutzungsmotive hier eine entscheidende Rolle: Je größer der Wunsch, über eine Dating-App eine Beziehung zu finden, desto seltener auch die One-Night-Stands und die unverbindlichen Sexbeziehungen.

Auf einigen Dating-Apps kann man mittlerweile sogar einstellen, was man auf der App sucht: eine feste Partnerschaft, was Lockeres oder mal schauen, was sich ergibt. In einem ersten Impuls wollte ich sofort einstellen, dass ich jemanden für eine feste Partnerschaft suchte. Ich habe mich dann aber doch für «Mal schauen, was sich ergibt» entschieden. Nicht, weil ich plötzlich

Lust auf irgendwelche unverbindlichen Bettgeschichten hatte, sondern weil mir der Gedanke nicht gefiel, schon vor dem ersten Kennenlernen festzulegen, wohin es gehen *musste*. Ich wünsche mir zwar, dass ich jemanden kennenlerne, der so wie ich auf der Suche nach etwas Festem ist, möchte den Reiz des Anfangs, die Ungewissheit, wohin sich das alles entwickelt, beim Dating aber nicht missen. Und ganz ehrlich, wenn aus einer Online-Bekanntschaft eine Freundschaft entsteht, ist das doch auch super! Männern, die explizit angaben, auf der Suche nach etwas Lockerem zu sein, schrieb ich dennoch erst mal nicht. Wir wollten nicht das Gleiche. Entscheidend ist, dass du dir darüber im Klaren bist, was du willst, wenn du die Dating-App anschmeißt, denn ob unverbindlicher Sex und neue Erfahrungen, Freundschaften oder große Liebe – alles ist möglich! Gar nicht so anders als im Offline-Leben.

### Fake it, till you make it? Ein Plädoyer für die ungeschminkte Wahrheit

Ich hatte die Dating-Apps seit dem Korb von Micha nicht mehr geöffnet und mich komplett in meine Arbeit vertieft. Ich liebe es, Skripte für meine *psychologeek*-Videos zu schreiben und mit meinem Kameramann Benni die Videos in unserem kleinen Studio im Souterrain eines Wohnhauses in der Nähe des Treptower Parks aufzunehmen. Der Gedanke, dass ich mit meinen Videos zu psychischen Erkrankungen so viele Menschen erreiche und einen Beitrag im Kampf gegen die Stigmatisierung von psychisch erkrankten Menschen leisten kann, lässt mein Herz höher schlagen. Normalerweise erzählte ich Benni bei den Drehs regelmäßig von meinem Dating-Leben, aber in den letzten Wochen genoss ich es, mal nichts zu berichten zu haben. Die Gespräche mit Natalie und die Tatsache, dass ich aus Versehen ihr Tinder-Date in München gecrasht hatte, weckten in mir allerdings die große Lust, doch wieder jemanden kennenzulernen. Jemanden, mit dem ich mir den ersten Kaffee des Tages an dem wackeligen Holztisch an meinem Küchenfenster, in das morgens die Sonne reinscheint, teilen konnte. Jemanden, der mir Lieder schickt, von denen er denkt, dass sie mir gefallen könnten, und mich am Ende des Tages fragt, was ich Schönes erlebt habe. Jemanden, der bleibt, und das nicht nur für ein paar gemeinsam verbrachte Dates, sondern bestenfalls für immer. Ich wollte das, was Benni mit seiner Frau hatte, und auch er wünschte mir von Herzen, dass ich einen passenden Männer-Fang machte. Nachdem ich ihm bei einem Dreh von dem Korb von Micha erzählt hatte, schrieb er mir bei WhatsApp Folgendes:

> **Benni:** Ich habe auf der Rückfahrt gedacht, dass ich dir wünsche, dass dir der Mann über den Weg läuft, mit dem du ein wunderbares Date hast. Und der danach nicht mit der Situation überfordert ist. Du hast es so was von verdient!

Wie recht er hatte. Ich hatte es, so wie alle, die sich eine Beziehung wünschen, wirklich verdient. Diesmal wollte ich es aber anders angehen, irgendwie bewusster und nicht wie bisher einfach so ohne Plan drauflosdaten. Gar nicht so einfach, wie sich in den nächsten Tagen und Wochen herausstellen würde.

Auf der sechsstündigen Zugfahrt von München zurück nach Berlin und weiter nach Hamburg nahm ich mein Dating-Profil etwas genauer unter die Lupe. Was ich online gestellt hatte? Natürlich nur die vorteilhaftesten Bilder von mir, und bis auf die Angabe meiner Größe, 1,78 Meter, und einem halb lustig, halb ironisch gemeinten «What's cookin', good lookin'?», gefolgt von diesem Pasta-Emoji, stand kein einziges weiteres Wort über mich in der Kurzbeschreibung. Mein Profil war, wie wahrscheinlich die meisten Profile auf Dating-Apps, ein klarer Fall von selektiver Selbstdarstellung: Ich gab nur ausgewählte Informationen über mich preis. Ich wollte lustig, locker und attraktiv wirken und präsentierte mich auf den Fotos von meiner Schokoladenseite. Wenn man meine Bilder sah, hätte man annehmen können, dass ich 24/7 in der Weltgeschichte unterwegs war, superviel Spaß beim Essen hatte (Der Witz, den die Pizza erzählt hat, war aber auch lustig! ... nicht), immer zurechtgemacht war und mindestens drei Kilogramm weniger wog als mein Offline-Ich. Dass ich die meisten Tage ungeschminkt und in meiner grauen Frottee-Schlafanzughose mit pinken Sternchen vor dem Laptop hockte und arbeitete, seit Wochen nicht mehr beim Sport geschweige denn auf Reisen gewesen war (danke, Corona!), das konnte man von meinem Tinder-Profil nicht ablesen. Bei Hanna und Paula sah es ganz ähnlich aus. Etwas widerwillig zeigten sie mir ihre Tinder-Profile und siehe da: Auch sie hatten nur die schönsten Bilder von sich hochgeladen. Von Pickeln, Cellulite, Fettröllchen und Alltag fehlte auch auf ihren Profilen jede Spur. Das einzige authentische Bild war das von Paula, wie sie der Kamera selbstbewusst einen Stinkefinger zeigte und dabei herzlich lachte. Auf dem Dating-Profil meines besten Freundes entdeckte ich vor ein paar Jahren sogar ein Bild von uns beiden am Strand in Kalifornien, als er mich damals in San Francisco besuchte. Das Bild war zu dem Zeitpunkt bestimmt schon fünf oder sechs Jahre alt. Zu seiner Verteidigung muss ich allerdings einwenden, dass er sich optisch, bis auf die Frise, in den letzten Jahren kaum verändert hat.

Im Rahmen einer Studie von 2011 erklärten Forscher:innen, dass man die Profile auf den Dating-Portalen nicht als die tatsächliche Darstellung der Person verstehen dürfe, sondern als eine Art Versprechen. Ein Versprechen darauf, wer die Person hinter dem Profil sein könnte. Fake it, till you make it, sozusagen. Was glaubst du, wer macht häufiger Gebrauch von solchen Beschönigungen bei Fotos? Männer oder Frauen? Du kannst es dir bestimmt schon denken: Frauen. Zu dieser Erkenntnis ist zumindest eine Studie von 2009 gekommen. Die Fotos von Frauen wurden durchschnittlich als weniger zutreffend bewertet, da sie häufiger ältere und bearbeitete Fotos einstellten, als das bei Männern der Fall war. Ich muss aber sagen, dass ich auch schon Typen gedatet habe, die auf ihren Fotos anders, meistens besser, aussahen als im Real Life.

Es gibt noch weitere Geschlechtsunterschiede: Wenn du dir die Fotos auf den Dating-Profilen mal genauer anschaust, fällt dir vielleicht auch auf, dass Frauen auf ihren Profilbildern durchschnittlich häufiger lachen als Männer und Frauen sich auf den Bildern eher klein machen, während Männer auffällig aufrecht stehen.

Ganz ehrlich, hier fühle ich mich ein wenig ertappt. Auch ich halte mein Handy immer ganz schön hoch, um von weiter oben ein Selfie zu machen. Ich finde, dass ich aus diesem Blickwinkel attraktiver und wahrscheinlich auch kleiner aussehe. Sozialisation lässt grüßen! Das, und dass ich für eine Frau relativ groß bin, könnte übrigens auch der Grund sein, warum ich bei einem ersten Date ab und zu mit einem «Boah, du bist in echt ja viel größer, als ich dachte, krass» begrüßt wurde – jedenfalls bevor ich meine Größe ins Profil geschrieben habe. Joa, ist auch schön, dich zu sehen! Auf der anderen Seite habe ich aber auch schon mal jemanden online kennengelernt, von dem ich mir sicher war, dass er mindestens ein paar Zentimeter größer sein würde als ich. Auf seinen Bildern wirkte er nämlich riiiiesig. Als beim ersten Date dann plötzlich ein gerade mal 1,70 Meter großer Mann vor mir stand, habe ich ganz schön irritiert aus der Wäsche geschaut. Auch wenn ich in dieser Situation mal wieder feststellte, dass ich eigentlich auf größere Typen stehe, habe ich uns eine Chance gegeben. Schließlich ist Größe ja nicht alles. Mein Onkel ist zum Beispiel auch ein gutes Stück kleiner als meine Tante, und die sind überglücklich zusammen. Wir haben uns dann ein paarmal getroffen und waren sogar gemeinsam für ein spontanes Wochenende in Barcelona. So richtig wohl habe ich mich neben ihm allerdings nicht gefühlt, unabhängig davon, dass unsere Persönlichkeiten auch nicht so ganz harmonieren wollten. Ich mag es, einen großen Mann an meiner Seite zu haben, bei dem ich mich «sicher» fühle, auch wenn es vielleicht komisch klingt. Seitdem frage ich geradeheraus nach, wie groß die Männer sind, mit denen ich auf Dating-Apps schreibe, wenn sie ihre Größe nirgends angegeben haben. Ich weiß ja jetzt, was ich will.

Keine Ahnung, wie es dir geht, aber ich bin mir nicht ganz sicher, was ich von dieser selektiven Selbstdarstellung auf Dating-Apps halten soll. Auf der einen Seite eröffnet sich dadurch die Chance, sich ganz bewusst so attraktiv wie nur irgendwie möglich darzustellen und den bestmöglichen ersten Eindruck bei anderen zu hinterlassen, was ja erst mal nicht verkehrt ist. Außerdem finde ich es cool, dass durch die Fotos und die Beschreibung schon ein gewisser Teil der Persönlichkeit hinter dem Profil aufscheint – auch und gerade weil die Informationen ganz bewusst ausgewählt sind. Leute, die über mein Profil stolpern, wissen sofort: Okay, Pia, 29, aus Berlin, reist gerne (und freut sich über Pizza). Auf der anderen Seite wirkt diese selektive Selbstdarstellung auf mich inzwischen zu inszeniert, irgendwie fake. Die Person, die ich auf meinem Profil präsentiere, bin zwar irgendwo ich, aber mein Leben ist längst nicht immer so spaßig und abenteuerlich, wie es auf den Fotos aussieht. Und von meiner Schokoladenseite bekommt man mich eigentlich auch eher selten zu sehen. Das Foto, das ich letztens von mir geschossen habe, als ich aus Versehen durch einen Wisch die Selfie-Kamera auf meinem Handy angeschmissen habe, würde hier definitiv besser passen. Aber verschrecken wollte ich die Männer auf den Datings-Apps ja auch nicht.

Dass mein Profil auch bei anderen inszeniert und nicht vertrauenswürdig rüberkommen könnte, darüber habe ich mir bisher noch nie Gedanken gemacht. Tatsächlich hat eine Studie von 2016 aber gezeigt, dass Nutzende eher auf Profile reagieren, die authentisch und wenig gestellt wirken. Je authentischer uns ein Profil vorkommt, desto vertrauenswürdiger und attraktiver schätzen wir die Person dahinter ein. Und gerade wenn man jemanden online kennenlernt, nutzt man alle möglichen Hinweise, um abzuchecken, ob die Person vertrauenswürdig ist. Schließlich hat man auf den Dating-Apps nicht wie häufig im Offline-Leben die Möglichkeit, bei anderen nachzuhaken, ob die Person, die man da gerade kennenlernt, es gut mit einem meint. Ich weiß, dass dieser Gedanke absurd ist, aber wie lustig wäre es, wenn man die Authentizität von Profilen auf den Dating-Apps kommentieren könnte? «Habe mich gut mit ihm über Tinder unterhalten, allerdings hat er kaum ein Wort herausgebracht, als wir uns gesehen haben. Sieht außerdem älter aus als auf den Bildern» oder: «Hatte eine richtige heiße Nacht mit ihr, die angegebenen sexuellen Vorlieben stimmten auch.» Ganz klar, diese Bewertungen wären total subjektiv und somit für andere nicht wirklich hilfreich. Ich würde es aber gar nicht schlecht finden, wenn man auf einer Dating-App wenigstens für andere angeben könnte, dass die Person «ungefährlich» ist und nicht etwa vorgibt, ein:e andere:r zu sein. Aber zum Glück gibt es ja die Möglichkeit, das eigene Profil authentifizieren zu lassen. Dafür schickt man ein Bild von sich selbst in einer bestimmten Pose, und die App überprüft, ob man der Person auf den Profilbildern entspricht. Wenn ja, erscheint neben dem Namen ein blaues Häkchen.

Während ich mich mit meinem Profil auseinandersetzte, war ich übrigens für ein verlängertes Wochenende auf dem Weg zu meinem guten Freund Ben, der in Hamburg lebte, um mit ihm auf seinen 30. Geburtstag und das Leben anzustoßen. Wir kannten uns schon seit der fünften Klasse und hatten über die Jahre Kontakt gehalten. Am ersten Abend saßen er, seine Freundin und ich vor dem syrischen Restaurant Romman in Eppendorf an wackligen Holztischen, aßen die weltbeste Falafel, und die beiden erzählten mir, wie sie sich kennengelernt hatten. Vor sechs Monaten, über Bumble. Auch wenn ihre Geschichte eher unspektakulär war oder vielleicht auch gerade *weil* ihre Geschichte so unspektakulär und damit so normal war, fühlte ich mich bestärkt in meinem Vorhaben, die ganze Sache mit dem Online-Dating doch wieder etwas ernsthafter anzugehen.

Am nächsten Morgen saßen Ben und ich schon um kurz nach sieben mit einem Kaffee in der Hand auf seinem Balkon und schauten dabei zu, wie Hamburg langsam erwachte. «Sag mal, wie würdest du mich beschreiben?», fragte ich ihn geradeheraus. Er schaute mich skeptisch von der Seite an. «Ich habe beschlossen, mein Profil auf den Dating-Apps so authentisch wie nur irgend möglich zu gestalten. Vielleicht hast du ja wertvollen Input für mich, schließlich kennen wir uns schon ewig», erklärte ich. Ben runzelte die Stirn. «Mhhh, lass mal überlegen. Auf jeden Fall muss irgendwo auf deinem Profil Kaffee vorkommen, ohne den bist du, sorry, unausstehlich. Uh, und dieses eine Bild, auf dem du genüsslich in diese riesige Pizzahälfte beißt, weißt du, dieses, das du mal auf Instagram hochgeladen hast?» Ich lachte. Jetzt kam er in Fahrt. «Und vielleicht noch eine lustige Momentaufnahme von einer deiner Reisen?» Ich beobachtete ihn gespannt von der Seite und sah mein neues Profil schon vor mir. Ja, das, was er gerade erzählte, das klang nach mir. Nach der echten, alles andere als perfekten Pia. Ich löschte das Bild von meiner Thailandreise, auf dem ich nahtlos gebräunt und in einem äußerst schmeichelhaften Winkel am Strand posierte, und ersetzte es durch eine Momentaufnahme von meinem Roadtrip durch Portugal: Pia, ungeschminkt am Atlantikstrand, das Gesicht in der Sonne. Das Bild, auf dem ich über den Witz der Pizza lachte – gestellter geht es halt nicht mehr –, tauschte ich mit dem Bild, auf dem ich zu Hause am See sitze und genüsslich in eine Pizza beiße. Der Pizzabäcker hatte vergessen, sie zu schneiden, und ich hatte kurzen Prozess gemacht und sie einfach als Ganzes gegessen, auch wenn so die Hälfte des Belags in der Schachtel landete. Als drittes Bild entschied ich mich für ein Foto, auf dem einfach nur eine Kaffeetasse und ein aufgeschlagenes Buch von oben zu sehen waren. Klar, hätte ich auch noch weitere Bilder von mir hochladen können, aber irgendwie fand ich, dass diese drei Bilder reichten, um einen realistischen ersten Eindruck von mir zu bekommen. Als ich die Bilder ausgetauscht hatte, fühlte sich das Ganze schon viel authentischer und nicht mehr so inszeniert an. Und: Man(n) erfuhr mehr über meine Persönlichkeit.

Keine Fotos oder verpixelte Fotos von sich hochzuladen, um irgendwie geheimnisvoll zu wirken, ist übrigens keine gute Idee. Eine Studie von 2020 kam zu dem Ergebnis, dass Personen Profile mit sichtbaren Fotos durchschnittlich deutlich attraktiver fanden als Profile mit verpixelten Fotos. Auch wenn man nur eine Profilbeschreibung sieht, urteilt man nämlich über die körperliche Attraktivität der Person hinter dem Profil. Das Fehlen der Fotos erweckt wahrscheinlich den Eindruck, dass die Person aus einem bestimmten Grund keine Fotos hochgeladen hat – beispielsweise, um äußerliche Merkmale zu verschleiern, die andere als unattraktiv wahrnehmen könnten.

Nachdem ich die Bilder ausgetauscht hatte, fehlte nur noch die Profilbeschreibung. Aber was schreibt man da am besten rein? Laut einer Studie von 2009 ist es wichtig, dass die Beschreibung zu den Fotos passt und die Fotos zu der Profilbeschreibung. Ich meine, ganz ehrlich, wer kennt's nicht: Das ganze Profil voller oberkörperfreier Poser-Bilder und in der Beschreibung ein «deeper» Satz von Mark Twain und der Hinweis, er sei «auf der Suche nach was Festem». Ja nee, ist klar.

Wie wichtig die Profilbeschreibung tatsächlich ist, zeigen auch die Ergebnisse einer Studie von 2014. Dort kam heraus, dass der Profiltext für die Einschätzung der Attraktivität einer Person relevant sein kann. Wenn Profiltexte zum Beispiel Freundlichkeit und Vertrauenswürdigkeit vermitteln, wirkt das auf viele Menschen attraktiver, während Profiltexte, die eine Beziehung als Herausforderung beschreiben, eher abschrecken. Jaja, wir wissen doch alle, dass eine Beziehung mit Arbeit verbunden ist. Aber wer will das schon gerne in einer Profilbeschreibung lesen? Schon mal was von «Jedem Anfang wohnt ein Zauber inne» gehört? Ich würde mir wahrscheinlich denken: Okay, wow, das wird noch mal extra anstrengend mit dem, nein, danke.

Auch Profilbeschreibungen, die sehr ausführlich sind, sexuelle Anspielungen beinhalten oder die geheimnisvoll auf uns wirken sollen («Ich verrate nicht, wer ich bin, das musst du schon selbst herausfinden»), kommen laut einer Umfrage von 2011 weniger gut an. Im Rahmen einer Studie von 2020 wurde außerdem erforscht, welchen Einfluss Rechtschreib- und Grammatikfehler in der Profilbeschreibung auf uns haben. Erst mal: Es scheint so, als ob einigen Leuten solche Schnitzer im Profiltext überhaupt nicht auffielen. Aber bei denjenigen, die so etwas bemerken, dienen sie als ein wichtiger Hinweis bei der Bildung des ersten Eindrucks. Sprachliche Fehler werden im Gegensatz zu den selektiv ausgewählten Informationen auf dem Profil nämlich als «echt» wahrgenommen, schließlich macht die niemand absichtlich. Sie liefern einen ungefilterten Blick auf die Person hinter dem Profil. Zum Beispiel geben sie Aufschluss über ihre Aufmerksamkeit, ihren Bildungsgrad oder schlicht ihr Interesse an korrekter Orthografie. Und diese Zuschreibungen wirken sich dann meist eher negativ auf die Wahrnehmung der Attraktivität und die Dating-Absicht aus.

Okay, man sollte darauf achten, dass man so wenig wie möglich Rechtschreibfehler in den eigenen Profiltext einbaut und im Zweifel noch mal jemanden drüberlesen lassen, wenn man sich mit der Orthografie unsicher ist. Check! Und wie sieht es mit Emojis aus? Eine Studie von 2020 kam zu einem ziemlich überraschenden Ergebnis. Dazu sollte man wissen, dass jede wissenschaftliche Arbeit mit einem Theorieteil beginnt, der einen Überblick über die bisherige Forschung in dem untersuchten Bereich gibt. Aus diesem Theorieteil leiten sich Vermutungen ab, sogenannte Hypothesen, die im Rahmen der Studie überprüft werden. Warum ich dir das erzähle? Im theoretischen Rahmen der erwähnten Studie gingen die Forscher:innen davon aus, dass Frauen mehr Emojis verwendeten als Männer und sich auch mehr zu Beschreibungen mit Emojis hingezogen fühlten, weil sie durchschnittlich emotionaler seien und sich Emotionen durch Emojis gut ausdrücken ließen. So weit die Hypothese. Die Ergebnisse der Studie deuten aber auf das genaue Gegenteil hin. Männer verwenden in ihren Profilbeschreibungen nämlich häufiger Emojis als Frauen und scheinen sich auch mehr zu Profilen mit Emojis in der Beschreibung hingezogen zu fühlen. Laut einer Studie von 2012 könnte man das damit erklären, dass Männer grundsätzlich mehr positive Reaktionen erhalten als Frauen, wenn sie Emojis oder, wie in der Studie, noch ganz altmodisch Emoticons verwendeten. Vielleicht haben Männer deswegen den Eindruck, hey, wenn ich Emojis verwende, kommt das gut bei den Frauen an, obwohl die Studie ja eigentlich gezeigt hat, dass die meisten Frauen einfache und klare Textbeschreibungen bevorzugen. Es muss definitiv noch weiter geforscht werden, bis man eine sichere Aussage darüber treffen kann. Ich finde es aber ziemlich cool, dass in der Studie auch das Verhalten von hetero- und homosexuellen Studienteilnehmer:innen verglichen wurde. Meistens ist die psychologische Forschung ja leider, wie ich auch schon kurz im Vorwort erwähnte, immer noch sehr heteronormativ geprägt. Sie geht davon aus, dass alle Studienteilnehmerinnen auf Männer stehen und alle Studienteilnehmer auf Frauen, was offensichtlich nicht die Realität abbildet. Auch wenn es neben Heterosexualität und Homosexualität noch weitere sexuelle Orientierungen wie Bisexualität, Asexualität oder Pansexualität gibt, ist das ein Schritt in die richtige Richtung.

Aber zurück zu den Ergebnissen der Studie: Es scheint so, dass homosexuelle Menschen allgemein häufiger Emojis in der Profilbeschreibung benutzen, öfter Emojis und Text kombinieren und ihre Beschreibung auch seltener frei lassen als Heterosexuelle. Außerdem scheinen sie sich auch häufiger zu Profilen mit Emojis hingezogen zu fühlen. Auf Profile, die ausschließlich Emojis enthalten, war die Reaktion von Homo- und Heterosexuellen jedoch ähnlich. Spannend!

Laut den verschiedenen Studienergebnissen sollte ich in meiner Profilbeschreibung die folgenden Dinge berücksichtigen, wenn ich heterosexuelle Männer ansprechen will: keine sexuellen Anspielungen (warum eigentlich nicht?), keine Geheimnistuerei, keine Sprachfehler und gerne ein paar Emojis. Okay, das klang in der Theorie tatsächlich leichter, als es in der Praxis war. Am Ende brauchte ich ein paar Anläufe, bis ich Folgendes formuliert hatte und aus der Notizen-App, die ich häufig zum Vorschreiben nutze, in die Tinder-App kopierte:

Hi! Ich bin Pia, 29 Jahre alt, 1.78 Meter groß und aus Berlin. Ich bin verliebt in das Leben, immer bereit für besondere Momente, late night working sessions, guten Kaffee und neue Begegnungen. Schreib mir gerne, wenn du ähnlich tickst. 🍦

Frag mich bitte nicht, warum ich mich gerade für dieses Emoji entschieden habe. Dass ich Psychologin bin, behielt ich an diesem

Punkt lieber noch für mich. Ich hatte keine Lust auf Kommentare wie «Du bist Psychologin? Dann muss ich jetzt wohl aufpassen, was ich sage» oder: «Na, was ist bei der Analyse meiner Persönlichkeit herausgekommen?» oder auch: «Liest du jetzt meine Gedanken?». Alles schon gehört. Falls du dir jetzt denkst: «Oh Gott, ich habe keine Ahnung, was ich basierend auf den Studienergebnissen in meine Profilbeschreibung packen soll, Hiiilfe», kann ich dir nur sagen: Mach dich locker! Der richtige Profiltext ist am Ende immer nur der, mit dem du dich identifizieren kannst. Mach dir keinen zu großen Kopf und frag im Zweifel einen Freund oder eine Freundin, ob er oder sie ein paar Zeilen über dich verfasst. You got this! Ich schloss zufrieden die Dating-App und freute mich darauf, mich wieder in den Dating-Dschungel zu stürzen und neue Leute kennenzulernen. Lasset die Spiele beginnen! Und das meine ich ganz wörtlich.

### Part of the Game: Ein Spiel mit Suchtpotenzial

«We always saw Tinder, the interface, as a game»
Sean Rad, Gründer von Tinder

Ist dir schon mal aufgefallen, dass du auf den Dating-Apps Teil eines Spiels bist? Als ich während der Buchrecherche realisierte, dass der Ausdruck *Tinder Game* nicht von ungefähr kommt, wurde mir ganz anders. Aber keine Sorge, eigentlich ist es halb so wild, schließlich geht es in diesem Spiel nicht um Leben und Tod wie zum Beispiel bei der Serie *Squid Game*, sondern um eine Art Kartenspiel. Die meisten Dating-Apps sind heutzutage so aufgebaut. Die verschiedenen Profile auf den Apps stellen die Karten in dem Kartenstapel dar, auf die du im Rahmen des Spiels reagierst. Wenn du gerade eine Dating-App auf deinem Handy hast, in der man sich durch die Profile wischen kann, öffne sie doch einfach mal, und schau dir das Ganze mit mir zusammen genauer an. Marie ist übrigens auch am Start, sie hatte nämlich beschlossen, Tinder und Online-Dating doch mal eine Chance zu geben. Wenn es nichts für sie ist, meldet sie sich einfach wieder ab, meinte sie. Wenn du gerade keine Dating-App installiert hast oder Tinder, Bumble und Co. höchstens vom Namen her kennst, keine Sorge, ich erkläre alles so, dass du auch ohne App vor der Nase mühelos folgen kannst. Los geht's: In den meisten Online-Dating-Games werden dir eine Reihe von Karten angezeigt. Wenn du genauer hinschaust, siehst du, dass auf jeder Karte das Hauptprofilbild einer Person abgebildet ist, ein bisschen wie bei den Karten vom Autoquartett (das waren noch Zeiten). Hinzu kommen meistens noch ein paar Features. Das können zum Beispiel verschiedene Informationen wie der Vorname, das Alter und eine Vorschau des Beschreibungstextes sein. Sagen wir mal, du denkst dir bei der ersten angezeigten Karte: Joa, ich möchte mehr über diese Person erfahren. Um das vollständige Profil sehen zu können, musst du aktiv auf die Karte tippen. Das zeige ich auch Marie, als wir gemeinsam bei einer Tasse Kaffee mit Hafermilch auf meinem Sofa sitzen und ich ihr die Grundregeln des Online-Dating-Games erkläre. Tinder zum Beispiel gibt interessierten Mitspieler:innen auf diese Weise die Möglichkeit, mehr über die andere Person zu erfahren, während diejenigen, die kein Interesse an der Karte haben, direkt weiterspielen können, ohne Zeit zu verlieren. Ganz schön smart, oder? Wenn du das Dating-Game spielst, ist es deine Aufgabe, auf jede Karte einzeln zu reagieren. Und erst wenn du auf eine Karte geantwortet hast, wird dir eine neue Karte angezeigt. Skippen, ein Profil überspringen, das geht nicht. Auf diese Weise stellt Tinder sicher, dass du mit jeder Karte im Kartendeck einzeln interagierst.

Ich erkläre Marie, dass ihr für die Steuerung dieses Spiels wie bei einem Videospiel verschiedene Schaltflächen zur Verfügung stehen. Wenn ihr die angezeigte Karte gefällt, kann sie das anzeigen, indem sie auf das grüne Herz drückt oder alternativ die Karte nach rechts aus dem Bild wischt. Es erscheint ein «LIKE» in grünen Buchstaben auf der linken Seite der Karte, bevor sie verschwindet und ihr daraufhin die nächste Karte vom Stapel angezeigt wird. Wenn Marie eine Karte nicht zusagt, klickt sie einfach auf das rote X, oder sie wischt die Karte nach links aus dem Bild. Ein «NOPE» erscheint in roten Buchstaben auf der rechten Seite der Karte, die Karte verschwindet, und das Spiel geht weiter. Ich weiß nicht, ob du das kennst, aber ich habe schon des Öfteren einen Typ, dessen Profil ganz interessant aussah, aus Versehen nach links anstatt nach rechts gewischt und mich danach ziemlich geärgert. In der Free Version von Tinder geht das nicht, aber wenn man die kostenpflichtige Version nutzt, gibt es die Möglichkeit, ein Profil mit einem Klick auf einen runden Pfeil zurückzuholen und auf die Karte noch mal neu zu reagieren. Ganz ehrlich, mir ist dieser Rückholpfeil vorher nie aufgefallen, dir? Da ich aber eh nicht für Tinder oder eine andere Dating-App bezahle, ist der Pfeil für mich so oder so irrelevant. Wenn ich mal wieder zu voreilig ein Profil nach links gewischt habe, heißt es einfach: Pech gehabt! Deswegen gebe ich Marie und ein bisschen auch mir selbst den Tipp, nicht zu schnell durch die Profile zu swipen.

Als Marie ein Profil zum ersten Mal links aus dem Bild wischt, ist sie ein wenig irritiert, dass sie keine Rückmeldung darüber erhält, wie die Person hinter dem Profil wiederum auf ihres reagiert hat. Tja, das ist leider «Part of the Game». Man nennt das auch Doppelblind-Prinzip – du weißt nicht, wie eine andere Person auf dein Profil reagiert, und auch die andere Person hat keine Info darüber, in welche Richtung du ihr Profil swipst. Ihr schlagt euch beide «blind» durch den Online-Dating-Dschungel.

Es gibt jedoch die Möglichkeit, einem Profil durch einen blauen Stern einen Super-Like zu geben. Wenn das eigene Profil einem:einer Mitspieler:in angezeigt wird, dem:der man den Super-Like gegeben hat, weiß diese:r sofort, dass man sein:ihr Profil gelikt hat. «Ja, geil, dann gebe ich einfach jedem Profil, das mich interessiert, einen Super-Like, cool», meint Marie enthusiastisch. Sie ist sichtlich enttäuscht, als ich ihr erkläre, dass man in der kostenlosen Version nur eine sehr begrenzte Anzahl an Super-Likes zur Verfügung hat. Für mich ist es bei diesem Spiel aber auch «half the fun» herauszufinden, ob eine andere Person mich auch gelikt hat.

Es ist ein bisschen wie beim Glücksspiel: Vielleicht ziehe ich den Hauptgewinn, vielleicht aber auch nicht. Diesen kleinen Nervenkitzel möchte ich beim Swipen nicht missen.

Zuletzt zeige ich Marie noch den lilafarbenen Blitz, der allerdings auch nur den zahlenden Mitspieler:innen vorbehalten ist. Wenn man auf das Symbol klickt, pusht man die eigene Karte im Spiel. Für dreißig Minuten wird sie dann als «Top-Profil» in der Umgebung gehandelt und anderen Mitspieler:innen bevorzugt angezeigt, um die Anzahl der Matches zu erhöhen.

«Du sagst die ganze Zeit, dass Tinder wie ein Kartenspiel aufgebaut ist. Bei Kartenspielen gibt es aber doch immer ein Ziel, zum Beispiel, dass man alle Karten loswird oder am Ende das beste Blatt auf der Hand hat.» Marie runzelt die Stirn. «Ganz ehrlich, irgendwie verstehe ich gerade noch nicht so ganz, was das Ziel dieses Spiels sein soll. Mir geht es doch darum, die große Liebe zu finden.» Marie hat nicht ganz unrecht. Auf Tinder oder auch auf anderen Dating-Apps legen die Mitspieler:innen ihre Ziele selbst fest. Ich zum Beispiel bin auf der Suche nach inspirierenden Gesprächen, nach außergewöhnlichen Begegnungen und, wenn es denn funkt, einer Beziehung. Würde der letzte Fall eintreten, wäre das Spiel für mich beendet. Das Ziel meines persönlichen Dating-Games ist der Anfang einer Beziehung, und um das zu erreichen, brauche ich Matches. «Damit unterscheidet sich mein Ziel aber von dem einer Person, die sich auf der App die Zeit vertreibt, auf der Suche nach einem One-Night-Stand war und/oder nach Anerkennung suchte. Wobei wir das ja irgendwie alle ein wenig tun, um mal ehrlich zu sein», erzähle ich Marie. Da die Ziele auf Tinder so individuell sind wie die verschiedenen Motive der Mitspieler:innen, ist auch die Entscheidung zwischen Rechts- und Linkswischen nicht unbedingt eine Frage des echten Interesses an dem Profil. «Sei also nicht zu enttäuscht, wenn du von einer Person, die dir einen ‹Like› gegeben hat, dennoch keine Reaktion erhältst», rate ich ihr. Wem es nämlich in erster Linie um Zeitvertreib und Bestätigung des Selbstwerts geht, wischt wahrscheinlich auch mal ein Profil nach rechts, obwohl er oder sie eigentlich kein Interesse daran hat, die Person hinter dem Profil kennenzulernen. Hallo, Zufallsmoment! Schön, dass du da bist. Nicht. Das Ganze wird noch mal verstärkt, indem beispielsweise Tinder den Bezeichnungen «Nope» und «Like» keine offizielle Bedeutung zuweist. Die Symbole können deshalb ganz unterschiedlich von den Mitspieler:innen ausgelegt werden. «Welche Bedeutung haben die Symbole denn für dich?», fragt Marie. «Puh, ich glaube, wenn ich einem Profil ein ‹Like› gebe, bedeutet das für mich eigentlich auch erst mal nur, dass mir das Profil grundsätzlich gefällt und ich mich freuen würde, mit der Person Kontakt aufzunehmen. Ob ich mir vorstellen kann, sie dann auch zu daten, das entscheide ich erst nach ein paar ausgetauschten Nachrichten. Ein Like ist also keine Garantie dafür, dass ich mit der Person ausgehen würde. Tatsächlich wische ich Profile auch tendenziell lieber einmal zu viel nach rechts als nach links, was zur Folge hat, dass auch Wackelkandidaten in meinem Match-Stapel landen. Und wenn ich ganz ehrlich bin, habe ich auf den zweiten Blick häufig doch kein Interesse daran, die Personen kennenzulernen.» Ich unterbreche meine Ausführungen, um in die Küche zu gehen und uns eine zweite Runde Kaffee zu kochen. Marie folgt mir, und ich führe meinen Monolog fort. «Es tut mir immer ein bisschen leid, Profile nach links zu swipen, schließlich zeigt man dadurch ja eine gewisse Form von Abneigung. Man darf halt nicht vergessen, dass hinter den Profilen echte Menschen mit echten Gefühlen stecken, aber alle Profile zu liken, um die Gefühle der anderen nicht zu verletzen, finde ich auch nicht richtig. Für mich bedeutet ein ‹Nope› zum Beispiel nicht, dass ich die Person auf den Bildern total unattraktiv und uninteressant finde, sondern eigentlich nur, dass mich andere Profile auf der App mehr überzeugt haben. Ich muss zugeben, dass ich, um mich bei einem Wisch nach links nicht zu schlecht zu fühlen, dazu neige, die Menschen hinter den Profilen während des Spiels auszublenden, so hart das auch klingen mag.»

Was Tinder und auch viele andere Dating-Apps gemacht haben, nennt man «Gamification»: die Umwandlung von etwas, das eigentlich kein Spiel ist, in eine spielähnliche Form. Das Ziel dahinter: die Leute «süchtig» zu machen, damit sie immer weiterspielen und so viel Zeit wie möglich auf der Plattform verbringen. Und das mit Erfolg. Im Durchschnitt öffnen die Mitspieler:innen elf Mal am Tag die Dating-App und swipen jedes Mal zwischen sieben und neun Minuten. Das bedeutet, sie verbringen im Durchschnitt mehr als eine Stunde am Tag in der App. Das sind in einer Woche mehr als sieben Stunden und im Monat mehr als 28 Stunden. Wer das Dating-Game spielt, verwendet also im Monat durchschnittlich mehr als einen vollen Tag darauf, sich durch die Profile zu swipen und/oder sich mit Matches auszutauschen.

Sobald meine knallgelbe Bialetti anfängt zu blubbern, teilen Marie und ich den heißen Kaffee auf unsere zwei Tassen auf und machen es uns wieder auf meinem Sofa gemütlich. Als Marie kurz auf ihr Handydisplay tippt, um zu checken, ob in den paar

Minuten in der Küche neue Nachrichten eingetrudelt sind, fängt sie aufgeregt an zu quietschen. Sie hat ihr erstes Match!

Die «Währung» im Tinder-Game sind Matches. Ein Match bekommt man, wenn man ein Profil gelikt hat und die andere Person das eigene Profil ebenfalls nach rechts gewischt hat. Bei einem Match wird man doppelt belohnt: mit einem «It's A Match!», das wie bei Marie auf dem Display erscheint, und mit der Möglichkeit, der Person hinter dem Profil eine Nachricht zu schreiben. Marie ist damit im ersten Moment völlig überfordert. «Oh Gott, heißt das jetzt, dass wir miteinander schreiben können? Oh Gott, oh Gott, oh Gott. Ich glaube, dafür bin ich gerade noch nicht bereit!» Sie klingt leicht panisch, als ihr schwant, was es bedeutet, ein Match zu haben. Ich beruhige sie und schlage ihr vor, die Tinder-App für heute erst mal zu schließen. Auf den Dating-Apps Nachrichten auszutauschen, ist zwar absolut kein Hexenwerk, wie ich dir in Kapitel acht noch zeigen werden, aber vielleicht in dem Moment für Marie doch zu viel des Guten. Step by step!

Wenn du ein interessantes Profil siehst oder, noch besser, ein Match hast, wie fühlt sich das für dich an? Wahrscheinlich ziiiiemlich gut, oder? Also, solange du nicht wie Marie in Panik verfällst. Bei einem Match schüttet dein Gehirn den Botenstoff Dopamin aus, von dem hast du bestimmt schon mal gehört. Dopamin wird zum Beispiel auch dann ausgeschüttet, wenn du was Geiles isst, Sex hast und/oder Likes auf Fotos in den sozialen Medien bekommst. Ganz ehrlich, ich aktualisiere teilweise alle paar Minuten meinen Instafeed, wenn ich ein neues Foto hochgeladen habe, weil es sich einfach gut anfühlt zu sehen, wie die Anzahl der Likes in die Höhe schnellt. Durch den Botenstoff lernt das Gehirn, was gut für dich ist, und möchte mehr davon, so nach dem Motto: «War geil, mach unbedingt noch mal.»

Wie das mit dem Dopamin funktioniert, wurde unter anderem in Studien mit Affen erforscht. In einer dieser Studien haben Forscher:innen Affen einen leckeren Saft gegeben und beobachtet, dass durch den Saft Dopamin im Gehirn der Affen ausgeschüttet wurde. Nach einigen Durchgängen wurde der Saft durch ein Licht angekündigt. Sobald die Affen verstanden hatten, hey, wenn das Licht angeht, gibt's den leckeren Saft, schüttete ihr Gehirn allein beim Anblick des Lichts Dopamin aus. Und genauso funktionieren auch die Dating-Apps.

Du denkst dir jetzt vielleicht: Häh, ich dachte, Dopamin wird erst bei der Belohnung ausgeschüttet, was denn jetzt?

Am Anfang wird Dopamin bei der eigentlichen Belohnung ausgeschüttet, wenn man zum Beispiel wie Marie ein Match hat oder was Geiles isst. So lernt das Gehirn: Hey, das war gut! Gib mir mehr davon. Mit der Zeit lernt das Gehirn aber auch, dass bestimmte Verhaltensweisen zu diesen Belohnungen führen, Swipen zu Matches oder Kochen zu geilem Essen. Und es ist ja auch grundsätzlich sinnvoll, dass das Gehirn Dopamin ausschüttet. Denn dadurch kommen wir ins Handeln. Wir melden uns bei den Menschen, die uns ein gutes Gefühl verschaffen, wir gehen eine Runde laufen, weil wir uns danach fit und energetisiert fühlen, wir trauen uns, ein Risiko einzugehen, weil wir wissen, dass es sich auszahlt. Die Währung: Glück oder auch: Dopamin. Für Online-Dating heißt das, wir fangen an zu swipen, weil wir die Belohnung unbedingt haben wollen. Unser Gehirn stellt auf diese Weise sicher, dass wir motiviert bleiben, die Verhaltensweisen, die eine Belohnung nach sich ziehen, auch ja durchführen. Marie schrieb mir übrigens, dass sie auf dem Nachhauseweg doch wieder die App geöffnet und weiter geswipt hatte. Ihrem Match hat sie allerdings (noch) nicht geschrieben, und auch von ihm war bisher noch keine Nachricht in ihr Postfach geflattert.

Jetzt läuft es ja aber leider nicht immer so gut wie bei Marie, und man hat direkt bei den ersten Swipes ein Match. Mein guter

Freund Ben aus Hamburg hat mir mal erzählt, dass er teilweise wochenlang auf dem Trockenen saß, was ihn total demotivierte. Und auch ich merke immer wieder, dass ich die Lust am Swipen verliere, wenn ich keine Matches habe. Wenn die Belohnung nämlich ausbleibt, man zum Beispiel wischt und wischt und wischt, ohne dass ein Match dabei herausspringt, hört das Gehirn wieder auf, während des Swipens Dopamin auszuschütten. Und das führt dazu, dass man früher oder später keinen Bock mehr auf Tinder hat und die App schließt. Nach meiner Zeit in München und der Generalüberholung meines Profils in Hamburg konnte ich es jedoch kaum erwarten, mich, zurück in Berlin, wieder ins Dating-Game zu stürzen.

### To the left, to the left –
### Warum wir swipen, wie wir swipen

Links, links, links, links, links, links, uh, hello, rechts, links, links. Hey, hatte Paula nicht mal was mit dem?, Screenshot, links, links. Ach, komm, rechts. Ich saß mit einem Kaffee am See in der Sonne, hatte bis auf die volle Kaffeetasse nur meinen Schlüssel und das Handy dabei. Die Tinder-App war geöffnet, und ich wischte mich hoch motiviert durch die verschiedenen Profile. Beim Swipen entschied ich innerhalb weniger Augenblicke intuitiv, ob mir das angezeigte Profil gefiel oder nicht, und wischte dann entweder nach links oder nach rechts. Die Psychologin Janine Willis und der Psychologe Alexander Todorov haben im Rahmen einer Studie von 2006 herausgefunden, dass man innerhalb von 100 Millisekunden, das sind 0,1 Sekunden, ein Blitzurteil über eine andere Person fällt. 0,1 Sekunden, das musst du dir mal überlegen! In der Studie legten sie den Versuchsteilnehmer:innen 66 Fotos von verschiedenen männlichen und weiblichen Gesichtern vor und bäten sie, die Personen auf den Fotos unter anderem nach Attraktivität, Sympathie, Vertrauenswürdigkeit, Kompetenz oder Aggressivität zu beurteilen. Außerdem sollten sie anschließend einschätzen, wie viel Vertrauen sie in ihr eigenes Urteil hatten. Die Fotos wurden den Teilnehmer:innen für 100, 500 oder 1000 Millisekunden gezeigt. Das Ergebnis: Das Urteil über die Person auf dem Foto änderte sich kaum. In der kurzen Zeit von 100 Millisekunden war es längst gefällt. Das Einzige, was sich änderte, wenn die Teilnehmer:innen mehr Zeit für ihre Einschätzung hatten, war das Vertrauen in die einmal getroffene Entscheidung. Sie wurden lediglich sicherer in ihren Einschätzungen. Was ich ebenfalls ziemlich spannend finde, ist die Tatsache, dass sie ihr Urteil darüber, ob die Person auf dem Foto vertrauenswürdig war oder nicht, am schnellsten trafen, schneller noch als ihre Einschätzung, ob die Person attraktiv war. Die Erklärung hierfür könnte evolutionärer Natur sein. Evolutionspsycholog:innen argumentieren nämlich, dass man bei einem Aufeinandertreffen mit einer anderen Person, sei es online oder offline, innerhalb von Millisekunden entscheiden muss, ob es die Person gut meint oder nicht, um das eigene Überleben zu sichern. Man beurteilt eine Person also intuitiv. Und noch bevor man sie überhaupt bewusst wahrnehmen kann, hat man schon ein erstes Urteil über sie gefällt. Eine Zehntelsekunde reicht nämlich überhaupt nicht aus, um jemanden bewusst zu erfassen. Alexander Todorov sagte in einem Interview für den Blog der Princeton University aber auch, dass man im Laufe der Zeit, wenn man die andere Person besser kennenlerne, natürlich ein umfassenderes Bild von ihr entwickele. Trotzdem finde ich, dass die Ergebnisse eindrücklich zeigen, wie entscheidend das erste Bild auf dem eigenen Dating-Profil ist. Denn auf dieser Grundlage entsteht der erste Eindruck. Und es stimmt. Beim Swipen erwische ich mich immer wieder dabei. Wenn mir das erste Profilbild nicht auf den ersten Blick gefällt, halte ich an diesem Eindruck fest, und die Person hat bei mir keine Chance mehr, vielleicht mit dem zweiten oder dritten Bild oder dem Beschreibungstext bei mir zu punkten. Männer, deren erstes Bild mir auf Dating-Apps auf Anhieb zusagt, swipe ich genauso, aber eben nach rechts, und inspiziere ihr Profil erst genauer, wenn es zu einem Match kommt und die Möglichkeit besteht, ein virtuelles Gespräch aufzunehmen. Nur wenn anhand des ersten Fotos nicht gleich klar war, ob hot or not, ein Wackelkandidat sozusagen, schaue ich mir manchmal weitere Bilder an und scrolle durch den Profiltext, immer auf der Suche nach weiteren Informationen, die mir dabei helfen, eine Entscheidung zu fällen.

Als ich anfing, mir über mein Swiping-Verhalten bewusst zu werden, war mein Kaffee längst leer und die Sonne hinter dunklen Wolken verschwunden. Ich lief die kurze Strecke vom See zurück nach Hause, machte es mir mit meinem Laptop auf dem Schoß auf meinem Sofa gemütlich und fing an, Google Scholar nach wissenschaftlichen Studien zu durchforsten, die sich mit dieser Thematik beschäftigten. Ich stieß auf eine Studie von 2021, in der untersucht wurde, wie man Profile auf Dating-Apps visuell verarbeitet und inwiefern die Bilder und die Beschreibung den Eindruck von dem Profil beeinflussen. Die Studie basiert auf der Idee, dass das Profilbild als «Gatekeeper», als eine Art «Pförtner» dienen könnte. Die Attraktivität, die eine Person auf dem ersten Foto ausstrahlt, könnte nämlich darüber entscheiden, ob noch zusätzliche Informationen, weitere Fotos und/oder der Profiltext, für die Swiping-Entscheidung verarbeitet werden müssen oder nicht. Dabei spielt wahrscheinlich die «Mehrdeutigkeit» des Fotos eine entscheidende Rolle. Wirkt dieses Foto für dich auf den ersten Blick eindeutig attraktiv, oder ist das Gegenteil der Fall, hat es für dich eine geringe Mehrdeutigkeit. Eine Person, die du auf dem ersten Foto wiederum als «Joa, sieht schon ganz süß aus, aber haut mich jetzt auch nicht komplett vom Hocker», also als eher mittelmäßig attraktiv einstufst, hat nach dieser Logik eine höhere Mehrdeutigkeit. Die Informationen von einem mehrdeutigen Foto könnten dann nicht ausreichen, um einen Eindruck zu vermitteln, und deswegen, so die Annahme der Forscher:innen, richtet man seine Aufmerksamkeit vermehrt auf andere Informationen über die Person. Das passt genau zu den Beobachtungen, die ich unten am See über mein Swiping-Verhalten gemacht hatte. Aber Achtung, das, was ich hier gerade beschreibe, war erst mal nur die theoretische Annahme der Studie, nicht das Ergebnis. Um ihren «Pförtner»-Ansatz wissenschaftlich zu überprüfen, zeigten die Forscher:innen den Versuchsteilnehmer:innen verschiedene Dating-Profile, bestehend aus einem Profilbild und einer Beschreibung, und überprüften ihre Augenbewegungen beim Betrachten der Profile mithilfe von Eye-Tracking-Geräten. Eye-Tracking ist eine bewährte Methode in der psychologischen Forschung, die unter anderem verwendet wird, um die Bewegungen unserer Augen aufzuzeichnen und davon abzuleiten, worauf wir unsere Aufmerksamkeit richten.

So, was ist denn jetzt aber bei der Studie herausgekommen? Ließ sich die Idee vom Profilbild als «Pförtner» anhand der Daten bestätigen? Um es kurz zu machen: nicht wirklich. Die Ergebnisse der Untersuchung zeigten zwar, dass Betrachter:innen, auch wenn ihnen beides gleichzeitig präsentiert wurde, die Aufmerksamkeit zuerst auf das Foto richteten, bevor sie den Profiltext lasen – der erste Eindruck basiert also trotz Profiltext auf dem Foto. Allerdings richteten die Studienteilnehmer:innen ihre Aufmerksamkeit, entgegen der Annahme, nicht länger auf den Profiltext, wenn die Person auf dem Foto auf sie oder ihn eher mittelmäßig attraktiv wirkte und er oder sie mehr Informationen brauchte, um zu entscheiden, ob hot or not. Unabhängig von der Attraktivität der Person auf dem Bild richteten sie ihre Aufmerksamkeit sogar erstaunlich lange auf den Profiltext, in der Studie durchschnittlich etwa neun Sekunden, was circa 80 Prozent der gesamten Aufmerksamkeitsspanne ausmacht. Diese Ergebnisse deuten darauf hin, dass das Profilbild zwar entscheidend für den ersten Eindruck ist, aber im Endeffekt nur einen geringen Einfluss auf den allgemeinen Prozess der Profilbetrachtung hat und somit möglicherweise keine Art Pförtnerfunktion erfüllt. Die Studienergebnisse lassen vermuten, dass Betrachter:innen zwar anhand des Profilbildes entscheiden, ob sie die Person attraktiv finden, aber anhand der Profilbeschreibung, ob sie sich auch romantisch zu der Person hingezogen fühlen und sich zum Beispiel vorstellen könnten, ein Date zu vereinbaren. Beide Elemente scheinen wichtig zu sein, um sich einen genauen Eindruck von der Person hinter dem Profil zu verschaffen. Es ergibt also durchaus Sinn, sich bei der Bildauswahl und der Profilbeschreibung Zeit zu nehmen und genau zu überlegen, wen man mit seinem Profil eigentlich ansprechen möchte.

Ich saß inzwischen auf meinem Balkon – die dunklen Wolken haben sich wieder verzogen – und ließ die neuen Informationen sacken. Aha, so eine bin ich also, interessant. Für mich zählt beim Swipen die körperliche Anziehung, hot or not – beim allerersten, oberflächlichen Ansehen. Aus Gesprächen weiß ich, dass es bei Paula und Hanna ganz ähnlich aussieht. Marie wiederum schaut sich bisher noch jedes Profil ganz genau an. Ich persönlich verschaffe mir einen genaueren Eindruck häufig erst hinterher, wenn ich ein Match habe. Wahrscheinlich ist das auch der Tatsache geschuldet, dass auf Tinder (und auf vielen anderen Dating-Apps) erst mal nur ein Profilbild angezeigt wird und man, um weitere Informationen über das potenzielle Match zu erhalten, bewusst scrollen oder klicken muss. Tinder befördert das schnelle Swipen also noch. Ob die Sache wohl anders aussähe, wenn Dating-Apps so aufgebaut wären, dass man zuerst die Profilbeschreibung sähe und dann scrollen oder klicken müsste, um Fotos zu sehen?

Viele sagen ja, dass Online-Dating besonders oberflächlich sei, weil man auf Dating-Apps nur auf sein Äußeres reduziert würde. Und ja, das stimmt, gerade wenn man wie Hanna, Paula und ich häufig nur anhand des ersten Bildes entscheidet, ob man mehr möchte. Wenn wir uns aber vor Augen führen, dass es in diesen ersten 100 Millisekunden nicht ausschließlich darum geht, ob man die Person attraktiv findet, sondern auch um Dinge wie: Kann ich dieser Person vertrauen? Oder auch: Ist sie mir sympathisch? – ist «oberflächlich» dann das richtige Wort, oder sollten wir eher von einer intuitiven Entscheidung sprechen? Und mal ganz ehrlich, wenn man in einer Bar oder auf der Straße auf jemanden aufmerksam wird und sie oder ihn anspricht, geht man doch genauso intuitiv vor. Je länger ich mich damit befasse, desto mehr denke ich, dass sich Online- und Offline-Dating, jedenfalls was das betrifft, gar nicht so wahnsinnig voneinander unterscheiden. Jede:r Einzelne von uns hat es selbst in der Hand: Dating-Apps sind nur so oberflächlich, wie wir sie handhaben. Eine Möglichkeit wäre doch, sich Zeit bei der Profilerstellung zu nehmen und besonders darauf zu achten, dass das eigene Profil aussagekräftig ist. Zeig anderen über deinen Profiltext und deine Fotos nicht nur, wie du aussiehst, sondern wer du bist, was du gerne machst und wofür du stehst. Und auf der anderen Seite: Achte beim Swipen darauf, nicht nur zu «zocken», sondern dir die Profile in Ruhe anzuschauen, bevor du nach links oder rechts wischst. Außerdem: Wenn du merkst, dass du eigentlich nur deine eigene Langeweile kompensierst oder prokrastinierst, schließe die App lieber. Na, erwischt? Das jedenfalls beschloss ich, als ich später am Tag nach geschlagenen 30 Minuten Swipen aus einem regelrechten Tinder-Tunnel wieder auftauchte und realisierte, dass es schon halb fünf war und Benni auf mein Feedback zum neuen *psychologeek*-Video wartete.

Was ich total spannend finde: Eine Studie von 2020 hat gezeigt, dass wir, wenn wir über einen längeren Zeitraum swipen, in eine Art ablehnende Haltung kommen und die hinteren Profile im Durchschnitt seltener liken als die vorderen. Ich weiß nicht, wie es dir geht, aber ich kenne das auch nur zu gut von mir. Am Anfang bin ich noch voll motiviert, aber je tiefer ich mich in den Online-Dating-Dschungel vorkämpfe, desto deprimierter werde ich. Meistens schließe ich die App nach einer ausgedehnten Swiping-Session mit dem Gedanken, dass Online-Dating doch nicht funktioniert, weil mir niemand angezeigt wird, der mich interessiert.

Im Rahmen der Studie wurden den Versuchsteilnehmer:innen nacheinander verschiedene Profilbilder von Männern und Frauen gezeigt, und sie sollten auf die Bilder wie bei Tinder entweder mit einem grünen Herz («LIKE») oder einem roten Kreuz («NOPE») reagieren. Die Auswertung ergab, dass das erste Profil die beste Chance hatte, nach rechts gewischt zu werden. Danach, so das Ergebnis der Studie, wird eine ablehnende Haltung wahrscheinlicher. Was ich krass finde: Die Wahrscheinlichkeit, dass man ein Profil nach rechts wischt, sinkt im Laufe des Swipens um durchschnittlich fast 30 Prozent! Die Frage ist: Wie kommt es dazu? Die Ergebnisse der Studie deuten darauf hin, dass man im Laufe der Zeit tendenziell unzufriedener mit den angezeigten Bildern wird. Aber könnte es nicht daran liegen, dass direkt am Anfang die attraktiveren Bilder eingeblendet werden, um Nutzer:innen zu catchen und ihnen einen «Boah, der/die gefällt mir gut»-Moment zu bescheren, damit sie dranbleiben? Nein, auch das wurde in der Studie kontrolliert. Vielmehr gehen die Forscher:innen davon aus, dass diese abwehrende Haltung entstehen könnte, weil man bei einer größeren Auswahl und mit jedem Swipe nach links immer pessimistischer wird, online eine:n passende:n Partner:in zu finden. Und das könnte sich auf unsere Haltung gegenüber den Profilen auswirken. Wenn du dazu neigst, die Zeit beim Swipen völlig zu vergessen, stelle dir doch beim nächsten Mal einfach einen Timer auf fünf oder zehn Minuten, der dich aus dem Online-Dating-Dschungel wieder zurück ins Hier und Jetzt holt.

Nach dieser Studie verstehe ich auch, warum Tinder eine Bezahloption anbietet, um das eigene Profil als erstes an andere Nutzer:innen ausspielen zu lassen. Inwiefern mich die große Auswahl auf Dating-Apps sogar in einen Dating-Burn-out getrieben hat, und wie man das vermeiden kann, erzähle ich dir übrigens im zweiten Teil des Buches.

### Sharing is caring, oder etwa nicht? Der Algorithmus hinter den Dating-Apps

«Guck mal, der wäre doch was für dich, oder?», textete ich Hanna und teilte das Tinder-Profil von Niko mit ihr. Niko hatte dunkelblonde Haare, war fast 1,90 Meter groß und sah irgendwie lieb aus. In seinem Profiltext schrieb er, dass er auf der Suche nach einer Beziehung sei und so wie Hanna gerne ins Theater gehe. Prompt schrieb sie mir zurück:

> **Hanna:** Häh, warum wurde mir der noch nie angezeigt? 🙈 Hab ihn direkt gelikt, aber kein Match, schade! 😔

Hanna und ich kennen uns schon seit der Grundschule. Sie ist Anfang 30, ein absoluter Herzensmensch und online auf der Suche nach der großen Liebe. In den letzten Jahren hatte sie viele

(Tinder-)Dates, eine Beziehung ist bisher aber noch nie daraus geworden, was sie ganz schön belastet. Seit einiger Zeit hielt ich deshalb auf den Dating-Apps vermehrt für Hanna Ausschau nach potenziellen Matches und schickte ihr regelmäßig Profile von Männern, die ihrem Beuteschema entsprechen. Meistens lief das aber so ab wie mit Niko: Hanna wunderte sich, dass ihr das Profil noch nie angezeigt worden war, wischte es nach rechts, aber zu einem Match kam es selten. Und auch mir war aufgefallen, dass ich mit Typen, deren Profile ich von Hanna oder Paula zugeschickt bekam, nur superselten ein Match hatte.

Bisher dachte ich, es könnte daran liegen, dass wir alle drei zwar in derselben Stadt, aber doch ein paar Kilometer voneinander entfernt wohnten. Niko könnte zum Beispiel bei mir in der Ecke wohnen und angegeben haben, dass er nur Profile im Umkreis von drei Kilometern angezeigt bekommen möchte. Da wäre Hanna, die gute sieben Kilometer von mir entfernt wohnt, dann raus. Aber selbst wenn Hanna, Paula und ich nebeneinander mit einer Weinschorle in der Hand auf meinem Sofa sitzen und gemeinsam die Männer in der Umgebung auf Tinder auschecken, werden uns häufig unterschiedliche Profile angezeigt. Seltsam!

Wenn du so wie ich dachtest, dass dir einfach alle Profile im eingestellten Radius angezeigt werden, muss ich dich enttäuschen. Daneben entscheiden nämlich auch noch ganz andere Faktoren darüber, wessen Profil auf deinem Display erscheint und natürlich auch, wem dein Profil angezeigt wird, denn hinter Tinder steckt ein ziemlich ausgeklügelter Algorithmus.

Bis vor Kurzem hat Tinder die Profile mithilfe eines sogenannten «Elo Scores» nach Attraktivität bzw. Beliebtheit gerankt. Wie das ganz genau funktioniert hat, ist nicht bekannt, aber du kannst es dir ungefähr so vorstellen: Je größer das Verhältnis von Likes zu Nopes, desto begehrenswerter oder auch attraktiver wurde das Profil von Tinder eingeschätzt. Wenn ein Profil zum Beispiel 100 Leuten angezeigt und 23-mal nach rechts gewischt wurde, war das Profil laut Tinder nicht so attraktiv wie das von einer Person, das von 100-mal 57-mal nach rechts gewischt wurde. Der Elo Score wurde dann dafür genutzt, um bevorzugt Leute zusammenzubringen, die ähnlich attraktiv oder beliebt waren. Das heißt, dem ersten Profil wurde das zweite mit höherer Wahrscheinlichkeit gar nicht erst angezeigt, auch dann nicht, wenn die Personen in unmittelbarer Nähe wohnten. Oberflächlicher geht's halt kaum noch.

Tinder geriet wegen dieses Ranking-Systems immer wieder in die Kritik, heute soll aber alles anders sein. «Elo is old news at Tinder. It's an outdated measure and our cutting-edge no longer relies on it», hieß es in einem Blogbeitrag auf gotinder.com, der offiziellen Homepage des App-Anbieters. Aber ist wirklich alles anders? In dem Blogbeitrag wird betont, dass die Zeit, die man auf der App aktiv ist, und die räumliche Nähe zu einem anderen Profil heute eine größere Rolle spielen als zu Zeiten des Elo Scores, die App aber trotzdem eine Art Ranking vornimmt und die Profile mit jedem Like oder Nope auf das eigene Profil angepasst werden. Für mich klingt das so, als ob Tinder immer noch die Profile nach Beliebtheit ranken könnte, nur nicht mehr mit dem Elo Score, sondern mit einem anderen System. Der einzige Unterschied zu dem alten Algorithmus scheint in meinen Augen zu sein, dass die aktive Nutzung und die räumliche Nähe bei dem neuen Algorithmus eine größere Rolle spielen, das eigene Profil also, während man auf der App aktiv ist, häufiger auch im Deck anderer Nutzer:innen angezeigt wird. Genauso wird das eigene Profil anderen Profilen in unmittelbarer Nähe bevorzugt angezeigt. Wie groß der Einfluss dieser beiden Faktoren aber wirklich ist, das verrät uns Tinder natürlich nicht.

Es macht mir Spaß, mich auf den Dating-Apps nicht nur für mich selbst, sondern auch für Hanna, teilweise für Paula und jetzt auch noch für Marie umzuschauen. Wir haben zum Glück einen ziemlich unterschiedlichen Männergeschmack, weswegen wir uns auch bis dato noch nie in die Quere gekommen sind. Paula steht auf bärtige und tätowierte Männer, die im besten Fall ein Instrument spielen und einen Hund haben, Hanna hingegen eher auf glatt rasierte, große Männer ohne Tattoos, dafür aber mit ein paar Muskeln. Marie hat gar kein festes Beuteschema, scheint sich aber zu rothaarigen Männern mit vielen Sommersprossen im Gesicht hingezogen zu fühlen. Zumindest waren zwei ihrer Ex-Freunde rothaarig bzw. «ginger», wie sie es liebevoll nennt. Und ich, ich stehe auf dunkelblonde, große Männer mit hellen Augen, Dreitagebart und einer Extraportion Ausstrahlung. Obwohl ich finde, dass man sich auch nicht zu sehr auf ein bestimmtes Beuteschema festlegen sollte. Schließlich ist das Aussehen ja lange noch nicht alles, und wenn mich ein Charakter überzeugt, dann scheiße ich auf gut Deutsch darauf, dass die Person nicht meinem Beuteschema entspricht.

Aber noch mal zurück zu Tinder: Wenn aus meinen Vorschlägen aufgrund des Algorithmus nie Matches wurden, war es eher eine deprimierende Angelegenheit für meine Single-Freundinnen und mich, uns gegenseitig Profile zu schicken. Die Möglichkeit, einen Link zu einem Profil über die sozialen Medien zu teilen, ist wahrscheinlich auch eher dafür gedacht, um sich die Meinung von Freund:innen einzuholen. Langsam, aber sicher ergab alles einen Sinn. Ich kann dir nicht sagen, wie es in kleineren Städten ist oder wenn man sich mit seinen Single-Freundinnen einen Kiez teilt, aber wenn du und deine Freunde und Freundinnen ein bisschen weiter auseinander wohnt, lohnt es in meinen Augen nicht, auch für die anderen Ausschau auf den Dating-Apps zu halten. Irgendwie schade, schließlich machte es doch so viel mehr

Spaß, sich gemeinsam durch den Online-Dating-Dschungel zu schlagen! Ein bisschen wie Mogli und Balu. Die hätten im Dschungel auch deutlich weniger Spaß ohne einander gehabt. Und davon mal ganz abgesehen: Mogli wäre allein ganz schön einsam und aufgeschmissen gewesen. Aber gut, es gibt ja zum Glück auch andere Möglichkeiten, sich im Dating-Game gegenseitig zu supporten.

## The One – Warum es das perfekte Match nicht gibt

Hast du schon mal darüber nachgedacht, wie cool es ist, dass Online-Dating Menschen zusammenbringt, die sich im Offline-Leben höchstwahrscheinlich nie begegnet wären? Bestimmt drei Viertel der Männer, die ich in meinem Leben bisher gedatet habe, sind Online-Bekanntschaften. Als ich noch studierte und fast täglich neue Leute kennenlernte, nutzte ich Dating-Apps kaum. Heute bin ich froh, dass ich die Möglichkeit habe, Männer online kennenzulernen. Denn die meiste Zeit am Tag verbringe ich zu Hause und arbeite an meinem kleinen Holztisch in der Küche. Ich treffe im Alltag kaum mehr Männer als den Nachbarn von unten (komischer Kerl, was sollen die Adiletten tagein, tagaus, sag mal?) oder den Kellner in meinem Lieblingsrestaurant (und da will ich schließlich noch öfter hin!). So dankbar ich den Apps auch bin, manchmal fühle ich mich ganz schön überfordert mit der großen Auswahl attraktiver und interessanter Männer, die mir im Online-Dating-Dschungel über den Weg laufen. Ich meine, woher soll ich denn wissen, wer zu mir passt und mit wem ich in einer Beziehung glücklich werden kann? Mir ist klar, dass man im Offline-Leben vor dem gleichen Problem steht, aber gibt es nicht irgendetwas, das wenigstens die Online-Suche nach einem:einer passenden Partner:in erleichtern könnte? «Und genau deshalb finde ich eine App wie OkCupid so cool, da wird dir nämlich angezeigt, zu wie viel Prozent du mit der anderen Person zusammenpasst», meinte Hanna einmal zu Paula, Marie und mir, als wir im Mauerpark gemeinsam über den Flohmarkt bummelten und uns über den Struggle im Angesicht von zu vielen interessanten Männern austauschten. Wir hatten vielleicht Probleme!

Das, was OkCupid und einige andere Dating-Portale da anbieten, nennt sich «Matching». Das heißt, sie berechnen mithilfe eines Algorithmus, wie gut du mit einer anderen Person zusammenpasst bzw. harmonierst, und zeigen das Ergebnis in Form eines Scores auf dem jeweils anderen Profil an. Wenn ich laut dem Algorithmus gut mit Timm zusammenpassen würde, dann würde mir auf Timms Profil ein hoher Score angezeigt. Auch die Realityshow «Are You The One?», in der zehn männliche und zehn weibliche Singles untereinander ihre «Perfect Matches» finden müssen, basiert auf einem solchen Verfahren. An sich eine coole Sache für die Orientierung im Online-Dating-Dschungel, und auch Hanna schien überzeugt. Aber kann ein Algorithmus den Beziehungserfolg von zwei Menschen eindeutig vorhersagen? Ich weiß ja nicht ...

Aber fangen wir von vorne an. Im Matching-Verfahren werden dir in Form von einem Fragebogen persönliche Fragen gestellt, die du ehrlich und ohne viel nachzudenken beantworten sollst. Ich habe mich während der Recherche für dieses Buch durch die rund 80 Fragen mit insgesamt über 400 Antwortmöglichkeiten bei einer großen Dating-Plattform geklickt und unter anderem beantwortet, welche Form von Urlaub ich am liebsten mache, ob ich gerne koche oder ob ich bei offenem Fenster schlafe. Strand- und Abenteuerurlaub, supergerne, und ja, ich schlafe, solange draußen keine Minustemperaturen herrschen, eigentlich immer bei offenem Fenster. Auf Grundlage dieser Antworten berechnet ein Algorithmus, wie gut man mit anderen Nutzenden, die ebenfalls diese Fragen beantwortet haben, auf dem Portal oder der App in einer Beziehung harmonieren würde. Während auf OkCupid Prozentzahlen zum Beispiel ausgespielt werden, gibt es bei der großen Dating-Plattform sogenannte «Matching-Punkte» zwischen 60 und 140. Die Plattform empfiehlt, ab 100 Matching-Punkten den Kontakt mit der anderen Person aufzunehmen. Auf ihrer Homepage heißt es weiter, dass der Algorithmus auf «jahrelanger Forschung und fundierten wissenschaftlichen Erkenntnissen aus der Paarpsychologie» basiert. Das möchte ich auch gar nicht anzweifeln, das Ding ist aber, meines Wissens wurde die Wirksamkeit von keinem dieser Matching-Verfahren bisher im Rahmen einer Studie wissenschaftlich belegt, zumindest in keiner Studie, die in einem wissenschaftlichen Journal veröffentlicht wurde. Wie auch, die Dating-Portale und -Apps und auch die Produktion von «Are You The One?» halten ihre Algorithmen schließlich streng geheim. Schon ein bisschen verrückt, dass diese Matching-Verfahren häufig als Formel zum Beziehungsglück beworben werden, ohne dass es dafür veröffentlichte Studien gibt, die das belegen. Was ich noch verrückter finde: Es gibt Forschung, die sogar eher dagegen spricht, dass ein solches Matching, unabhängig davon, wie es funktioniert, den Beziehungserfolg von zwei Personen gesichert vorhersagen kann. Dafür gibt es verschiedene Gründe.

Viele Faktoren, die einen Beziehungserfolg vorhersagen können, liegen außerhalb der eigenen Kontrolle, und da bringt es gar nichts, sie in Form eines Fragebogens vorher abzufragen. Zu diesen unkontrollierbaren Faktoren gehören unter anderem finanzielle Probleme und Stress durch Unfruchtbarkeit oder (chronische) Krankheiten. Auch die Corona-Pandemie hat viele Beziehungen vor ganz neue Herausforderungen gestellt. Oder hätte sich irgendjemand vor ein paar Jahren vorstellen können, dass er oder sie für mehrere Monate mit dem:der Partner:in 24/7 zu Hause hocken würde? Ohne Feiern zu gehen. Ohne gemeinsame Dinner- und Spieleabende mit Freund:innen in der eigenen Wohnung. Ohne Mädelsurlaub. Und auch ohne: Ich geh jetzt zur Uni oder zur Arbeit, bis heute Abend, Schatz. Dafür aber mit gemeinsamer Pyjama- oder Jogginghosen-Party all day long, Telefonkonferenz-Streitereien (ich bleibe heute am Schreibtisch, und du gehst in die Küche, nein, du!) und Netflix-Overkill.

Persönlichkeitseigenschaften, wie sie auch bei Matching-Verfahren oberflächlich abgefragt werden, können den Beziehungserfolg von zwei oder auch mehreren Personen zu einem gewissen Teil vorhersagen, das stimmt. Aber, und das ist ein großes Aber, nicht die Passung von Persönlichkeiten verschiedener Personen hat einen Einfluss auf den Beziehungserfolg, sondern die Persönlichkeit der einzelnen Personen. Das heißt, für den Beziehungserfolg ist es nicht entscheidend, ob eure Persönlichkeiten zusammenpassen oder nicht. Wenn eine:r von euch aber zum Beispiel eine Persönlichkeitseigenschaft hat, die tendenziell zu Problemen in Beziehungen führt, wirkt sich das auf den Beziehungserfolg aus. In wissenschaftlichen Studien hat man herausgefunden, dass eine hohe Ausprägung der Persönlichkeitseigenschaft Neurotizismus zum Beispiel mit niedrigerem Beziehungserfolg assoziiert ist. Das bedeutet, Menschen, die sehr neurotisch, also sehr ängstlich, reizbar, launisch, depressiv und labil sind, haben generell schlechtere Karten in Sachen Beziehung als Personen, die weniger neurotisch sind. Aber keine Sorge, die Effekte sind hier verschwindend gering. Obwohl Neurotizismus die Persönlichkeitseigenschaft ist, die Erfolg oder eher Misserfolg in der Beziehung am stärksten vorhersagt, erklärt sie auch gerade mal fünf Prozent der Varianz der Beziehungszufriedenheit. Das bedeutet vereinfacht gesagt, dass die neurotischen

Persönlichkeitseigenschaften für fünf Prozent der Unterschiede in der Beziehungszufriedenheit verantwortlich sind, was echt wenig ist.

Man könnte jetzt sagen, Moment mal, während des Matching-Verfahrens werden ja nicht nur Persönlichkeitseigenschaften abgefragt, sondern auch Wertvorstellungen, Präferenzen von Partner:innen und etwa, ob man gerne kocht und bei offenem Fenster schläft. Vielleicht können die vorhersagen, ob man zusammen glücklich wird? Auch hier: nicht wirklich. Wissenschaftliche Evidenz zeigt, dass sich Beziehungserfolg auch nicht anhand der Passung der Eigenschaften und Präferenzen von zwei Personen vorhersagen lässt. Im Rahmen einer Studie von 2017 wurde zum Beispiel versucht, mithilfe eines Algorithmus anhand von über 100 Eigenschaften und Präferenzen vorherzusagen, ob sich Personen bei einem Speeddating gut finden oder nicht. Ich mach es kurz: Selbst wenn man zig Informationen über Leute hätte, könnte man nicht mal vorhersagen, ob sie nach einem (Speed-) Date generelles Interesse aneinander haben.

Auch wenn dir solche Matching-Verfahren aus den beschriebenen Gründen nicht sagen können, ob du mit einer bestimmten Person eine glückliche Beziehung führen würdest oder nicht, finde ich Matching trotzdem ganz cool. Es kann nämlich dabei helfen, jemanden auf den Dating-Apps und -Portalen zu finden, der oder die ähnliche Interessen, Einstellungen und Vorstellungen vom Leben hat. Ob es dann aber auch beim Dating bei euch funkt oder eine Beziehung zwischen euch funktionieren würde, das müsst ihr schon selbst herausfinden.

Nachdem ich jetzt zwei Seiten lang beschrieben habe, warum Matching nicht so wirklich funktionieren kann, fragst du dich vielleicht, ob es überhaupt irgendwas gibt, das vorhersagen kann, wie eine Beziehung sich entwickeln wird. Eine Metastudie von

2020 ist anhand der Daten von über 11 000 Paaren zu dem Ergebnis gekommen, dass Beziehungserfolg auf lange Sicht nur bedingt vorhersagbar ist. Entscheidend sind nicht irgendwelche Persönlichkeitseigenschaften, sondern die eigene Wahrnehmung der Beziehung: ob man glücklich ist, man selbst sein kann und sich geliebt fühlt. Und das kann man, bevor man eine Beziehung eingeht, schlicht nicht wissen.

Auf der einen Seite hatte ich gehofft, dass Matching bessere Orientierung im Online-Dating-Dschungel geben könnte. Auf der anderen Seite finde ich den Gedanken aber auch echt schön, dass es bei der Suche nach der Liebe gar nicht darum geht, dass man sein «perfektes Match» – den viel gerühmten Deckel zum Topf oder Topf zum Deckel oder wie auch immer – findet, sondern vielmehr darum, was man aus dem Date und der Beziehung macht. Und das ist doch die beste Nachricht: Du hast es einfach selbst in der Hand. Klar ist es wichtig, dass du dich zu der anderen Person hingezogen fühlst und ihr in wichtigen Fragen übereinstimmt, aber so Kleinigkeiten, an denen ich mich manchmal aufhänge, wie zum Beispiel, wenn die Person «kuhl» anstatt «cool» schreibt, beim ersten Date vor lauter Aufregung vergisst, Fragen zu stellen, oder aber bei geschlossenem Fenster schläft, sollten wirklich keine Rolle spielen. Frei nach dem Motto: Jetzt reißen wir uns alle mal kollektiv zusammen und kommen wieder runter. Dieser ständige Optimierungswahn, jemanden finden zu wollen, der oder die perfekt zu einem passt, und funktionierende Beziehungen zu beenden, weil man denkt, dass da etwas *noch* Besseres auf einen warten könnte, ist doch Bullshit. Wie soll man denn da jemals eine erfüllende Beziehung aufbauen?

## High Expectations! Warum wir lieber aufhören sollten zu tippen, um uns im Real Life zu treffen

> **Martin:** Guten Abend, schöne Frau, freut mich, dass wir ein Match haben. Wie geht es dir denn heute? 😊

> **Adam:** Hey.

> **Paul:** Moin Pia, dein Bild mit der Pizza hat mich voll gecatcht. Tolles Profil! 😄 Wie war bisher dein Start ins Wochenende?

> **Moritz:** Hey, was geht?

> **Farid:** Hey, ich bin Farid, und ich hatte ein richtig nices Wochenende. Ich steh auf Reisen und Pizza! ✈️ 🍕 Lass mal kennenlernen, ich würde mich freuen.

> **Gustav:** Einsamer sucht Einsame zum Einsamen, haste Bock? 😬 🥒

Es war Sonntagnachmittag, ich hatte mich passend zum grauen Wetter in meine graue Frottee-Schlafanzughose mit den pinken Sternchen geschmissen und pendelte zwischen der Buchrecherche am Küchentisch und Princess-Charming-Gucken auf dem Sofa hin und her. Während ich mir den dritten Kaffee des Tages kochte, checkte ich die Tinder-App auf meinem Handy. Die Benachrichtigungen hatte ich ausgeschaltet, weswegen ich aktiv die App öffnen musste, um zu sehen, ob ich neue Matches oder Nachrichten hatte. In meinem Postfach: sechs neue Nachrichten von Männern, die ich am Abend zuvor bei einer ausgedehnten Swiping-Session nach rechts gewischt hatte. Oha! Wo kamen die denn alle her? Ich schaute mir die Nachrichten und die Profile der Männer genauer an, stolperte kurz über den unterirdisch schlechten Anmachspruch von Gustav (Alter, was!?) und merkte, dass eigentlich nur eine einzige Nachricht mein Interesse weckte – die von Paul. Keine Ahnung, warum, vielleicht weil sich seine Nachricht nicht so austauschbar, nicht so unpersönlich anfühlte wie die anderen Nachrichten.

Was ich ziemlich krass finde: Schon 2010, als es nur Dating-Portale, aber noch keine Dating-Apps gab, wurden laut einer Studie gerade mal 16 Prozent der ersten Kontaktversuche im Dating-Kontext überhaupt beantwortet. Das war weniger als jede fünfte Nachricht. Dabei antworteten Frauen laut einer Studie von 2014 durchschnittlich seltener auf die erste Nachricht als Männer. Aktuellere Zahlen habe ich leider nicht gefunden, und es fällt mir auch schwer einzuschätzen, ob die Antwortrate heute höher, ähnlich oder vielleicht sogar noch niedriger ist, als sie es 2010 war. Von Hanna weiß ich, dass sie fast jede Nachricht beantwortet, die in ihren Posteingang flattert. Wenn ihr die Nachricht oder das Profil nach genauerem Betrachten nicht zusagt, schreibt sie einfach kurz, dass sie doch kein Interesse habe. Ich versuche, den Männern, so gut es geht, zu antworten, muss aber gestehen, dass ich auf Nachrichten, die nicht über ein «Hey» oder ein «Hey, was geht?» hinausreichen, nur äußerst selten reagiere. Ich meine, was schreibt man da am besten? «Hey zurück»? Schleppender kann ein Gespräch in meinen Augen kaum beginnen, da verliere ich ja schon beim Tippen das Interesse.

Aber wovon ist das abhängig, ob eine erste Nachricht beantwortet wird oder nicht? Und worauf kannst du selbst beim Nachrichtenschreiben achten, um die Wahrscheinlichkeit einer Antwort zu erhöhen? Ich meine, es gibt schließlich kaum was Nervigeres, als jemanden anzuschreiben und keine Rückmeldung zu erhalten. Da hat man sich schon überwunden und sich einen abgebrochen, um eine ganz okay(isch) klingende Formulierung zu finden – natürlich in der Notizen-App vorgeschrieben und mit den Freund:innen abgestimmt –, und dann kommt einfach nichts zurück?! Nervig! So ist es übrigens auch Marie mit ihrem allerersten Match auf Tinder ergangen. Wir hatten uns am nächsten Tag gemeinsam einen kurzen Text mit Bezug auf eines seiner Bilder überlegt, eine Antwort darauf steht bis heute aus. Und auch ich warte immer noch vergeblich auf eine Nachricht von einigen Typen in meinem Match-Stapel.

Die Wissenschaftler:innen Valentin Schöndienst und Linh Dang-Xuan haben im Rahmen einer Studie von 2011 fast 170 000 Nachrichten auf einem Online-Dating-Portal einer umfangreichen linguistischen Analyse unterzogen und geschaut, welchen Einfluss bestimmte Faktoren wie die körperliche Attraktivität, die Länge und der Inhalt einer Nachricht auf das Antwortverhalten haben. Folgendes fanden sie heraus:

Klar, die körperliche Attraktivität des Senders oder der Senderin hat erst mal nichts mit dem Inhalt der Nachricht zu tun, trotzdem spielt das äußere Erscheinungsbild eine wichtige Rolle bei der Beantwortung einer Nachricht. Auch schon ältere Studien haben gezeigt: Je attraktiver man eine Person findet, desto wahrscheinlicher ist es auch, dass man mit der Person in Kontakt treten möchte. Das konnte auch in der Studie von 2011 bestätigt werden. Wie erwartet, erhielten attraktivere Menschen häufiger eine Antwort als weniger attraktive. Im Umkehrschluss bedeutet das aber auch, dass attraktivere Menschen häufiger kontaktiert werden und somit eine größere Auswahl an potenziellen Partner:innen haben, was die Wahrscheinlichkeit, dass jede Nachricht beantwortet wird, wiederum senkt.

In der Studie von 2011 wurde allerdings ein spannender Geschlechterunterschied zwischen Männern und Frauen festgestellt. Wie angenommen, antworten attraktivere Frauen seltener auf Nachrichten als weniger attraktive Frauen. Bei Männern zeigt sich jedoch eine gegenteilige Tendenz. Je attraktiver ein Mann, desto größer ist nämlich die Wahrscheinlichkeit, dass er auf eine Nachricht antwortet. Die Wissenschaftler:innen vermuten, dass attraktive Männer weniger Nachrichten bekommen könnten, weil sich viele Frauen vielleicht gar nicht trauen, diese anzuschreiben. Und weniger Nachrichten bedeutet wiederum weniger «Andrang» und somit theoretisch eine höhere Chance, eine Antwort zu erhalten.

Als ich das gelesen hatte, fühlte ich mich ein wenig ertappt. Wie häufig hatte ich einem Mann, den ich total attraktiv fand, gar nicht erst geschrieben, weil ich dachte, dass er bestimmt superviele Nachrichten am Tag bekommt und meine da ganz sicher untergehen würde. Das wird sich jetzt definitiv ändern! Hotte Tinder-Boys da draußen, ich hoffe, ihr seid ready für eine Nachricht von Pia, 29 Jahre alt, aus Berlin!

Ich persönlich mag es, wenn Nachrichten ein bisschen länger sind und über ein «Hey, wie geht's?» oder ein «Na, was machst du gerade?» hinausgehen. Mir ist es sehr wichtig, dass mein Partner in der Beziehung ähnlich kommunikativ ist wie ich, und die Länge der Nachricht ist für mich ein erster Indikator. Dass Frauen generell eher auf längere als auf kürzere Nachrichten reagieren, zeigt sich auch in der Studie. Männer wiederum antworten seltener auf längere Nachrichten. Das könnte laut einer Studie von 2002 damit zusammenhängen, dass für Frauen Kommunikation durchschnittlich wichtiger ist für die Aufrechterhaltung einer Beziehung als für Männer. In der Studie von 2011 heißt es: Um die Wahrscheinlichkeit einer Antwort zu erhöhen, sollten Männer ein bisschen mehr Zeit in eine Nachricht an eine Frau investieren, während Frauen sich in Nachrichten an Männer lieber kurz halten sollten. Ganz klar, das ist die logische Schlussfolgerung aus den Studienergebnissen, aber vergiss bitte nicht, dass es sich hier um Durchschnittswerte handelt. Es gibt natürlich auch viele Frauen, die eher auf kürzere Nachrichten antworten, genauso gibt es viele Männer, die sich eher von längeren Nachrichten angesprochen fühlen und darauf reagieren.

Erinnerst du dich an die Nachricht von Farid?

> **Farid:** Hey, ich bin Farid, und ich hatte ein richtig nices Wochenende. Ich steh auf Reisen und Pizza! 🍽 🍕 Lass mal kennenlernen, ich würde mich freuen.

Ich, ich, ich – wenn eine Person viele selbstbezogene Wörter in einer Nachricht verwendet, finde ich das meistens nicht so toll. Klar, Farid ist darauf eingegangen, dass ich offensichtlich auf Pizza stehe und Reisen mag, aber eigentlich hat er das auch nur wieder auf sich bezogen. Tauchen Wörter wie «ich» und «mir» gehäuft in einer Nachricht auf, ist das laut der Studie ein Zeichen dafür, dass der Sender oder die Senderin die Aufmerksamkeit eher auf sich selbst richtet als auf die Person, für die eine Nachricht bestimmt ist. Du kannst es dir vielleicht schon denken: Nachrichten mit einem starken Selbstbezug werden seltener beantwortet als Nachrichten, die Personalpronomen in der zweiten Person, also «du» und «dir», beinhalten. Klar ist es wichtig, auch von sich selbst zu erzählen, aber um die Wahrscheinlichkeit zu erhöhen, dass jemand auf deine erste Nachricht reagiert und überhaupt ein Gespräch zustande kommt, schenk der anderen Person deine Aufmerksamkeit und schreib erst mal weniger über dich. Die direkte Anrede in einer Nachricht signalisiert Interesse und kann laut der Studie dazu führen, dass wir die schreibende Person sympathischer finden, und dadurch steigt dann auch die

Wahrscheinlichkeit, dass wir auf die Nachricht antworten. Geschlechterunterschiede zwischen Männern und Frauen hat man hier nicht gefunden.

Als ich die anzügliche Nachricht von Gustav in meinem Tinder-Postfach entdeckte, brauchte mein Gehirn einige Augenblicke, um die Bedeutung seiner Worte zu verstehen:

> **Gustav:** Einsamer sucht Einsame zum Einsamen, haste Bock? 😏 🥒

Bah, schon beim Tippen dieser Worte wird mir ganz anders. Ja, seine Nachricht ist definitiv eine der kreativen – wobei er den Spruch auch einfach bei Google gefunden haben könnte –, aber ganz ehrlich, geht's noch?

Versteh mich nicht falsch, ich finde Dirty Talk und anzügliche Nachrichten manchmal gar nicht verkehrt, aber doch bitte nicht von einem völlig Fremden – in der ersten Nachricht. Dass viele Männer positiv auf flirtendes Verhalten reagieren und das ziemlich anziehend bei Frauen finden, zu dieser Erkenntnis ist unter anderem eine Studie von 2015 gekommen.

Bei Frauen ist das meist anders: Mit Dirty Talk sinkt laut der Studie von 2011 die Wahrscheinlichkeit, dass Frauen die Nachricht beantworten. Aber auch hier: Natürlich gibt es Frauen, die darauf stehen, genauso wie es Männer gibt, die mit Dirty Talk so gar nichts anfangen können. Eine Umfrage aus Großbritannien hat übrigens ergeben, dass knapp die Hälfte der befragten 18- bis 24-Jährigen schon mal ein Dick-Pic zugeschickt bekommen haben. Noch mal: Geht's noch? Dick-Pics und auch Pussy-Pics – jap, die Bezeichnung des weiblichen Äquivalents zum Dick-Pic kannte ich vorher auch noch nicht – kann man übrigens bei den Dating-Apps melden oder direkt zur Anzeige bringen.

Ein Faktor, der nicht in der Studie berücksichtigt wurde, der sich aber ebenfalls auf die Wahrscheinlichkeit einer Antwort auswirken könnte, ist der Zeitpunkt, zu dem ein:e Empfänger:in die Nachricht erhält. Das ist jetzt natürlich nur anekdotische Evidenz und unmöglich im Rahmen der linguistischen Analyse zu testen, aber vielleicht kennst du das ja auch? Wenn ich total viel um die Ohren habe, finde ich selten die Ruhe, mich auf ein Gespräch einzulassen. Da kann mich die Nachricht noch so sehr ansprechen. Wenn ich allerdings weniger zu tun habe und vielleicht gerade in der S-Bahn sitze, antworte ich auch Männern, deren Nachricht nicht direkt das Interesse in mir geweckt hat, einfach weil ich in dem Moment die Zeit dafür habe.

Ich habe außerdem die Erfahrung gemacht, dass ich häufiger eine Antwort auf Nachrichten bekomme, bei denen ich einen Bezug zu der Profilbeschreibung oder einem Profilfoto herstelle. Wenn ich zum Beispiel die Frage stelle, an welchem Ort ein bestimmtes (Reise-)Bild aufgenommen wurde oder auf welchen Namen die süße Fellnase auf dem Foto hört. Thank me later!

Auch wenn es nun mal keine Antwortgarantie gibt und man nicht beeinflussen kann, wie die andere Person auf das eigene Aussehen reagiert oder ob sie gerade den Kopf für ein Gespräch hat, es gibt schon ein paar Faktoren, auf die man beim Schreiben einer Nachricht achten kann, um die Wahrscheinlichkeit einer Antwort zu erhöhen. Probier es bei deinem nächsten Match einfach mal aus. Und eins noch: Ich bin der Meinung, dass Frauen öfter die Initiative ergreifen und das Ganze in Form einer ersten Nachricht selbst in die Hand nehmen sollten. Von den fast 170 000 Nachrichten, die im Rahmen der Studie von 2011 analysiert wurden, waren nämlich knapp 80 Prozent von Männern. Höchste Zeit, dass sich das ändert! Ich meine, das Schlimmste, was passieren kann, ist, dass man wie Marie keine oder eine blöde Antwort bekommt, aber auch dann weiß man wenigstens woran man ist.

Nachdem ich das geklärt hatte, setzte ich mich erst mal mit einem frisch gekochten Kaffee mit Hafermilch auf mein Sofa und antwortete auf die Nachricht von Paul.

**Paul:** Moin Pia, dein Bild mit der Pizza hat mich voll gecatcht. Tolles Profil! 😊 Wie war bisher dein Start ins Wochenende?

**Pia:** Haha, Pizza ist schon was Tolles! Danke dir! Ich bin heute Morgen mit einem Kaffee am See in den Tag gestartet und pendle seitdem zwischen Sofa und Schreibtisch hin und her 😄 Gleich geht's aber noch mal raus, was essen 🍽 Wie ist die Lage bei dir?

**Paul:** Was macht man denn am Wochenende am Schreibtisch? 🙈 Studierst du noch? Ich war gerade bei Decathlon shoppen und habe mir neue Wanderschuhe gekauft. Ansonsten geht nicht viel, gehe aber später noch mit einem Kumpel was trinken 🍻

**Pia:** Ich schreibe gerade mein erstes Buch! 🤓 Macht superviel Spaß, erfordert aber auch einige Wochenenden und Feierabende am Schreibtisch 🙈 Oh, schön! Auf Wandern hätte ich auch mal wieder Lust! 🌞 Und das mit dem Trinken gehen klingt gut. In welcher Ecke von Berlin wohnst du?

**Paul:** Uuuh, klingt spannend, worum geht's in dem Buch? Ich wohne in Prenzlberg und du? 😊

**Pia:** Es geht tatsächlich um Dating, genauer gesagt, um die Psychologie hinter Dating! 🙈 🤓 Megaspannend, die ganze Forschung zu lesen! Ach, schön, Prenzlberg ist mein zweites Zuhause, mag's da echt gerne. Ich wohne ein bisschen weiter außerhalb an einem superschönen See. Ist wie Urlaub hier, ich sag's dir! 🌟

**Paul:** Uuuh, das klingt gruselig, bist du also auf Tinder, um Forschung zu betreiben? 🙀 🙈 Kann ich mir vorstellen, dass es idyllisch bei dir in der Ecke ist. Jetzt stell dir mal vor, wir wären ein Paar, dann hättest du beides, Prenzlberg und Urlaub am See 😄

**Pia:** Haha, nee, keine Sorge! Die Forschung überlasse ich der Wissenschaft 😄 OHA! Das wäre natürlich das Nonplusultra! 😎 😄

**Paul:** Was übernimmst du so? 🤓 Nur das Schreiben, basierend auf den Analysen und Auswertungen der Wissenschaftler? Und: Wonach suchst du denn eigentlich hier? Vielleicht kann ich ja noch mehr anbieten als eine Bleibe in Prenzlberg, haha

**Pia:** «Nur» ist gut, es gibt locker 500 verschiedene Studien zu dem Thema, meine Masterarbeit war nichts dagegen 🙈 Aber hey, am Ende wird es den Struggle ganz bestimmt wert sein. Ich lerne sooo viel und kann's gar nicht erwarten, mein Wissen zu teilen 🤓 Es wird sogar ein Hörbuch geben, völlig verrückt. Und zu deiner Frage, was ich hier auf Tinder suche, ich sag's mal so: Wenn es passt, auf jeden Fall etwas Festes, aber ich bin jetzt auch nicht verbissen auf der Suche nach einer Beziehung. Das würde ich auch für den falschen Ansatz halten. Wie ist das bei dir? 😊

**Paul:** Ich wollte dein Buch definitiv mit dem «nur» nicht abwerten, ist bestimmt crazy, so ein Buch zu schreiben. Das sollte nicht falsch rüberkommen 🙈 😄 Ich fände es toll, wenn beide offen sind für mehr. Ich möchte gern in Zukunft schon was Festes. Aber ich denke, man kann es auch etwas lockerer anfangen, und alles andere ergibt sich dann automatisch, wenn es passt 😊

**Pia:** Lieb, dass du das noch mal sagst, aber so war es gar nicht bei mir angekommen 😊 Und ja, es ist CRAZY! 🙈 Und yes!! Wenn die andere Person nicht offen für eine Beziehung wäre, hätte ich da auch keine Lust drauf 😄 Ich weiß, was ich möchte, und muss mich nicht mehr ausprobieren oder so 😊 Ich meinte das auch eher in die Richtung, dass man nicht mit der Erwartung, dass das jetzt die große Liebe wird, zu einem ersten Date gehen sollte. Dann ist man viel zu festgefahren und wird im Zweifel eh enttäuscht.

Paul und ich tauschten fast zwei Stunden Nachrichten auf Tinder aus. Um kurz vor sieben schreckte ich hoch. What, kurz vor sieben schon? Jetzt aber schnell. Ich war mit meiner Familie bei meinem Lieblings-Kiez-Italiener verabredet. Auf dem Weg zum Restaurant sah ich, dass Paul mir wieder geantwortet hatte. Anstatt ihm schnell zu schreiben, dass ich jetzt essen ging und ihm einen schönen Abend wünschte, schob ich mein Handy zurück in die Jackentasche. Nein, ich wollte nicht, dass unser angeregtes Gespräch endete und einer von uns am nächsten Tag ein neues Gespräch beginnen müsste. Das war in der Vergangenheit schon einmal zu oft schiefgegangen. Lieber antwortete ich ihm, wenn ich wieder zu Hause war, anstatt zu riskieren, dass das Gespräch am nächsten Tag nur schleppend oder auch gar nicht mehr anlief.

Abends im Bett scrollte ich noch mal durch unseren Chatverlauf und stellte erstaunt fest, wie nah ich mich Paul nach den ersten ausgetauschten Nachrichten schon fühlte. Ich würde mich generell als offene Person beschreiben. Ich vertraue Menschen schnell und gerne, aber wenn ich zu Hause bin und Zeit habe, mir über das, was ich antworten möchte, Gedanken zu machen, öffne ich mich Menschen noch mal anders, als ich es offline bei einem ersten Gespräch tun würde. Und dieses Verhalten deckt sich mit dem sogenannten «hyperpersönlichen Modell» von Joseph Walter. Dieses besagt, dass man online die Möglichkeit hat, sich sehr bedacht und positiv darzustellen, weil man im Internet weitestgehend anonym ist und nicht spontan antworten muss. Im Zweifel konnte man ja sogar, so wie ich es häufig tat, Nachrichten in der Notizen-App vorformulieren. Diese Möglichkeit kann dazu führen, dass man schnell ziemlich intime, sogenannte «hyperpersönliche Beziehungen» zu den Personen entwickelt, mit denen man Nachrichten austauscht. Das Modell hat sich auch im Kontext von Online-Dating bewährt. Eine Studie von 2010 hat zum

Beispiel gezeigt, dass die wahrgenommene Anonymität beim Online-Dating dazu führt, dass sich Personen anderen gegenüber eher öffnen und mehr Informationen über sich preisgeben. Außerdem berichteten Personen, die sich im Rahmen einer Studie von 2020 durch den Austausch von Nachrichten kennenlernten, von größerer sozialer Attraktivität als Personen, deren Kennenlernen via Video-Call stattfand.

Um den eigenen Gefühlen Ausdruck zu verleihen, benutzt man beim Texten häufig Emojis. Eine großartige Erfindung, wie ich finde. Eine Studie von 2019 hat sogar einen Zusammenhang zwischen der Verwendung von Emojis und der Anzahl von Dates und Sex gefunden. Personen, die nämlich viele Emojis beim Schreiben benutzen, haben durchschnittlich mehr Dates und Sex als Personen, die weniger Emojis verwenden. In der Studie heißt es, dass Leute es auf diese Weise eher schaffen könnten, ihre Emotionen auszudrücken und Intimität zu erzeugen. Obwohl die Effekte eher klein sind und erste Dates nicht unbedingt zu einer Beziehung führen müssen, waren die Teilnehmer:innen der Studie, die viele Emojis verwendeten, somit erfolgreicher in der ersten Phase der Anbahnung. Und diese Phase stellt die Grundlage für eine tiefere intime Beziehung dar. Emojis können also dabei helfen, Intimität zwischen zwei Personen aufzubauen. In diesem Sinne: Auch wenn die meisten von uns die kleinen Bildchen wahrscheinlich schon verwenden, go for it!

Paul schrieb ich an dem Sonntagabend übrigens doch nicht mehr zurück, stattdessen fiel ich nach den zwei Gläsern Lambrusco, die ich in Gesellschaft meiner Familie beim Italiener getrunken hatte, glücklich und ein wenig beschwipst ins Bett.

**Pia:** Guten Morgen von mir und meinem Kaffee! ☕ Hast du gut geschlafen? Und zu deiner Frage, was mir wichtig ist: Auf jeden Fall eine Beziehung auf Augenhöhe, dass man viel zusammen lachen kann, Spontanität, Reiselust, gegenseitiger Support in allen Lebenslagen, Vertrauen, ähnlich viel Bock aufs Leben, uuuuund mehr fällt mir so früh am Morgen auf deine Frage nicht ein, haha 😃 Ich sehe schon, wir sollten auf jeden Fall mal einen Feierabend-Gin-Tonic zusammen trinken, um alle Fragen zu klären! 😃 🍸

**Paul:** Guten Morgen zurück von mir und meinem Kaffee ☕ ☀ Gin Tonic trinken klingt gut, ich wollte dich auch schon gestern fragen, ob du spontan Zeit für einen Kaffee hast, aber nachdem ich mich etwas matschig gefühlt habe, dachte ich mir, das ist kein guter erster Eindruck 🙈 😃

**Pia:** Haha, ja, verkaterte erste Dates funktionieren nur, wenn beide verkatert sind 🐈 😃 Wie sieht's denn die nächsten Tage bei dir aus? Lust / Zeit, abends was trinken zu gehen? 😊

Es war Montagmorgen, und ich hatte all meinen Mut zusammengenommen und Paul gefragt, ob wir uns gleich in den nächsten Tagen treffen wollten, um abzustecken, ob das Interesse aneinander auch im Offline-Leben bestand. Noch vor einigen Monaten hätte ich mit einem solchen Vorschlag mindestens ein oder zwei Wochen gewartet und auf Andeutungen seinerseits mit einem «Das ist mir noch zu früh, lass bitte erst mal ein bisschen übers Schreiben kennenlernen» reagiert ... oder ich hätte sie gekonnt überlesen. Aber jetzt möchte ich keine Zeit mehr verschwenden und mit jemandem tage- oder wochenlang schreiben, um erst beim Date festzustellen, puh, nee, doch nicht. Dann lieber ins kalte Wasser springen und direkt treffen, auch wenn das Risiko, dass das Date ein Reinfall wird, so noch mal höher ist. Schließlich kenne ich die Person, die mir später gegenübersteht, noch kaum und hatte bis dahin nur wenig Gelegenheit herauszufinden, ob das zwischen uns passen könnte. Aber ganz ehrlich: Das läuft in der Kneipe, auf WG-Partys oder im Club ja auch nicht anders.

Du denkst dir jetzt vielleicht: «Puh, nee, direkt treffen, das wäre nichts für mich. Ich möchte erst mal schön von zu Hause aus und ganz in Ruhe abchecken, mit wem ich's zu tun habe.» Oder vielleicht reicht es dir auch mit der Person Nachrichten auszutauschen, ohne dass es am Ende auf ein Treffen hinausläuft. Das Wichtigste ist, dass du das machst, was sich für dich richtig anfühlt, und das auch kommunizierst. Ganz egal, was die anderen sagen. Aber: Wenn du Interesse daran hast, die andere Person auch draußen im Leben kennenzulernen oder zu daten, solltest du das erste Treffen auch nicht ewig hinauszögern. Warum? Das erkläre ich dir jetzt.

Der Prozess des Übergangs von der Online-Welt in die Offline-Welt, vom Schreiben zum ersten Treffen, wird in der psychologischen Forschung unter der Bezeichnung «Modalitätswechsel» untersucht. Die Perspektive des Modalitätswechsels deutet darauf hin, dass der Sprung von der Online-Welt in die Offline-Welt die Beziehung entweder verbessern oder verschlechtern kann, je nachdem, wie viel Zeit und Nachrichten dem ersten Date vorausgegangen sind. Es ist nämlich so: Allein beim Anschauen des Profils einer anderen Person entwickelt man erste Vorstellungen, sogenannte «mentale Konstrukte» darüber, wie die Person hinter dem Profil so drauf ist. Und diese Vorstellung baut man mit jeder Nachricht, mit jeder neuen Information weiter und weiter aus. Dabei neigt man dazu, das Match zu idealisieren und ihm oder ihr übermäßig positive Eigenschaften zuzuschreiben. Das macht man nicht, weil man ach so naiv ist, sondern weil das Gehirn Wissenslücken mit Informationen füllt, die ähnlich positiv sind wie der Eindruck, den man bisher von der Person hat. Wenn du dich zum Beispiel mit einer Frau online super verstehst und das Gefühl hast, dass ihr komplett auf einer Wellenlänge seid, hat sie in deinem Kopf wahrscheinlich auch eine für dich angenehme Stimme, selbst wenn du gar nicht wissen kannst, wie sich ihre Stimme eigentlich anhört. Weil wir selektiv Informationen über uns preisgeben können, bietet das Internet darüber hinaus die Möglichkeit, sich in einem guten Licht zu präsentieren, was diesen positiven Eindruck zusätzlich verstärkt. Zum Flunkern lädt das geradezu ein. Im Rahmen einer Studie von 2008 wurden 80 Profile auf Online-Dating-Portalen mit den Daten der Nutzer:innen verglichen. Es stellte sich heraus, dass 81 Prozent der Personen bei mindestens einer Angabe gelogen hatten. 60 Prozent hatten sich schlanker und 48 Prozent hatten sich größer dargestellt, als sie eigentlich sind. 19 Prozent logen außerdem beim Alter, wobei man dazu sagen muss, dass die Studienteilnehmer:innen eher jung waren und somit wenig Anreiz hatten, in Bezug auf das Alter Änderungen vorzunehmen. Man hat in der Studie auch einen Unterschied zwischen Männern und Frauen festgestellt: Männer logen häufiger über ihre Größe und Frauen über ihr Gewicht. Aber keine Sorge, die Abweichungen waren eher klein und wären bei einem ersten Date wahrscheinlich gar nicht aufgefallen. Obwohl! Ich bin für eine Frau mit meinen 1,78 Meter ziemlich groß und stehe auch tendenziell eher auf Männer, die mindestens um die fünf Zentimeter größer sind als ich. Es würde mir also auffallen, wenn mein Date anstatt der angegebenen 1,85 Meter so groß wäre wie ich.

Worauf ich aber eigentlich hinausmöchte: Wenn du eine genaue Vorstellung von der anderen Person im Kopf hast, gehst du natürlich auch mit einer gewissen Erwartungshaltung in das erste Treffen hinein. Und genau an diesem Punkt kann es problematisch werden. Denn je länger man miteinander geschrieben hat, desto spezifischer und im Zweifel idealisierter ist die Vorstellung von der anderen Person. Wenn die Person, die einem dann gegenübersteht, den Erwartungen aber nicht entspricht, wird es laut der Studie von 2015 wahrscheinlich schwieriger, die Abweichungen zu akzeptieren, ganz besonders, wenn die Person im Offline-Leben anders ist, als sie sich im Internet präsentiert hat. Da ist die Enttäuschung natürlich groß.

Ich habe mich mal mit jemandem getroffen, mit dem ich mich online außergewöhnlich gut verstand. Wir waren auf einer Wellenlänge, hatten uns gegenseitig etwas über unser Leben anvertraut und konnten es gar nicht erwarten, einander endlich zu treffen. Natürlich hatte ich mir in den Wochen, in denen wir geschrieben hatten, auch schon heimlich ausgemalt, wie es wohl wäre, mit ihm zusammen zu sein. Ich stellte mir zum Beispiel vor, wie wir gemeinsam sonntags ausschliefen, in Ruhe frühstücken gingen und den Nachmittag mit seiner zuckersüßen Nichte verbrachten. Schon in den ersten Minuten unseres Dates – es war Sommer, und wir hatten uns für ein Picknick im Treptower Park verabredet – war der Zauber aber wie weggeblasen. Er sah zwar aus wie auf seinen Bildern, war auch wirklich 1,85 Meter groß, aber seine Stimme und sein Charakter waren ganz anders, als ich es mir ausgemalt und erträumt hatte. Man(n), war ich enttäuscht und traurig. Wir hatten zwar eine gute Zeit zusammen und lachten viel, aber nach diesem ersten und streckenweise recht krampfigen Date hörten wir nur noch sporadisch voneinander. Ich merkte, dass auch er sich eine andere Vorstellung von mir gemacht hatte. Nach ein paar Tagen schrieb er mir, dass er sich freundschaftlich sehr mit mir verbunden fühle, sich aber nicht vorstellen könne, mich weiter zu daten. Mir ging es genauso, und wir trafen uns danach sogar noch einmal zum Mario-Kart-Zocken. Es war lustig, aber alles andere als romantisch. Wenn ich so drüber nachdenke, fällt mir auf, dass es auf eine gewisse Art auch ganz schön unfair der anderen Person gegenüber ist zu erwarten, dass er oder sie den Erwartungen entspricht, die man sich im Voraus zusammengesponnen hat. Da kann die andere Person ja fast nur verlieren, es sei denn, sie schafft es, die Erwartungen noch zu übertreffen. Was für ein Druck.

Um Enttäuschung auf beiden Seiten zu vermeiden, ist es sinnvoll, sich relativ zeitnah zu treffen. Zu diesem Ergebnis ist auch die psychologische Forschung gekommen. Im Rahmen der Studie von 2015 haben zum Beispiel Menschen, die sich nach kürzerer Zeit zu einem ersten Date getroffen haben, über mehr Intimität und Gelassenheit während des Treffens berichtet als Personen, die sich erst zu einem späteren Zeitpunkt bei einem Date kennenlernten. Außerdem schätzten sie das Potenzial für eine Beziehung nach dem ersten Date durchschnittlich höher ein. Aber Achtung: Zu früh sollte man sich wiederum auch nicht treffen. Der Online-Kontakt kann schließlich dazu beitragen, diese hyperpersönlichen Beziehungen aufzubauen, und beim ersten Date eine gewisse Basis zu haben, kann auch von Vorteil sein. Mir nimmt es immer auch ein bisschen die Aufregung, wenn ich und mein Date eine erste Gesprächsgrundlage haben, an die wir anknüpfen können.

Du denkst dir jetzt vielleicht, na toll, was denn nun? Nach wie vielen Tagen sollte man sich denn nun am besten treffen? Wo genau liegt dieser entscheidende «turning point», der «Kipppunkt», an dem die idealisierte Vorstellung die hyperpersönliche Beziehung überwiegt? Dazu gibt es bisher keine gesicherten Forschungsergebnisse, Wissenschaftler:innen vermuten aber, dass dieser Kipppunkt zwischen dem 17. und dem 23. Tag nach der ersten Kontaktaufnahme liegen könnte. Immer noch ganz schön viel Zeit, um den anderen kennenzulernen, oder nicht? Ich würde generell sagen: Lass dir so viel Zeit beim Schreiben, wie du brauchst, um bereit zu sein, die andere Person offline zu treffen. Wenn es dir ein gutes Gefühl gibt, sich erst mal durchs Schreiben kennenzulernen, spricht da überhaupt nichts gegen.

Als ich das mit den 17 bis 23 Tagen bis zum ersten Treffen las, dachte ich mir nur so: Verdammt, vielleicht hätte ich Paul doch erst ein paar Tage später nach einem ersten Treffen fragen sollen. Aber gut, jetzt hieß es: It's A Date!

# TEIL 2

# IT'S A DATE!

## And Action! Wie dein erstes Date zu etwas Besonderem werden kann

«Erstes Date in Spanien, kann man mal machen», flüsterte ich Max ins Ohr und lachte. Wir lagen in unserem Airbnb in Sevilla aneinandergekuschelt auf der Couch und ließen uns von dem kleinen Heizkörper, der neben uns auf dem Boden stand, warme, trockene Heizungsluft ins Gesicht pusten. «Beste Idee ever», murmelte er zurück, zog mich noch ein Stückchen näher an sich heran und küsste mich. Erst vorsichtig, dann immer fordernder. Mein Herz raste, die Schmetterlinge in meinem Bauch flatterten wie wild umher, und ich war einfach nur glücklich, mich auf dieses Abenteuer eingelassen zu haben. Das hier war so viel besser, als sich bei einem Kaffee oder einem Gin Tonic kennenzulernen.

Max und ich hatten uns im Sommer 2018 in Berlin auf Tinder gematched, zwei Tage bevor es für mich zurück an die Uni nach Schweden ging. Wir tauschten wochenlang erst über Tinder, irgendwann auch über Facebook ewig lange Nachrichten aus und verabredeten uns schlussendlich für ein verlängertes November-wochenende – in Sevilla. Ich reiste aus Schweden an, er aus Berlin. Du denkst dir jetzt vielleicht: «Ähm, hallo?! Stranger Danger?! Das Tinder-Match zum ersten Mal für ein verlängertes Wochenende in einem anderen Land treffen? Bist du verrückt? Was ist, wenn es zwischen euch nicht passt oder er ein Serienmörder ist?»

Ich muss zugeben, ein bisschen verrückt war es tatsächlich, aber genau das hat es auch so aufregend und besonders gemacht. An kaum ein erstes Date erinnere ich mich so gerne zurück wie an die drei Tage voller Aufregung, Tapas, Hauswein, Sightseeing und Knutschen mit Max in Sevilla. Wäre Max ein komplett Fremder gewesen, hätte ich mich auf dieses Abenteuer allerdings niemals eingelassen. Da wir uns aber aus Schulzeiten oberflächlich kannten, ein paar gemeinsame Bekannte hatten und ich mir sicher sein konnte, dass er kein Serienmörder war, hatte ich nach kurzem Zögern zugesagt, als er vorschlug, nach meiner Klausurenphase ein paar Tage in Sevilla Sonne zu tanken.

Ich habe zum Glück noch nie schlimme Erfahrungen mit Stalking oder sexualisierter Gewalt beim Dating machen müssen und klopfe gerade gedanklich auf Holz, dass das auch so bleibt. Ich möchte dir überhaupt keine Angst machen und bin mir sicher, dass die aller-, allermeisten Menschen nett und respektvoll sind und deine persönlichen Grenzen wahren, aber just to be safe: Verabrede dich bitte mit Personen, die du aus dem Internet «kennst», beim ersten Date immer an einem öffentlichen Ort. Das gibt dir die Sicherheit, dass im Zweifel jemand da ist, wenn du aus irgendeinem Grund Hilfe brauchen solltest. Außerdem kann ich dir nur empfehlen, immer eine Person in deine Dating-Pläne einzuweihen. Paula, Hanna und Marie wissen immer Bescheid, wo ich mich mit einem Typen treffe, und falls ich mit zu ihm nach Hause gehen sollte, poste ich meistens noch den exakten Standort in unserer gemeinsamen WhatsApp-Gruppe. Ich finde, man kann hier nicht vorsichtig genug sein, und zu wissen, dass meine Freundinnen im Zweifel eine Ahnung haben, wo sie mich suchen können, gibt mir ein Gefühl von Sicherheit beim Dating.

Wenn man mal googelt, was man am besten bei einem ersten Date macht, bekommt man die unterschiedlichsten Empfehlungen. Gemeinsam für ein paar Tage ins Warme fliegen und ein Airbnb mit nur einem Bett buchen, das empfiehlt niemand, aber dafür ist von Kaffee trinken über essen gehen und einen Film im Kino gucken bis hin zu Klettergarten und, halt dich fest, Bungee-Jumping, alles dabei. Vielleicht hast du auch schon mal von dem Mythos gehört, dass man sich bei aufregenden oder actionreichen Dates wie im Klettergarten eher ineinander verliebt als bei «langweiligen» Dates wie eine Runde durch die Stadt spazieren oder sich auf einen Kaffee treffen. Könnte das auch einer der Gründe sein, warum bei Dating-Shows wie «Der Bachelor» oder «Princess Charming» Action während der Dates großgeschrieben wird? Verlieben wir uns mit ein wenig Adrenalin im Körper leichter ineinander, so wie es im Internet heißt? Wenn ja, hat es deswegen bei mir und Max damals in Sevilla so gefunkt? Mehr Aufregung bei einem ersten Date geht schließlich kaum.

Wie so häufig hat auch dieser Mythos einen wissenschaftlichen Hintergrund: die sogenannte «Hängebrückenstudie» von 1974. Die Sozialpsychologen Arthur Aron und Donald Dutton wollten damals herausfinden, unter welchen Umständen wir eine andere Person besonders sexuell anziehend finden. Von verlieben, so wie es im Internet heißt, war in der Studie übrigens keine Rede, das schon mal vorweg. Die Sozialpsychologen führten für ihre Studie mitten in einem Park in Kanada ein Experiment mit männlichen Parkbesuchern durch. Das Ganze lief so ab: Männer, die zwischen 18 und 35 Jahre alt und ohne Begleitung einer Frau im Park unterwegs waren, wurden von einer attraktiven jungen Frau - so heißt es in der Studie -, die Teil des Experiments war, gebeten, ein paar Fragebögen auszufüllen. Die Männer sprach sie entweder auf einer sicheren, stabilen Brücke an oder - du ahnst es bestimmt schon - auf einer wackeligen Hängebrücke, der Capilano Suspension Bridge, die fast 80 Meter über einem reißenden Fluss hängt. Als die Männer mit der Beantwortung der

Fragen fertig waren, bot die «attraktive Frau» ihnen ihre Telefonnummer an, mit dem Hinweis, sie könnten sich ja später bei ihr melden, um mehr über die Studie zu erfahren. Das Ergebnis: Die Männer, die auf der wackeligen Hängebrücke von der Frau angesprochen wurden, meldeten sich häufiger telefonisch bei ihr als die Männer, die beim Bearbeiten der Aufgabe auf der sicheren Brücke standen. Daraus schlussfolgerten die zwei Sozialpsychologen, dass die Männer ihre körperliche Aufregung, die durch die wackelige Brücke bei ihnen hervorgerufen wurde, auf die Frau projiziert haben könnten, sie also körperliche Reaktionen wie ein flauer Magen, zittrige Knie und Herzklopfen als ein «Oh mein Gott, meine Knie schlottern, mein Herz rast, und mein Magen fühlt sich ganz flau an, das muss daran liegen, dass ich die Frau krass anziehend finde, die muss ich unbedingt kennenlernen» aufgefasst haben. Diese Interpretation der Studienergebnisse stimmt mit der sogenannten «Zwei-Faktoren-Theorie der Emotion» von dem Sozialpsychologen Stanley Schachter von 1964 überein. Die Theorie besagt, dass die körperliche Basis von Gefühlen häufig die gleiche ist, wir das Gefühl aber je nach Kontext unterschiedlich wahrnehmen. Die Entstehung von Emotionen hängt laut Theorie von zwei verschiedenen Faktoren oder auch Komponenten ab, einer körperlichen und einer kognitiven. Du kennst das bestimmt: Wenn du merkst, dass in deinem Inneren irgendwas los ist, du zum Beispiel ein flaues Gefühl im Magen oder Herzklopfen hast (körperliche Komponente), dann suchst du nach einer Erklärung für diese Erregung (kognitive Komponente). So könnte zum Beispiel die gleiche körperliche Aufregung je nach Situation als Prüfungsstress oder als Schmetterlinge im Bauch empfunden werden.

Aber noch mal zurück zur Hängebrückenstudie. Mit der gibt es nämlich einige Schwierigkeiten, die ihre Aussagekraft deutlich einschränken und den «Hängebrückeneffekt», wie es im Internet so schön heißt, ernsthaft infrage stellen. Punkt eins: An dem Experiment haben nur 40 Männer teilgenommen, 20 auf der Hängebrücke und 20 auf der sicheren Brücke, was für eine wissenschaftliche Studie ziemlich dünn ist. Und ja, die Männer von der Hängebrücke haben abends häufiger bei der Frau angerufen, wenn aber nur drei der Männer von der Hängebrücke doch nicht angerufen hätten oder zwei weitere Männer von der sicheren Brücke, hätte sich schon kein Unterschied zwischen den beiden Gruppen in den Daten gezeigt. Und nur weil die Männer sich bei der Frau gemeldet haben, heißt das ja noch lange nicht, dass sie diese anziehend fanden. Möglicherweise interessierten sie sich tatsächlich für die Studie, und zwar ganz ohne Hintergedanken. Soll es ja geben.

Ebenfalls nicht berücksichtigt wurde, dass die Teilnehmer, auch wenn sie ohne weibliche Begleitung in dem Park unterwegs waren, trotzdem in einer festen Partnerschaft hätten sein können oder nicht auf Frauen standen. Auch das soll es geben, habe ich zumindest gehört. Okay, Ironie off. Wie du merkst, nervt mich dieses heteronormative Denken der psychologischen Forschung sehr. Genauso wie Zeitschriften oder Webseiten, die unreflektiert aus Studien zitieren, um Schlagzeilen wie «Hängebrücken-Trick: So eroberst du jedes Herz» oder «Das Brückenexperiment: Aufregung fördert die Anziehung» zu produzieren.

Leider gibt es, soweit ich weiß, keine wissenschaftliche Arbeit, die versucht hat, das Ergebnis der Hängebrückenstudie zu replizieren. Replizieren oder auch Replikation bedeutet in der Wissenschaft, dass andere Forschungsgruppen das Experiment so genau wie möglich nachstellen, um zu schauen, ob sie zu ähnlichen Ergebnissen kommen. Und auch die Zwei-Faktoren-Theorie gilt als überholt. Es gibt aber neuere Studien, die zeigen, dass ein bisschen Aufregung und Anstrengung bei einem ersten Date trotzdem nicht unbedingt verkehrt sind. Im Rahmen einer Studie von 2003 wurden zum Beispiel 300 Besucher:innen eines Vergnügungsparks gebeten, ein Foto von einer durchschnittlich attraktiven, andersgeschlechtlichen Person hinsichtlich Attraktivität und Dating-Potenzial zu bewerten. Entweder standen sie zum Zeitpunkt der Bewertung in der Schlage zur Achterbahn oder kamen aus der Achterbahn raus. Du kannst es dir vielleicht schon denken: Die Leute, die gerade aus der Achterbahn taumelten, schätzten die Attraktivität und das Dating-Potenzial der Person auf dem Foto durchschnittlich höher ein als die Leute, die in der Schlange zur Achterbahn standen. Auch eine Studie von 2004, in der einander fremde Personen zufällig zusammengewürfelt wurden und als Paare an verschiedenen sportlichen Aktivitäten teilnahmen, kam zu dem Ergebnis, dass die Paare, die sich bei der gemeinsamen Aktivität anstrengen mussten, einander am Ende im Durchschnitt anziehender fanden als die Paare, die sich nicht so sehr anstrengen mussten. Viel zu einfach gedacht ist es aber, dieses Verhalten darauf zurückzuführen, dass die Paare ihre körperlichen Reaktionen durch den Sport mit Anziehung zueinander verwechseln. Genauso wie es in der Hängebrückenstudie zu einfach gedacht war, zu sagen, dass die Männer ihre körperliche Reaktion durch die Brücken mit Anziehung verwechselten.

Der Mythos, dass wir bei einem actionreichen Date unsere körperliche Aufregung als ein «Oh mein Gott, ich fühl mich so krass zu der anderen Person hingezogen» interpretieren und uns deswegen schneller verlieben, ist also Quatsch. Trotzdem haben die Studien, die ich dir gerade vorgestellt habe, gezeigt, dass wir einander im Durchschnitt attraktiver finden, wenn wir gemeinsam etwas Actionreiches unternehmen. Was da genau dahintersteckt, das muss noch weiter erforscht werden. Außerdem kann ich mir vorstellen, dass Dates, die ein bisschen aufregender sind, wie zum Beispiel ein Besuch im Hochseilgarten oder ein spontaner Trip nach Sevilla wie der von Max und mir, schneller Verbundenheit schaffen und zusammenschweißen können als zum Beispiel ein Kaffee-Date oder ein gemeinsamer Spaziergang.

Paula, Hanna und Marie erklärten mich übrigens für völlig bekloppt, als ich ihnen erzählte, was Max und ich vorhatten. Für sie wäre so ein erstes Date nichts gewesen. Deswegen, ganz wichtig: Wenn für dich ein erstes Date schon ohne jegliche Action aufregend genug ist oder du es lieber ruhig und gemütlich magst, ist das genau das Richtige für das erste Date mit deinem Match oder der Person, die du vielleicht schon im Offline-Leben flüchtig kennengelernt hast. Hauptsache, du kannst dich trauen, du selbst zu sein, und fühlst dich wohl. Wenn es passt, brauchst du keine Action während des Dates, damit es zwischen dir und deinem Match funkt und ihr Lust darauf bekommt, einander näher kennenzulernen.

Max und ich verbrachten drei wirklich schöne Tage in Sevilla. Wir wachten morgens nebeneinander in dem kleinen 1,40 Meter breiten, oder sollte ich sagen 1,40 Meter schmalen, Bett auf, ließen uns, nachdem ich meinen obligatorischen Kaffee intus hatte, tagsüber ohne jeglichen Plan durch die Stadt treiben und lernten einander auf eine ganz ungezwungene Art und Weise kennen. Was ich im Nachhinein ziemlich lustig finde, was mich damals aber ganz schön verunsicherte: Während wir im Airbnb supervertraut miteinander umgingen, so als ob wir schon Ewigkeiten zusammen wären, wussten wir beide nicht so recht, wie wir uns außerhalb unseres Zuhauses auf Zeit verhalten sollten. Erst als wir im Terminal auf unsere Rückflüge warteten, konnten wir auch in der Öffentlichkeit kaum die Finger voneinander lassen. Daran habe ich immer wieder gemerkt, dass es halt doch ein erstes Date war.

## Rot, rot, rot sind alle meine Kleider: Anziehen, was andere anzieht?

«Das oder das?», begrüßte ich Hanna über FaceTime und richtete die Kamera meines Handys so aus, dass sie die beiden Outfits, die auf meinem Bett ausgebreitet lagen, gut sehen konnte. Zur Auswahl standen eine blaue Jeans mit einem dünnen roten Pulli und mein langes, schwarzes, ärmelloses Maxikleid mit einer Jeansjacke drüber. Dazu weiße Sneaker und die kleine schwarze Handtasche, die mein täglicher Begleiter war, seit ich sie vor ein paar Wochen secondhand im Internet gekauft hatte. Es war Mitte April, und in Berlin waren es schon um die 25 Grad Celsius. In einer guten Stunde war ich mit Frederik auf einen Coffee to go vor dem Stilbruch Kaffee in der Revaler Straße verabredet. Ich liebte dieses Café, hatte bestimmt die Hälfte meiner Masterarbeit dort in den Laptop getippt und freute mich, dass sie auch während des Lockdowns ihre treue Kundschaft mit leckerem Kaffee versorgten. «Mh, das schwarze Kleid ist natürlich ein Blickfang, allein schon deshalb, weil es figurbetonter ist», überlegte Hanna. «Aber heißt es nicht, dass Männer Frauen in Rot besonders attraktiv finden? Vielleicht also doch lieber den Pulli? Irgendwas habe ich da mal gehört», führte sie ihre Überlegungen aus.

Das, worauf Hanna anspielte, ist der sogenannte «Rote-Kleid-Mythos». Der Mythos besagt, dass Frauen durch rote Kleidung oder auch einen knallroten Lippenstift auf heterosexuelle Männer attraktiver und sexuell anziehender wirken, jedenfalls im Vergleich zu anderen Farben. Auch ich hatte schon auf diversen Internetseiten und in Büchern zum Thema Dating davon gelesen. In der Theorie würde das ja auch Sinn ergeben. Es gilt in der Forschung nämlich als weitestgehend erwiesen, dass wir Leidenschaft, Lust und Liebe häufig mit der Farbe Rot in Verbindung bringen. Kein

Wunder, schließlich gilt Rot in unserer Gesellschaft auch als Farbe der Liebe – rote Rosen, rote Herzen, rote Lippen und sogar rote Unterwäsche, alles Symbole für Leidenschaft, Lust und Liebe. In Filmen und Büchern wird Rot mit der weiblichen Sexualität in Verbindung gebracht. Mir fällt da direkt dieses wunderschöne rote Kleid ein, in dem Emilia Clarke als Louisa im Film «Ein ganzes halbes Jahr» dem querschnittsgelähmten Will Traynor, gespielt von Sam Claflin, den Kopf verdreht. Als sie das Kleid trägt, nimmt er sie zum ersten Mal als attraktive Frau wahr. Und auch nicht zu vergessen: die Verwendung von Rot, um sexuelle Verfügbarkeit von Sexarbeitenden in Rotlichtvierteln zu signalisieren.

Neben dieser kulturell geformten Verknüpfung, gibt es auch biologische Assoziationen zwischen der Farbe Rot und Sexualität. Einige weibliche Primaten zeigen zum Beispiel eine Rötung der Genitalien, der Brust, des Gesichts oder des Damms, wenn sich der Eisprung nähert und sie besonders fruchtbar sind. (Der Damm ist übrigens der Teil zwischen After und äußeren Genitalien, falls du diese Bezeichnung noch nicht kennst.) Forschende sind sich weitestgehend einig, dass die rote Färbung im Tierreich dazu dient, Sexualpartner anzuziehen. Bei uns Menschen ist der Eisprung zwar nicht so offensichtlich wie bei weiblichen Primaten, allerdings ist auch bei Frauen der Östrogenspiegel kurz vor dem Eisprung erhöht, was die Durchblutung fördert und die Haut tendenziell röter aussehen lässt.

Sowohl kulturell als auch biologisch ist die Farbe Rot also mit Liebe, Lust und Leidenschaft oder auch Fruchtbarkeit verknüpft. Aber nur weil dieser Effekt von Rot in der Theorie plausibel klingt, bedeutet das noch lange nicht, dass er auch wirklich auftritt und so stark ist, dass Frauen, die etwas Rotes tragen, im Vergleich zu jenen in andersfarbiger Kleidung von heterosexuellen Männern als attraktiver wahrgenommen werden. Und mal ganz ehrlich: Was soll das, dass wir Frauen uns hier mal wieder hübsch für die Männer machen sollen?! Wieso machen die sich nicht hübsch für uns Frauen? Und sowieso: Was bringt es einem, wenn man sich nur, um für den Mann attraktiver zu wirken, in ein rotes Kleidungsstück schmeißt? Sollte es nicht viel wichtiger sein, dass man sich in den eigenen Klamotten wohlfühlt? Schließlich ist es doch schon aufregend genug, sich zum ersten Mal mit jemandem zu treffen – und rote Kleidung ist halt auch prädestiniert dafür, dass man Schweißflecken sieht.

Was ich krass finde: Es gibt mittlerweile echt viele Studien, die den sogenannten «Rot-Effekt» erforscht haben. Ja, du hast richtig gelesen! Ganze Studien, die sich nur damit beschäftigt haben, ob Frauen bei Männern in roten Kleidungsstücken besser ankommen. Aber schauen wir uns die Forschung doch mal – ganz objektiv – an.

Der Rote-Kleid-Mythos basiert auf den Forschungsergebnissen einer Studie von 2008, in der der Psychologe Andrew J. Elliot und die Psychologin Daniela Niesta Kayser erstmals den Rot-Effekt wissenschaftlich nachweisen konnten. In der Studie kamen die beiden zu folgenden Ergebnissen:

**1.** Versuchsteilnehmer nehmen das Foto einer Frau vor einem roten Hintergrund als attraktiver wahr als ein Foto, das vor einem weißen Hintergrund aufgenommen wurde.

**2.** Der Rot-Effekt tritt nur bei Männern auf, wenn sie Frauen nach ihrer Attraktivität bewerten sollen. Wenn Frauen die Attraktivität von anderen Frauen beurteilen sollen, ist er nicht existent.

**3.** Der Rot-Effekt wirkt sich auf die wahrgenommene Attraktivität, sexuelle Anziehungskraft und Dating-Absicht aus. Auf andere Dinge wie allgemeine Sympathie oder ob eine Frau als freundlich oder intelligent wahrgenommen wird, hat er keinen Einfluss.

4. Männer scheinen sich dieses Effekts nicht bewusst zu sein, obwohl er, laut den Forscher:innen, von beträchtlichem Ausmaß ist.

Diese bahnbrechende Studie von 2008 war zwar die erste auf dem Gebiet, aber sie ist heute wie gesagt längst nicht mehr die einzige. In den letzten Jahren ist ziemlich viel passiert, und auch andere Forschungsgruppen haben zum Rot-Effekt geforscht. Mittlerweile gibt es einzelne Evidenz, dass sich der Rot-Effekt neben der Hintergrundfarbe auch tatsächlich bei der Kleidung zeigt. Ein rotes Kleidungsstück kann tatsächlich dazu beitragen, dass eine Frau auf einen heterosexuellen Mann attraktiver wirkt. Im Rahmen einer Online-Dating-Studie von 2013 haben Forscher:innen sogar herausgefunden, dass Männer eher dazu neigen, Frauen zu kontaktieren, wenn sie ein rotes Oberteil auf ihrem Profilbild tragen, im Vergleich zu Frauen, die auf ihrem Bild was Schwarzes, Gelbes, Blaues, Weißes oder Grünes anhaben. Der Rot-Effekt konnte, unter anderem im Rahmen einer Studie von 2016, auch bei der Gesichtsfärbung nachgewiesen werden, beispielsweise wenn eine Frau roten Lippenstift benutzt, und er erstreckt sich sogar auf Objekte. Ja, du hast richtig gelesen, auf Objekte. Eine Studie von 2014 ist zu dem Ergebnis gekommen, dass Frauen mit roten Laptops als attraktiver wahrgenommen werden und in den Augen heterosexueller Männer mehr Sex-Appeal haben als Frauen mit schwarzen, silbernen oder blauen Laptops. Was alles so untersucht wird …

Du denkst jetzt vielleicht, ja, cool, wenn das so easy ist, ziehe ich mir beim nächsten Date einfach etwas Rotes an, trage roten Lippenstift auf und sprinte zum Treffpunkt, damit ich beim ersten Aufeinandertreffen auch ja schön rot im Gesicht bin, wenn es dann nicht eh schon vor lauter Nervosität verblüffende Ähnlichkeit mit einer Tomate hat.

Sorry für den Downer, aber so simpel ist es dann doch nicht. Ja, es gibt zwar Studien, die einen Rot-Effekt gefunden haben und somit für diesen Rote-Kleid-Mythos sprechen. Und auch eine Metaanalyse, die verschiedene Studien zu dem Thema gemeinsam ausgewertet hat, ist zu dem Schluss gekommen, dass es einen Effekt gibt, auch wenn dieser eher klein ist. Das Ding ist aber, und das macht das Ganze ziemlich kompliziert: Neben dieser Evidenz existiert auch Forschung, bei der sich kein Rot-Effekt in den Daten gezeigt hat. Teilweise konnten Effekte, die im Rahmen der Studie von 2012 mit verhältnismäßig wenigen Teilnehmer:innen gefunden wurden, schon in einer Studie von 2016 mit einer größeren Stichprobe gar nicht mehr gezeigt werden. Ich sag's euch, das ist Wissenschaft!

So, aber was bedeutet das denn jetzt? Ich mache es kurz: Diese gemischten Ergebnisse sind unter anderem ein Hinweis darauf, dass Rot zwar eine gewisse Wirkung hat, diese aber eben auch nicht riesig ist. Außerdem sprechen die Studienergebnisse dafür, dass der Effekt nicht allgemeingültig ist und von verschiedenen Faktoren abhängt. Eine Studie von 2015 deutet nämlich darauf hin, dass die Farbe Rot keinen Einfluss auf die wahrgenommene Attraktivität von Frauen hat, die von Männern eher als unattraktiv bewertet werden.

Wie du merkst, scheint es zwar Hinweise darauf zu geben, dass es einen Effekt der Farbe Rot gibt, der sich besonders bei attraktiven und feminin eingeschätzten Frauen zu zeigen scheint. Um aber irgendwann mal eine gesicherte Aussage treffen zu können, muss noch weiter geforscht werden. Und selbst wenn es am Ende heißt: Ja, Rot macht Frauen für heterosexuelle Männer attraktiver, wird dieser Effekt nicht entscheidend groß sein. Wenn dich ein Mann attraktiv findet, wird er das auch, wenn du beispielsweise etwas Grünes oder Schwarzes anhast. Wenn ein Mann allerdings kein Interesse an dir hat, wird auch ein rotes Kleidungsstück dich nicht großartig attraktiver für ihn machen.

Ich bleibe dabei: Zieh einfach das an, worin du dich am wohlsten fühlst. Wenn das rote Top eh zu deinen Lieblingsteilen gehört, cool! Wenn nicht, dann halt nicht. Etwas nur anzuziehen, damit dich dein Gegenüber attraktiv findet, ist definitiv der falsche Ansatz. Und ganz ehrlich, wenn der Typ dich nur mag, wenn du nicht du selbst bist: Ciao Kakao.

Ich weiß nicht, ob es dir da ähnlich geht, aber ich fühle mich attraktiv, wenn ich mich wohl in meiner Haut und den Klamotten fühle, die ich trage. Häufig ist das ein schlichtes Sommerkleid oder eine Jeans und T-Shirt. Und ich glaube, wenn man sich wohl und attraktiv fühlt, strahlt man das auch nach außen aus, was wiederum attraktiv auf andere wirken könnte.

Als ich mich von Hanna verabschiedete, räumte ich den roten Pulli zurück in den Schrank und schlüpfte in mein schwarzes, ärmelloses Maxikleid. In diesem Kleid fühlte ich mich am wohlsten, musste mir keine Gedanken über Schweißflecken machen und konnte mich ganz auf das Date mit Frederik konzentrieren. Zu dem ich natürlich prompt zehn Minuten zu spät kam.

### Not my cup of tea: Warum sich Nähe nicht durch einen heißen Kaffee herstellen lässt

Frederik erkannte ich schon von Weitem, auch wenn die FFP2-Maske sein halbes Gesicht verdeckte. Er hatte blonde Locken, war groß und trug einen schwarzen Hoodie. Genau mein Geschmack. Ich winkte ihm fröhlich zu und rief ihm ein «Sorry, sorry, sorry, dass ich zu spät bin, der Kaffee geht auf mich» entgegen. Er schien wenig begeistert, wirkte genervt von meiner Verspätung und brachte nur ein «Jaja, schon gut, jetzt bist du ja da» hervor. Das konnte ja heiter werden, dachte ich noch, als er schon anfing, sich bei mir zu entschuldigen. Er arbeitete als Arzt auf der Intensivstation in einem Berliner Krankenhaus, und während für viele von uns die Corona-Pandemie Entschleunigung bedeutete, hatte er seit Wochen nicht mehr richtig geschlafen. «Du glaubst gar nicht, was bei uns auf der Station gerade los ist. Ich bin ja echt so einiges gewohnt, einfach ist es schließlich nie auf der Intensivstation, aber was da gerade abgeht, das kann man überhaupt nicht mehr in Worte fassen. So viele Menschen sterben, die meisten davon ganz alleine, ohne Verabschiedung von ihren Liebsten, und es gibt immer noch Leute, die Corona nicht ernst nehmen. Das macht mich so, so sauer. Wir reißen uns den Arsch auf, verzichten seit Monaten auf Freizeit, haben kaum Ausgleich zum stressigen Arbeitsleben, und trotzdem bleibt das schale Gefühl zurück, dass es nichts bringt. Superfrustrierend.» Ich nickte, spürte, dass er erst mal seinen Frust, der sich wahrscheinlich in den letzten Wochen bei ihm angestaut hatte, abladen musste, bevor er sich auf mich und auf unser Date einlassen konnte. Ich gab unsere Kaffeebestellung auf, für mich einen Caffè Latte mit Hafermilch, für ihn einen Flat White mit normaler Milch und einem extra Espresso-Shot, und reichte dem freundlichen Barista hinter der Theke zehn Euro. «Danke, passt so, schönen Tag noch.» Als wir mit unseren Heißgetränken im Pfandbecher auf dem RAW Gelände gegenüber vom Café ein gemütliches Plätzchen in der Sonne fanden, nahm Frederik zum ersten Mal seine FFP2-Maske ab, und ich merkte, wie er langsam, aber sicher im Hier und Jetzt ankam. Endlich, obwohl ich seinen Ärger natürlich gut nachvollziehen konnte und Verständnis für seinen desolaten Zustand hatte. Optisch gefiel er mir sehr gut, ich mochte seinen Dreitagebart und die Grübchen. Wenn er grinste, zeichneten sie sich leicht auf seinen Wangen ab. Er machte mir ein Kompliment für mein Kleid, mein Lachen und für meine Zähne. Frederik war nett, wir unterhielten uns gut, aber dennoch wirkte er ein wenig reserviert und kühl auf mich ... trotz des heißen Kaffees in meinen Händen.

Kennst du die Annahme, dass physikalische Wärme, wie hier durch den heißen Kaffee, eine andere Person für einen «wärmer» macht? Man also, wenn man ein heißes Getränk in der Hand hält, die Persönlichkeit seines Dates als «wärmer» und somit als vertrauenswürdiger, warmherziger und hilfsbereiter wahrnimmt und sich sogar selbstloser verhält? Wenn man hier der berühmten «Kaffeebecherstudie» von 2008 glaubt, wäre «Zusammen einen Kaffee trinken gehen» bei einem ersten Date definitiv eine gute Wahl, um bei seinem Gegenüber gut anzukommen. Ich meine, so positive Eigenschaften wie Warmherzigkeit, Vertrauenswürdigkeit und Hilfsbereitschaft sind ja durchaus Eigenschaften, die sich viele Menschen von einer Person wünschen. Ich weiß nicht, wie es Frederik bei unserem Date ging, aber wie gesagt, ich nahm ihn trotz heißem Kaffee eher als kühl und reserviert wahr. Aber schauen wir uns mal die Untersuchung von 2008 ein wenig genauer an, auf der diese Annahme beruht.

Im Rahmen der Studie trafen 41 Studierende in der Lobby des Psychologiegebäudes auf eine Studienmitarbeiterin, die ein Klemmbrett, zwei Lehrbücher und einen Kaffee in den Händen hielt. Sie bat die Studierenden darum, die natürlich keine Ahnung hatten, worum es bei der Studie ging, kurz mal ihren Kaffee zu halten, während sie sich ein paar Notizen auf ihrem Klemmbrett machte. Bei der Hälfte der Studierenden war der Kaffee noch schön warm, bei der anderen Hälfte eiskalt. Anschließend sollten die Studierenden die Persönlichkeit der Mitarbeiterin mit dem Klemmbrett anhand einer Reihe von Schlagwörtern einschätzen. Darunter waren auch Wörter, die der Person entweder eine «warme» oder eine «kalte» Persönlichkeit zuordneten. Du kannst es dir bestimmt schon denken: Die Personen, die den warmen Kaffee in der Hand hielten, beschrieben die Persönlichkeit der Frau mit dem Klemmbrett anschließend als signifikant wärmer als die Personen, denen sie den kalten Kaffee in die Hand gedrückt hatte. Auf einer Skala von 1 (kalt) bis 7 (warm) gab die Gruppe, die den warmen Kaffee gehalten hatte, im Mittel 4.71 Punkte, während die Gruppe mit dem kalten Kaffee durchschnittlich 4.25 Punkte vergab. Der Unterschied ist hier also echt nicht groß.

In einem zweiten Experiment bekamen insgesamt 53 Versuchspersonen entweder ein warmes oder ein kaltes Pad in die Hand gedrückt. Am Ende hatten sie die Wahl zwischen einem kleinen Geschenk für sich selbst oder einem Geschenk für einen Freund oder eine Freundin. Die Personen, die das kalte Pad in der Hand gehalten hatten, wählten in 75 Prozent der Fälle ein Geschenk für sich selbst aus, während nur 46 Prozent der Leute, die das warme Pad gehalten hatten, das kleine Geschenk für sich selbst wählten. Daher kommt also diese Annahme, mit einem warmen Getränk in der Hand verhalte man sich selbstloser.

Die Kaffeebecherstudie ist Teil einer Reihe von Studien zum sogenannten «Primingeffekt». Priming bedeutet in der Sozialpsychologie, dass kleine Dinge wie die Wärme eines Kaffeebechers die Gedanken, Einstellungen oder das Verhalten von Menschen in eine bestimmte Richtung verändern, fast schon manipulieren können. Bisschen creepy, aber keine Angst, die gefundenen Effekte sind eher klein und lassen sich oft nicht erneut zeigen.

Der Psychologe Dermot Lynott hat zusammen mit seinen Kolleg:innen 2014 im Rahmen einer Studie insgesamt drei Mal versucht, die Ergebnisse des zweiten Experiments (das mit den kalten und warmen Pads und den Geschenken) mit je rund 3000 Teilnehmenden zu wiederholen. Im Gegensatz zu der Originalstudie ist er zu dem Ergebnis gekommen, dass es keinen Unterschied für die Geschenkauswahl macht, ob die Probanden und Probandinnen ein kaltes oder warmes Pad in ihrer Hand hielten. Es konnte demnach nicht bestätigt werden, dass man selbstloser wird, wenn man etwas Warmes in den Händen hält. Und auch das Ergebnis des ersten Experiments der Originalstudie mit dem Kaffeebecher konnte in einer Studie von 2019 nicht repliziert und damit bestätigt werden. Dedümm! Das bedeutet, dass es sehr wahrscheinlich keinen Unterschied macht, ob man versucht, sein Date durch Kleinigkeiten wie einen heißen Kaffeebecher in der Hand zu «manipulieren» oder nicht. Eigentlich schade, aber ganz ehrlich, ist es nicht viel schöner, wenn es mit dem Date einfach funkt, weil ihr euch gegenseitig toll findet, und nicht bloß, weil der Kaffee in der Hand so schön warm ist?

Frederik und ich saßen noch eine gute Stunde in der Sonne, redeten immer wieder aneinander vorbei und lachten über unsere eigenen Geschichten, aber nie über die der anderen Person. Als ich den letzten Schluck von meinem mittlerweile eiskalten Kaffee trank, meinte Frederik, dass er jetzt auch mal losmüsse. Wir verabschiedeten uns verhalten voneinander, und ich quatschte den Mädels eine Sprachnachricht drauf, um ihnen von dem Date mit Frederik zu erzählen.


### Let's talk! – Von wegen Schweigen ist Gold!

Als Justus und ich uns gegen 19:30 Uhr vor einer gemütlichen Wohnzimmerbar in Friedrichshain mit einer festen Umarmung begrüßten, wusste ich schon, dass das ein guter Abend werden würde. Mit den blauen Augen, seinem Charisma und dieser offenen, kommunikativen Art zog er mich direkt in seinen Bann. Wir hatten uns gegenseitig auf Tinder nach rechts gewischt und uns nach ein paar Tagen Schreiben an einem Dienstagabend auf ein Feierabendbier verabredet. «Und, wie war's bei dir heute?», fragte er mich, als wir mit unseren Getränken das durchgesessene grüne Samtsofa im Hinterraum der Bar ansteuerten. Als wir es uns gemütlich gemacht hatten, erzählte ich ihm, dass mein Tag, genauso wie auch schon die Tage zuvor, ganz schön aufregend gewesen war. Mein YouTube-Kanal *psychologeek*, den ich zusammen mit meiner Redakteurin Melanie für *funk* von ARD und ZDF über Monate entwickelt hatte, stand in den Startlöchern, und ich konnte es gar nicht mehr erwarten, dass mein Baby nach so vielen Monaten harter Arbeit endlich das Licht der Welt erblicken sollte, so dramatisch das auch klingen mag.

«Und bei dir, wie war dein Start in die Arbeitswoche nach deinem Skiurlaub in der Schweiz? Die Bilder, die du mir geschickt hast, sahen ja echt traumhaft aus!», fragte ich zurück, nahm einen Schluck von meiner Mate und ließ mich in die Sofakissen fallen. Ich war dankbar, dass der Small Talk mit Justus so mühelos verlief und wir nicht verzweifelt nach Gesprächsthemen, die über das Wetter hinausgingen, suchen mussten. Das hatte ich alles schon erlebt. Einmal ging das sogar so weit, dass ich bei einem Date einfach zwei Stunden am Stück redete, weil es mir so unangenehm war, dass wir keine Gesprächsthemen fanden, und er kaum ein Wort herausbrachte. Nach dem Date habe ich von dem Typen nie wieder etwas gehört. Ein Glück war es mit Justus so entspannt.

Small Talk wird beim Dating häufig verteufelt, weil er so oberflächlich, so belanglos sei und man sich bei Gesprächen, die nur an der Oberfläche kratzten, ja gar nicht richtig kennenlernen würde. Eine Studie von 2010 kam sogar zu dem Schluss, dass ein glücklicheres und zufriedeneres Leben mit weniger Small Talk und mehr tiefgründigem Austausch zusammenhängt. Das Studienergebnis basierte allerdings auf einer ziemlich kleinen Stichprobe und konnte im Rahmen einer Studie von 2018, die eine ähnliche Untersuchung mit einer viel größeren Stichprobe durchführte und somit aussagekräftiger ist, auch nur teilweise bestätigt werden. Laut der Studie von 2018 macht Small Talk jetzt zwar auch nicht glücklich und zufrieden, aber einen negativen Zusammenhang mit unserem Wohlbefinden hat er auch nicht. Immerhin. Dass Deep Talk allerdings zur Lebenszufriedenheit beiträgt, zu diesem Schluss ist auch die Studie von 2018 gekommen.

Auch wenn Small Talk keine Happy Vibes in mir auslöst, bin ich ein Fan von diesem oberflächlichen Geplauder, gerade bei einem ersten Date. Und auch in dem Fachbuch «Interpersonal communication and human relationships» beschreiben die Autoren und Autorinnen, dass Small Talk dabei helfen kann, Unsicherheiten abzubauen und Gesprächsthemen und Anknüpfungspunkte zu finden, die man nach Lust und Laune weiter vertieft. Small Talk ist deshalb perfekt, um bei einem ersten Date mit einer Person warm zu werden und eine Grundlage für tiefgründige Themen zu schaffen. Ich überlege mir sogar häufig vor einem Date ein paar (Notfall-)Fragen, die ich meinem Gegenüber stellen kann, falls das Gespräch doch mal unangenehm ins Stocken geraten sollte und wir Gefahr laufen, gleich auf das Wetter zu sprechen zu kommen. Ich frage dann zum Beispiel nach seinen letzten Reisen und ob er einen Lieblingsort irgendwo auf dieser Welt hat – meiner ist der Mount Sunday in Neuseeland. Ich habe festgestellt, dass man über das Reisen mit fast jedem sprechen kann, auch wenn jemand der Typ Schwarzwald-Urlauber:in ist. Über den Schwarzwald-Urlaub gibt's schließlich auch so einiges zu berichten. Außerdem bin ich der Ansicht, dass für alles, was über Small Talk hinausgeht, sowohl die Stimmung als auch die

Situation passen müssen und das definitiv nicht immer der Fall ist. Wenn man sich zum Beispiel zum Essengehen beim Italiener verabredet und die Tische so nah beieinanderstehen, dass man dem Gespräch nebenan ohne Probleme folgen kann, ist es wahrscheinlich nicht der richtige Zeitpunkt, um mit Deep Talk zu starten und das Gegenüber nach der Beziehung zu seiner oder ihrer Mutter zu fragen. Und wenn die andere Person gerade kurz vor dem Einschlafen ist, definitiv auch nicht. Mich hat mal ein Typ gefragt, wie ich eigentlich zum Thema Kirche und Glauben stehe – als ich gerade in seinem Arm eingedöst war. Superspannendes Thema, aber hey, können wir da vielleicht morgen drüber reden? Es ist kurz vor zwei, und ich würde jetzt wirklich gerne schlafen.

Small Talk ist super, um die anfänglichen Unsicherheiten bei einem Date abzubauen und miteinander warm zu werden, aber um echte Verbundenheit und Nähe mit der anderen Person aufzubauen, sollte es schon etwas in die Tiefe gehen. Tiefe und bedeutungsvolle Gespräche im Sinne von Selbstoffenbarung können nämlich die Bindung zwischen zwei Personen stärken und die Entwicklung einer engen Beziehung beschleunigen. Außerdem kann uns Deep Talk im Vergleich zu Small Talk, der ja keinen Effekt auf unser Wohlbefinden hat, laut der Studie von 2018 glücklicher machen. Mir fällt es manchmal gar nicht so leicht, mich einer anderen Person bei einem ersten Date zu öffnen und mich auf ein tiefgründiges Gespräch einzulassen, selbst wenn die Situation es zulässt. Nicht, weil ich verschlossen bin oder Angst vor Verurteilung habe, sondern weil die Sorge, dass es einfach unangenehm werden könnte, immer in meinem Hinterkopf sitzt. Ich kenne die andere Person schließlich noch gar nicht und kann nicht einschätzen, wie sie auf das reagieren wird, was ich von mir preisgebe. Interessiert mein Date das überhaupt, was ich zu erzählen habe?

Ergebnisse einer Studie von 2021, in die Daten von über 1800

Teilnehmenden eingeflossen sind, zeigen allerdings, dass diese Sorge tendenziell eher unbegründet ist und wir den Deep Talk in unserer Vorstellung viel unangenehmer einschätzen, als er am Ende ist. Außerdem zeigt auch diese Studie, dass tiefgründige Gespräche zu mehr Verbundenheit führen als Small Talk.

Es war schon nach 21 Uhr, als ich Justus fragte, ob er Lust auf ein kleines Experiment habe. «Klar! Lass hören!», antwortete er beschwingt und bestellte bei dem Barbesitzer, der gerade an unseren Tisch kam, ein weiteres Bier. Ich orderte den ersten Gin Tonic des Abends. «Na ja, es gibt da etwas, das nennt sich die 36 Fragen zum Verlieben, und ich würde das supergerne mal ausprobieren», stammelte ich und schaute Justus ein wenig unsicher von der Seite an. «Oha, jetzt bin ich ja mal gespannt, hast du die Fragen dabei?» «Yes! Warte!», rief ich, kramte mein Handy aus der Tasche, tippte «36 Fragen zum Verlieben» bei Google ein und scrollte flüchtig durch die Fragen, die alles andere als oberflächlich waren und Justus und mir im weiteren Verlauf des Abends den ein oder anderen Seelenstriptease bescherten.

Und hier sind sie ...

**1.** Wenn du dich für jede Person auf der Welt entscheiden könntest, wen würdest du als Gast zum Essen zu dir nach Hause einladen?

**2.** Wärst du gerne berühmt? Wie würde das sein, und wie wärst du?

**3.** Hast du jemals geprobt, was du sagen willst, bevor du jemanden angerufen hast? Warum?

**4.** Stelle dir deinen perfekten Tag vor, wie würde der aussehen?

**5.** Wann war das letzte Mal, dass du einfach so für dich selbst gesungen hast? Und wann hast du das letzte Mal für jemand anderen gesungen?

**6.** Stelle dir vor, du wirst 90 Jahre alt. Wenn du dir aussuchen könntest, ob du entweder den Geist oder den Körper einer 30-jährigen Person für die letzten 60 Jahre behalten könntest, wie würde deine Entscheidung lauten?

**7.** Hattest du schon mal eine Vorahnung, wie du sterben wirst?

**8.** Nenne drei Dinge, die du und ich deiner Meinung nach gemeinsam haben.

**9.** Was ist es, für das du in deinem bisherigen Leben am dankbarsten bist?

**10.** Wenn du auf deine Erziehung zurückblickst und heute etwas ändern könntest, was würdest du ändern?

**11.** Nimm dir vier Minuten Zeit und erzähle deinem:deiner Partner:in die Geschichte deines Lebens so detailliert wie möglich.

**12.** Stell dir vor, du würdest morgen mit irgendeiner neuen Eigenschaft oder Fähigkeit aufwachen, welche hättest du gerne?

**13.** Wenn dir eine Kristallkugel die Wahrheit über dich, dein Leben, deine Zukunft oder was auch immer vorhersagen könnte, was würdest du wissen wollen?

**14.** Was wolltest du schon immer mal machen, das du noch nie getan hast? Warum hast du es noch nicht getan?

**15.** Was ist bisher der größte Erfolg deines Lebens?

**16.** Was ist für dich in einer Freundschaft das Wichtigste?

**17.** Wenn du dir die schönsten Momente deines Lebens vorstellst: Welcher Moment ist deine schönste Erinnerung?

**18.** Da nicht immer alles gut läuft im Leben: Was ist deine schlimmste Erinnerung?

**19.** Stell dir vor, du wüsstest mit Sicherheit, dass du in einem Jahr stirbst. Würdest du etwas an deiner Lebensweise ändern? Was und warum?

**20.** Was für eine Bedeutung hat Freundschaft in deinem Leben?

**21.** Welche Rolle spielen Liebe und Zuneigung in deinem Leben?

**22.** Das ist eine Aufgabe für beide: Sagt euch abwechselnd, welche positiven Charakterzüge euer Gegenüber hat. Jede:r soll dabei fünf nennen.

**23.** Wie nah steht sich deine Familie? Hast du das Gefühl, dass deine Kindheit glücklicher war als die der meisten anderen?

**24.** Wie ist die Beziehung zwischen dir und deiner Mutter?

**25.** Jede:r von euch trifft drei wahre «Wir»-Aussagen. Zum Beispiel: «Wir beide sind in diesem Raum und fühlen uns ...»

**26.** Vervollständige den folgenden Satz: «Ich wünschte, ich hätte jemanden, mit dem ich ... teilen könnte.»

**27.** Wenn du mit deinem Gegenüber eng befreundet sein wolltest, was wäre für ihn oder sie wichtig zu wissen?

**28.** Sage deinem Gegenüber, was du an ihm/ihr magst. Sei ehrlich und sage auch Dinge, die du einer Person, die du zum ersten Mal triffst, vielleicht sonst nicht sagen würdest.

**29.** Erinnerst du dich an einen extrem peinlichen Moment in deinem Leben?

**30.** Wann hast du das letzte Mal vor einer Person geweint? Wann hast du das letzte Mal alleine geweint?

**31.** Sag deinem Gegenüber etwas, das du jetzt schon an ihm/ihr magst.

**32.** Worüber sollte man keine Witze machen?

**33.** Wenn du heute Abend sterben würdest, ohne noch mal mit jemandem sprechen zu können, was würdest du bereuen, nicht gesagt zu haben? Warum hast du das nicht schon vorher jemandem erzählt?

**34.** Dein Haus, mit allem, was dir gehört, fängt Feuer. Nachdem du deine Liebsten und die Haustiere gerettet hast, bleibt dir noch Zeit, um genau einen Gegenstand zu holen. Was würdest du retten und warum?

**35.** Der Tod welches Familienmitglieds wäre für dich am schlimmsten? Warum?

**36.** Erzähle deinem Gegenüber von einem persönlichen Problem und frage, wie er:sie mit dem Problem umgehen würde. Bitte dein Gegenüber auch, zu reflektieren, wie du gewirkt hast, als du ihm:ihr von deinem Problem erzählt hast.


Im Gegensatz zu Justus kannte ich die Fragen und wusste genau, worauf ich mich einließ. Für eines der Videos, das in wenigen Wochen auf *psychologeek* veröffentlicht werden sollte, hatte ich mich nämlich schon ausführlich mit den Fragen beschäftigt, genauer gesagt der Wissenschaft dahinter. Die «36 Fragen zum Verlieben», das klingt so romantisch, so erfolgversprechend, so einfach ... zu einfach. Das Krasse ist: In der Originalstudie von 1997, die auch immer als Quelle herangezogen wird, wenn es im Internet zum Beispiel heißt: «Verlieben leicht gemacht – einfach 36 Fragen stellen», ist von Liebe überhaupt nicht die Rede. In der Studie wollten der Psychologe Arthur Aron und seine Kolleginnen und Kollegen lediglich herausfinden, ob es möglich ist, Nähe zwischen Fremden mithilfe eines «Experiments» zu erzeugen. Die Studienteilnehmer:innen wurden dafür in gegen- und gleichgeschlechtliche Paare eingeteilt. Dabei wurde darauf geachtet, dass sich die beiden Partner:innen vorher nicht kannten. Im ersten Teil der Studie unterhielt sich die Hälfte der Zweierteams für 45 Minuten über belanglose Dinge wie das Wetter, und die andere Hälfte beantwortete sich gegenseitig die 36 Fragen. Anschließend füllten alle Versuchsteilnehmer:innen im zweiten Teil der Studie Fragebögen aus, um die Nähe zu messen, die sie nach den 45 Minuten gegenüber ihrem Studienpartner oder ihrer Studienpartnerin empfanden. Unter anderem sollten sie angeben, inwieweit die andere Person in den letzten 45 Minuten Teil von ihrem Selbst geworden war. Der Psychologe Arthur Aron versteht zwischenmenschliche Nähe nämlich als Integration der anderen Person in die eigene. Du kannst dir das wie das Verschmelzen von zwei Kreisen vorstellen.

Das Ergebnis der Studie war nicht überraschend: Die Paare, die tiefgründige Gespräche auf Grundlage der 36 Fragen geführt hatten, fühlten sich nach dem Experiment der anderen Person näher (durchschnittlicher «Wärme-Score»: 4,06) als diejenigen, die ihre Zeit mit Small Talk verbracht hatten (durchschnittlicher «Wärme-Score»: 3,25). Dabei machte es in der Studie von 1997 keinen Unterschied für die entstandene zwischenmenschliche Nähe, ob die Paare ähnliche Ansichten im Leben hatten oder ob die Paare gleich- oder gegengeschlechtlich waren.

So, wie wurden denn jetzt aber aus diesen 36 Fragen DIE sagenumwobenen 36 Fragen zum Verlieben? Gab es da eine Studie, die gezeigt hätte, dass sich Leute, die sich über die 36 Fragen unterhalten hatten, eher ineinander verliebten als Personen, die Small Talk betrieben? I wish! Tatsächlich beruht der ganze Hype rund um die Liebesformel auf einem Artikel, der 2015 in der *New York Times* veröffentlicht wurde. Ja, du hast richtig gelesen, keiner wissenschaftlichen Studie, sondern einem einzigen Artikel. Die amerikanische Journalistin Mandy Len Catron hatte die 36 Fragen bei einem Date ausprobiert und dem Mann danach noch vier Minuten in die Augen geschaut. Nachdem die Journalistin und ihr Date sich ineinander verliebt hatten, teilte sie ihr Liebesglück in dem Artikel «To fall in love with anyone, do this». In jenem Artikel pries sie die 36 Fragen kombiniert mit einem vierminütigen Augenkontakt als DIE Formel zum Verlieben an. Seitdem ist ein regelrechter Hype um die von nun an so genannten «36 Fragen zum Verlieben» entstanden, und so populäre Sendungen wie *Galileo* haben in einem «Liebesexperiment» ihre Wirkung getestet. Das mit dem Augenkontakt basiert wohl auf einer früheren Studie von Arthur Aron. Soweit ich weiß, wurde die aber nie veröffentlicht. Warum auch immer. Es gibt aber in der Tat Studien, die zeigen, dass auch schon intensiver Augenkontakt von nur zwei Minuten die Anziehung zwischen zwei Fremden erhöhen kann. Aber zurück zu meinem Date ...

In den nächsten zwei Stunden erfuhr ich, dass Justus gerne Barack Obama zum Essen einladen würde, dass seine Eltern so wie meine geschieden waren und dass er gerne Gedanken lesen würde. Vielleicht würde er dann endlich mal uns Frauen verstehen, meinte er. Stimmt, weil wir Frauen ja so viel komplizierter sind als Männer, ist klar. Ich ließ ihm den Spruch durchgehen, hatte keine Lust, eine Grundsatzdiskussion über mögliche Unterschiede zwischen Männern und Frauen mit ihm zu starten. Dafür war der Abend viel zu schön und mein Kopf zu wuselig, als dass ich es riskieren wollte, mit ihm aneinanderzurasseln. Stattdessen erzählte ich ihm, dass einer meiner peinlichsten Momente wahrscheinlich der war, als mir beim Presse-Fotoshooting die Jeans am Hintern gerissen war und der Riss nach wenigen Minuten meinen halben Po freigelegt hatte. Ich wünschte, das wäre eine Übertreibung, aber ich wurde sogar von Fremden auf den riesigen Riss in meiner Hose aufmerksam gemacht. (Ja, danke für den Hinweis, aber glaub mir, es ist mir nicht entgangen, dass mein Hintern bei nur ein paar Grad Außentemperatur nicht von Stoff bedeckt ist.) Mein Kameramann Benni, der die Fotos von mir schoss, nahm das alles zum Glück mit viel Humor. Justus musste lachen, als ich ihm die Geschichte erzählte, und verlangte nach dem Foto, das ich von dem riesigen Riss in meiner Hose am Ende des Shootings mit meinem Handy geschossen hatte. Diese peinliche Situation musste schließlich für alle Ewigkeit dokumentiert werden.

Auch wenn die 36 Fragen zum Verlieben nicht das halten können, was ihr Name verspricht, habe ich das Gefühl, dass sie Justus und mich im Gespräch einander definitiv nähergebracht haben. Ich erfuhr bei diesem ersten Date so viele Dinge über ihn und er über mich, die wir sonst wahrscheinlich erst im Laufe der

Zeit erfahren hätten, wenn überhaupt. Falls du dich bei einem Date wohlfühlst, die Situation es hergibt und du bereit für einen Seelenstriptease bist, kann ich dir die 36 Fragen nur empfehlen. Übrigens eignen sie sich auch hervorragend, um Freunde, Freundinnen und Familienmitglieder noch mal besser oder einfach neu kennenzulernen.

Als wir nach einer kurzen Runde Kickerspielen – ich verlor haushoch mit 2:10 – bei der Frage ankamen, was uns schon jetzt an der anderen Person gefiel, und ich Justus gestand, dass ich seine Stimme, seine Augen und sein Lachen sehr mochte und es gerade total schön mit ihm auf diesem Sofa fand, zog er mich in seine Arme und küsste mich. «Ich find's auch total schön mit dir», flüsterte er mir zwischen zwei Küssen ins Ohr, und ich kuschelte mich noch ein bisschen näher an ihn. *Zum Glück sind wir die Einzigen in dem kleinen Hinterzimmer*, dachte ich noch, als der Barbesitzer mich aus meinen Gedanken riss. Es war bereits 1 Uhr morgens, und er wollte doch gerne mal schließen und nach Hause gehen. Na gut. An der Tramstation nahm Justus meine Hand und küsste mich noch mal, bevor sich die Türen der Tram hinter mir schlossen. Was für ein schönes erstes Date!

## I know that you're toxic – Wann du lieber die Beine in die Hand nehmen solltest

> **Jeremy:** Hi Babe, I am deeply sorry but I have to cancel our date. I know it's very last minute but I gotta work late. I'll make it up to you, I promise. Enjoy your night.

Ich war gerade aus der Dusche gestiegen und hatte mich in ein Frotteehandtuch gewickelt, als ich seine Nachricht auf meinem

Smartphone entdeckte. Es war halb acht, eine halbe Stunde bevor ich mit Jeremy, einem Amerikaner, den ich seit einigen Wochen datete, zum Abendessen in meinem Lieblingsrestaurant verabredet war. Es war nicht das erste Mal, dass er mich versetzte, und insgeheim hatte ich auch schon mit einer Nachricht dieser Art gerechnet, trotzdem, oder vielleicht gerade deshalb, machte sich – mal wieder – Enttäuschung in mir breit. Ich war traurig, fühlte mich wie bestellt und nicht abgeholt und war sauer auf mich selbst. Warum ließ ich es zu, dass er so mit mir umsprang? Gefühlt ging alles ständig nach seiner Nase. Wenn er mich sehen wollte, sahen wir uns, wenn ich ihn fragte, ob er Zeit habe, musste er lange arbeiten oder meldete sich erst, wenn es schon zu spät war. Was ich 2013 während meines Auslandsaufenthalts in Kalifornien mit Jeremy hatte, würde man heute wohl als «toxisch» bezeichnen. Es ist mir wichtig, dir in diesem Buch auch von dieser Dating-Erfahrung zu erzählen, weswegen wir in diesem Kapitel eine kleine Zeitreise in die Vergangenheit unternehmen. Bereit? Dann los.

Jeremy und ich lernten uns auf Facebook kennen. Ich war 20, lebte in der Nähe von San Francisco, war Single und hatte große Lust, einen Amerikaner zu daten. Ich stellte mir das unglaublich cool und aufregend vor. Damals war Online-Dating, zumindest in meiner Lebensrealität, noch kein Thema, und so schickte ich total willkürlich, aber, wenn ich heute zurückblicke, auch ziemlich wagemutig, attraktiv aussehenden Männern, die ich auf der Facebookseite der University of California entdeckte, Freundschaftsangebote und likte ihre Fotos. Jeremy war der Erste und, um ehrlich zu sein, auch der Einzige, der auf mein Freundschaftsangebot reagierte und mir schrieb. Wir tauschten Nachrichten aus, erst sporadisch, dann immer regelmäßiger, flirteten miteinander, und als er mich eines Abends zum ersten Mal anrief, ging ich dran. Ich hasste es, auf Englisch zu telefonieren, aber mein Interesse an ihm, an seiner Stimme und an dem, was er zu sagen hätte, überwog.

Schon bevor wir uns zum ersten Mal trafen, hatte er mich am Haken, und die emotionale Achterbahnfahrt nahm ihren Lauf – mit ihm am Steuer. Warum ich mir da so sicher bin? Ganz einfach: Ich begleitete ihn zu seiner Weisheitszahn-OP – bei unserem ersten Date. Ja, du hast richtig gelesen, als wir uns zum ersten Mal sahen, fuhr ich ihn zum Kieferorthopäden, dessen Praxis 20 Kilometer entfernt war, wartete dort zwei Stunden auf ihn und brachte ihn nach der OP wieder zurück nach Hause. Ich werde wohl nie vergessen, wie er auf dem Rückweg völlig benommen neben mir auf dem Beifahrersitz saß, irgendeinen Wirrwarr von sich gab und seine Wangen von Minute zu Minute immer mehr denen eines Hamsters glichen. Das Date auf einen späteren Zeitpunkt zu verschieben, war für mich nicht infrage gekommen, schließlich hatte er mich bereits zwei Mal mit dem Satz «Tonight is not a good night for a first date, sorry!» in der letzten Minute versetzt. Ich wollte diesen Mann unbedingt kennenlernen, wollte ihm zeigen, wie liebenswürdig ich war und dass seine Zweifel, ich sei zu jung, zu ungebildet und zu deutsch – was auch immer das heißen mochte –, unbegründet waren. Auch wenn das bedeutete, dass ich ihn zu seiner Weisheitszahn-OP begleiten musste, um endlich Zeit mit ihm zu verbringen. Nach unserem ersten Date, falls man das überhaupt so nennen kann, sahen wir uns regelmäßiger. Aber eben immer nur, wenn es ihm in den Kram passte – immerhin. Wir gingen essen, spazierten nachts über den wunderschönen Unicampus und hatten richtig, richtig guten Sex. Ich tat alles dafür, um ihm zu gefallen und seine Aufmerksamkeit auf mich zu ziehen. Ich plante die meisten meiner Abende so, dass ich, falls er sich doch spontan melden sollte, zu ihm fahren konnte. Ich fing sogar an, mich mit Aktien zu beschäftigen, und schaute Dokumentationen über den Ersten und Zweiten Weltkrieg, weil ich wusste, dass er für diese Themen brannte, und ich ihn mit meinem Wissen beeindrucken wollte. Dass dabei meine eigenen Bedürfnisse und Interessen immer weiter in den Hintergrund rückten und ich anfing, mich selbst zu verlieren, bemerkte ich erst, als es schon viel zu spät war.

Jeremy kam mir damals unberechenbar vor. Mal schmiss er mich mitten in der Nacht aus seinem Apartment, weil er plötzlich doch lieber allein sein wollte, oder er meldete sich für ein paar Tage nicht zurück, obwohl wir verabredet waren und ich mir ernsthaft Sorgen um ihn machte. Mal war er unglaublich charmant, brachte mir Blumen mit und sagte mir, wie dankbar er sei, dass wir uns kennengelernt hatten. Selbst meine Mutter, die mich in Kalifornien besuchte, wickelte er um den Finger. «So ein netter junger Mann, Pia, so ein netter junger Mann», waren ihre Worte, als ich sie nach ihrer Meinung zu Jeremy fragte.

Jeremy zu daten, war, wie Bertie Botts Bohnen jeder Geschmacksrichtung von Harry Potter zu essen. Ich wusste nie, welche Geschmacksrichtung ich als nächste erwischte. Ich konnte Glück haben und auf eine leckere Bohne mit Apfel- oder Kaffeegeschmack beißen, ich konnte aber genauso gut Pech haben und eine Bohne erwischen, die nach Erbrochenem oder vollgekackter Windel schmeckte. Dass ich nie wusste, was beim nächsten Date mit Jeremy passieren würde, in welcher Stimmung er war und wie er zu mir stand, machte jedes Date zu einem ersten Date – nur ohne die ganze Sache mit der Weisheitszahn-OP, versteht sich. So etwas wie eine Dating-Routine, die sich einstellt, wenn man eine Person über einen längeren Zeitraum trifft, man sich immer besser kennenlernt und anfängt zu verstehen, wie die andere Person tickt, das gab es bei mir und Jeremy nicht. Jedes Date war neu, war anders, war aufregend. Und ich war süchtig nach schönen Dates mit Jeremy. Süchtig nach seiner charmanten Art, seinen Küssen und seiner Aufmerksamkeit, die ich mir so hart erarbeiten musste. Für ganze zweieinhalb Stunden waren wir sogar offiziell zusammen. Das waren genau die zweieinhalb Stunden, in denen es auf Jeremys Profil auf Facebook hieß, dass er jetzt in einer Beziehung mit Pia Kabitzsch sei. Ich traute meinen Augen kaum, als ich diese Meldung auf Facebook entdeckte. Endlich hatte ich ihn von mir überzeugen können, und er erkannte, was ich in uns sah: eine Zukunft. Mein Herz begann, wie wild vor Freude zu schlagen, bevor es wenige Minuten später in tausend Teile zersprang. Jeremy hatte den Post wieder gelöscht. Seine Begründung: Er fühle es noch nicht so, das mit uns. Sein «I am just not there yet» traf mich wie ein Schlag ins Gesicht.

Wie groß die emotionale Abhängigkeit von Jeremy damals war, realisiere ich erst, als ich fast zehn Jahre später an dem kleinen Küchentisch in meiner Wohnung in Berlin sitze, durch unsere alten E-Mails und Bilder scrolle und diese Worte tippe. Wow. Sogar dieses unangenehme Ziehen in meinem Bauch, das ich damals jedes Mal spürte, wenn Jeremy mich versetzte oder rausschmiss, ist zurück. Ich frage mich: Wie zur Hölle konnte ich es so weit kommen lassen? Warum bin ich nicht um mein Leben gerannt, wie ich es heute wahrscheinlich tun würde, wenn ein Mann solche negativen Gefühle in mir auslöste?

Auch wenn Jeremy und ich, bis auf diese zweieinhalb Stunden Facebook-Beziehung, nie offiziell zusammen waren, trifft das, was in einigen Artikeln im Internet als «toxische Beziehung» beschrieben wird, in vielen Punkten auf das zu, was wir miteinander hatten. Jeremy zu daten, war toxisch, zumindest für mich.

Was ich persönlich spannend, aber auch kritisch finde: Die meisten von uns haben eine gewisse Vorstellung davon, was gemeint ist, wenn die Formulierung «toxische Beziehung» oder auch «toxisches Dating» fällt, und würden mir wahrscheinlich zustimmen, dass es auf das zutrifft, was Jeremy und ich hatten. Aber, und das ist ein großes Aber, es existiert keine einheitliche Definition, die objektiv beschreiben würde, was «toxisch» im Beziehungs- oder auch Dating-Kontext überhaupt genau meint. Das liegt vor allem daran, dass der Begriff, der so viel wie «giftig» bedeutet, in diesem Kontext total subjektiv ist. Was für die eine Person toxisch ist, fällt für eine andere vielleicht nicht in diese Kategorie. Damit du einen Eindruck von den verschiedenen Definitionen bekommst, habe ich dir ein paar Beschreibungen herausgesucht. Es ist interessant, wie verschieden toxische Beziehungen in den Medien definiert werden. Während sie in einem Artikel der Apotheken Umschau als Liebe, die permanent zwischen Glück und Katastrophe schwankt, beschrieben wird, schreibt die Psychologie Heute, ein renommiertes populärwissenschaftliches Magazin für Psychologie, dass toxische Beziehungen Verbindungen sind, die, ich zitiere, «mehr Kraft kosten als Kraft geben und in denen Kränkung, Kontrollsucht, Egoismus, Ignoranz und Beleidigungen eine große Rolle spielen». In einem Artikel auf welt.de spricht die Psychologin Bärbel Wardetzki sogar von einer ganz klaren Opfer- und Täter:innenrolle, und sie erklärt, dass vor allem narzisstische Beziehungen als «toxische Beziehungen» bezeichnet werden. Und auch in dem Bericht der Psychologie Heute werden toxische Beziehungen mit verschiedenen Persönlichkeitsstörungen in Verbindung gebracht, was ich recht stigmatisierend finde.

Die Vielfalt an Definitionen spricht dafür, dass es zu diesem Thema keine seriöse wissenschaftliche Forschung gibt. Denn um das Konstrukt von verschiedenen Perspektiven im Rahmen von wissenschaftlichen Studien erforschen zu können, braucht es zunächst eine objektive und vor allem einheitliche Definition; was bei dem subjektiven Verständnis des Begriffs «toxisch» aber total schwierig bis unmöglich ist. Aus diesem Grund spricht man hier auch von einem sogenannten «populärpsychologischen Phänomen». Unter Populärpsychologie, umgangssprachlich auch treffend als «Küchenpsychologie» bezeichnet, verstehen wir psychologische Annahmen und Alltagserkenntnisse, die keine wissenschaftliche Basis haben oder wissenschaftlich nicht bestätigt sind.

Man könnte jetzt sagen: Wenn es keine einheitliche Definition und keine wissenschaftliche Grundlage gibt, existieren toxische Beziehungen und toxisches Dating nicht. Auf der einen Seite mag das eine valide Schlussfolgerung sein, auf der anderen Seite gibt es dennoch sehr viele Menschen, die von ihrer Beziehung zu einer bestimmten Person sagen, dass sie für sie ungesund sei. Was ich damals für ein paar Monate mit Jeremy durchgemacht habe, wünsche ich niemandem. Ich möchte mir auch gar nicht ausmalen, welche extremen Züge das noch angenommen hätte, wenn ich nicht zurück nach Deutschland gegangen wäre und wir irgendwann so richtig, und nicht nur für ein paar Stunden, zusammengekommen wären. Um Menschen in toxischen Verbindungen zu helfen, habe ich vor einiger Zeit für ein *psychologeek*-Video eine Paartherapeutin zum Thema toxische Beziehungen interviewt. Die Paartherapeutin erzählte mir im Interview, dass für sie persönlich alles, was irgendwie ungesund ist, toxisch sei. Das fange schon damit an, dass man nicht respektvoll und liebevoll miteinander umgehe und das Gefühl habe, in der Beziehung nicht man selbst sein zu können.

Ich fragte sie, ob es so etwas wie Red Flags beim Dating gebe, Warnsignale, bei denen die eigenen Alarmglocken schrillen sollten. Sie verneinte ganz klar und erklärte mir, dass eine Beziehung in ihrem Verständnis theoretisch an jeder Stelle toxisch werden könne, auch nachdem man schon einige Jahre (glücklich) zusammen gewesen sei.

Für mich war diese Einsicht sehr wichtig. In den populärwissenschaftlichen Artikeln, die ich vor dem Interview gelesen hatte, tauchte diese Information nämlich nicht auf. In der Psychologie Heute ist zwar auch nicht direkt von Red Flags die Rede, aber es werden Verhaltensweisen beschrieben, die Warnzeichen oder Hinweise für eine toxische Beziehung sein können. Darunter fasst die Autorin des Artikels etwa doppelte Botschaften, Love Bombing und Mikrogewalt, das übermäßige Ausüben von Kontrolle, Gaslighting und Schweigen zusammen. Auch in diesem Artikel wird eine toxische Beziehung mit der narzisstischen Persönlichkeitsstörung in Verbindung gebracht. Das finde ich persönlich schwierig, weil es der «Bandbreite» von toxischen Beziehungen nicht gerecht wird, da auch eine Verbindung mit einer psychisch gesunden Person toxisch sein kann. Als ich mir die Verhaltensweisen, die in der Psychologie Heute aufgeführt wurden, durchlas, musste ich jedoch feststellen, dass auch Jeremy einige dieser Verhaltensweisen mir gegenüber gezeigt hatte. Ich denke, wenn mich damals jemand darauf aufmerksam gemacht hätte, wäre ich vielleicht früher aufgewacht. Ich hoffe, dass dir diese möglichen Warnzeichen helfen zu erkennen, ob du gerade, so wie ich damals mit Jeremy, in einer toxischen Dating-Situation steckst, die dir nicht guttut.

**1. Doppelte Botschaften:** Unter doppelten Botschaften, auch Nicht-Komplimente oder Anti-Komplimente genannt, versteht man solche, die mit kleinen Bosheiten kombiniert werden. Typische Beispiele sind: «Für eine dicke Frau bist du echt hübsch», «Für einen Asiaten hast du echt große Augen» oder, wie Jeremy es mir gegenüber mal formulierte: «Für eine Frau bist du ganz schön klug.» Laut der Psychologie Heute sind solche doppelten Botschaften ein Zeichen für Machtspiele.

**2. Love Bombing:** Wenn man sich, gerade in der Anfangszeit einer Beziehung, vor lauter Zuneigung, Komplimenten und Aufmerksamkeit kaum retten kann, mit Geschenken überhäuft wird und die andere Person in Superlativen über Dates oder die Beziehung spricht, nach dem Motto «Ich habe noch nie so eine tolle Frau wie dich kennengelernt» oder «Mit dir habe ich die allergeilsten Orgasmen», nennt man das Love Bombing. Love Bombing fühlt sich erst mal gut an, schließlich wünschen sich die meisten Menschen Zuneigung und Aufmerksamkeit. Aber gerade bei denjenigen, die eine große Sehnsucht danach haben, schaffen es «toxische» Menschen schnell, eine gewisse emotionale Abhängigkeit aufzubauen. Love Bombing, wie das hier beschrieben wird, habe ich mit Jeremy nicht erlebt, allerdings hat er mir auch häufig kleine Geschenke gemacht und mir zum Beispiel Blumen oder meine Lieblingsschokolade mitgebracht.

**3. Mikrogewalt:** Als ich Jeremy sagte, dass ich Ende des Jahres wahrscheinlich nicht mit ihm durch Europa reisen könnte, weil ich zu diesem Zeitpunkt längst mitten in meinem Psychologiestudium stecken würde, rastete er komplett aus und bezeichnete mich als schlecht, verwöhnt und undankbar. Eine halbe Stunde später hatte er sich wieder beruhigt und versuchte, sich mit mir zu versöhnen. Solche Wutausbrüche und Beschimpfungen, die häufig nicht lange anhalten, bezeichnet man als Mikrogewalt, und auch das kann ein Warnsignal für toxisches Verhalten sein.

**4. Übermäßige Kontrolle:** Das Handy der anderen Person checken, in der Wohnung herumschnüffeln und/oder ständig wissen wollen, wo sich der oder die andere aufhält und was er oder sie in dem Moment macht, das versteht man unter übermäßiger Kontrolle. Häufig heißt es dann vom Gegenüber, dass man sich doch nur sorge und auf die andere Person aufpassen möchte. Bei

Jeremy hatte ich damals eher das Gefühl, dass er sich nicht dafür interessierte, wo ich mich so rumtrieb, was mich ziemlich traurig machte.

**5. Gaslighting:** Unter Gaslighting versteht man die absichtliche Verdrehung von Fakten und Tatsachen, bis die andere Person nicht mehr weiß, was überhaupt noch stimmt, und beginnt, an ihren eigenen Erinnerungen zu zweifeln. Ich war zum Beispiel der festen Überzeugung, dass Jeremy mir zugesagt hatte, für ein Wochenende nach Carmel-by-the-Sea zu fahren, einem süßen kleinen Städtchen knapp 200 Kilometer südlich von San Francisco. Ich hatte sogar schon das Okay von meiner Gastfamilie, mir eines ihrer Autos für den Wochenendtrip ausleihen zu dürfen. Als ich Jeremy vorschlug, nach Hotels zu schauen, sagte er, dass er dem niemals zugestimmt und ich mir das zurechtgesponnen hätte.

**6. Schweigen:** Als letztes Warnzeichen führt die Psychologie Heute an, dass Menschen, die sich in Beziehungen toxisch verhalten, Schweigen als Machtmittel einsetzen. Damit ist gemeint, dass sie die andere Person für eine gewisse Zeit anschweigen und/oder sich so verhalten, als hätten sie kein Interesse mehr an der Beziehung. Jeremy hatte mich zwar auch häufiger angeschwiegen, indem er sich teils tagelang nicht bei mir zurückmeldete, allerdings bin ich mir nicht sicher, ob er das Schweigen als Machtmittel nutzte oder ob er mich anschwieg, weil er mich nicht auf dem Radar hatte.

Wenn du noch nie mit einer Person zu tun hattest, mit der sich der Kontakt ungesund anfühlte, sei es in einer Freundschaft, einer Dating-Situation oder auch in einer festen Beziehung, fragst du dich wahrscheinlich, wie es sein kann, dass «Betroffene» den

Kontakt nicht so schnell wie möglich abbrechen und – im übertragenen Sinne – um ihr Leben rennen. Warum habe ich mir Jeremys Launen, seine Aggressionen und Gemeinheiten gefallen lassen? Für viele Menschen ist es gar nicht so leicht, eine ungesunde Verbindung wieder aufzulösen. Häufig entschuldigt sich der:die Partner:in immer und immer wieder für das Verhalten und sagt, dass er:sie an sich arbeiten möchte und dass in Zukunft alles besser wird. Auch ich habe das Jeremy immer und immer wieder geglaubt, habe Entschuldigungen für ihn gesucht, die sein Verhalten mir gegenüber rechtfertigten. Außerdem, nicht zu vergessen, leben ungesunde Beziehungen auf der anderen Seite von außergewöhnlich schönen Momenten, an die man sich in «schlechten Zeiten» zurückerinnert oder sich danach sehnt, diese erneut zu erleben. Jeremy und ich haben zum Beispiel häufig in seinem Apartment getanzt, hatten echt guten Sex, haben viel zusammen gelacht, und ich habe ihm dabei geholfen, etwas Deutsch zu lernen, was mir jede Menge Spaß bereitete.

Was es für mich persönlich damals wahrscheinlich am schwersten gemacht hat, die Verbindung zu Jeremy zu lösen, war diese «Sucht» nach seiner Aufmerksamkeit, die ich mir so hart erarbeiten musste. Ich glaube nicht, dass seinerseits eine bewusste Strategie dahintersteckte, aber immer, wenn ich das, was wir hatten, infrage stellte, schenkte er mir seine Zuneigung und Aufmerksamkeit, und meine Zweifel waren wie weggeblasen. Um noch mal auf meine Bertie-Botts-Bohnen-jeder-Geschmacksrichtung-Metapher zurückzukommen: Die Tatsache, dass ich wusste, in der Schachtel waren irgendwo auch leckere Bohnen, ich aber keine Ahnung hatte, wann ich wieder eine mit Kaffee- oder Apfelgeschmack erwischen würde, ließ mich weiter auch die ekligen Bohnen schlucken, die nach Erbrochenem schmeckten. Schließlich könnte die nächste Bohne ja schon wieder eine Geschmacksexplosion für mich bereithalten – im positiven Sinne.

Jeremy zu daten, war wie ein elendig langer Dating-Marathon, in dem ich immer wieder beweisen musste, dass ich es wert war, von ihm gedatet zu werden. Anstrengend! Nicht nur körperlich, sondern auch emotional. In dem Interview mit der Paartherapeutin fragte ich sie, wie man sich aus einem toxischen Dating-Kreislauf befreien könne. Sie sagte, dass es wichtig sei, sich über die folgenden Punkte klar zu werden und entsprechend zu handeln.

Was möchte ich selbst? Wie geht es mir? Möchte ich die andere Person überhaupt noch weiter daten? Tut er oder sie mir gut? Sind Gefühle involviert? Gibt es Dinge, die uns auf eine gute Weise miteinander verbinden? Schöne Momente? Wie tief sind die Verletzungen, die er oder sie mir zugefügt hat? Bin ich bereit, weiterhin Energie in diese Verbindung zu stecken? Und ganz wichtig: Kann ich der anderen Person verzeihen?

Erst dann folgt die Frage: Was möchte die andere Person? Ist auch sie bereit, an der Situation zu arbeiten und sie zu verbessern, oder bin ich hier ein:e Einzelkämpfer:in? Und: Ist er:sie bereit, die volle Verantwortung für seine:ihre Seite zu übernehmen?

Und zuletzt: Was bekomme ich von außen zurückgemeldet? Habe nur ich das Gefühl, dass mir oder uns das Dating nicht (mehr) guttut? Oder bekomme ich auch von meinen Freund:innen oder meiner Familie zurückgemeldet, dass ich mich verändert habe und emotional ausgelaugt wirke? Wie steht mein Umfeld zu der Dating-Situation, in der ich mich gerade befinde?

Wenn man diese Fragen ganz ehrlich für sich beantwortet hat und zu dem Entschluss gekommen ist, dass man sich von der anderen Person lösen möchte oder vielleicht sogar muss, ist es laut der Paartherapeutin wichtig, sich soziale Unterstützung zu suchen – andere Menschen, die auffangen und helfen, aus der Situation herauszukommen. Als ich Jeremy damals datete, erzählte ich kaum jemandem davon, wie toxisch unsere Dating-Phase ablief. Ich sonnte mich vielmehr in der Bewunderung meiner Freund:innen, dass ich einen amerikanischen Typen datete, der mich «Babe» nannte. Nur meine damalige Gastmutter, zu der ich eine ganz besondere Beziehung pflege, kannte die ganze Wahrheit über Jeremy und mich. Sie fing mich emotional auf, wenn es mir schlecht ging, und goss uns beiden schon mal ein Gläschen Kaffeelikör ein, wenn ich ihr gegen 23 Uhr textete, dass Jeremy mich mal wieder rausgeschmissen hatte und ich auf dem Nachhauseweg war. Meine Gastmutter war, und ist es noch, Psychologin und sagte mir immer und immer wieder, dass das Verhalten von Jeremy nichts mit mir persönlich zu tun habe und ich nichts falsch machte. Und dass ich, wenn ich sein Verhalten zu nah an mich heranlassen würde, das mit ihm besser beenden sollte. Im Notfall würde sie mir auch den Schlüssel des Familienwagens wegnehmen, den ich häufig auch in meiner Freizeit nutzen durfte, damit ich nicht doch wieder zu Jeremy fahren würde.

Auch meine Freundin Hanna hatte schon Erfahrung mit toxischem Dating machen müssen. Im Gegensatz zu mir damals war sie aber sehr reflektiert und sprach den Typen mehrmals auf sein verletzendes Verhalten an und erklärte ihm, was das in ihr auslöste. Nachdem er keinerlei Einsicht gezeigt hatte und einmal sogar meinte, dass sie sich nicht so anstellen solle, schließlich seien sie ja nicht zusammen, wusste Hanna, dass sie sich unbedingt von ihm fernhalten musste. Die Frage war nur: wie? Sie bat mich um Rat, und ich überlegte, was mir damals geholfen hätte, von Jeremy wegzukommen. Gemeinsam formulierten wir bei einer Tasse Glücks-Tee eine «Abschiedsnachricht» an den Typen, löschten den WhatsApp-Verlauf und – nachdem Hanna sie mir «für alle Fälle» zugeschickt hatte – auch seine Nummer. Danach hieß es für mich: ein Wochenende trösten, schnulzige Filme raus-

suchen, Wasser für Tee und Wärmflasche kochen und sicherge-
hen, dass der Süßigkeitenvorrat bei Hanna nicht versiegte. Hannas Herz blutete, und sie vermisste ihn schrecklich, auch wenn
sie wusste, dass sie die richtige Entscheidung getroffen hatte. Ein
paar Tage später konnte sie aber auch schon wieder lachen und
war froh, dass sie diesen radikalen Schritt getan hatte. Nach seiner Nummer hat sie mich übrigens nie gefragt.

Wenn es dir gerade nicht gut geht, weil du gemerkt hast, dass
auch du dich in einer toxischen Dating-Situation befindest und
Hilfe brauchst, kannst du dir jederzeit kostenlos und anonym bei
verschiedenen Hilfsangeboten wie zum Beispiel der Telefonseel-
sorge Unterstützung suchen. Du schaffst das!

## What's cookin', good lookin'?
## Was uns auf andere fliegen lässt

Marie und ich klatschten wie wild in die Hände, als die Band
«Das Lumpenpack» von der Bühne sprang und uns in eine fünf-
zehnminütige Pipi-und-Getränkehol-Pause entließ. Es war Sommer in Berlin, die Sonne war gerade untergegangen, und die
Stimmung in dem Strandbad, in dem die Veranstaltung stattfand,
war großartig. Ich schielte zu dem Platz, auf dem der attraktive
Typ saß, mit dem ich vor Beginn der Veranstaltung schon ein
paar Worte gewechselt hatte, konnte ihn aber nirgends entde-
cken. Ich wollte gerade aufstehen, um mich in die meterlange
Schlange vor den Toiletten einzureihen, als er mit drei Rhabar-
berschorlen vor Marie und mir auftauchte und sich als Leo vor-
stellte. Hi, Leo! Die restliche Pause verbrachten wir quatschend
und Rhabarberschorle trinkend auf meinem blau-weiß gestreif-
ten Strandtuch. Am Ende der Veranstaltung tauschten Leo und
ich Handynummern aus, und als ich gegen Mitternacht die Tür

zu meiner Wohnung aufschloss, wartete schon eine ungelesene WhatsApp-Nachricht auf mich:

> **Leo:** Hey, ich hoffe, dass du gut nach Hause gekommen bist, würde mich freuen, dich bald mal wiederzusehen! 🐨

Unser erstes Date hatten wir eine Woche später. Nicht wie ursprünglich verabredet in Berlin, sondern ganz spontan an der Ostsee. Eigentlich wollte Hanna mich begleiten, da ihr aber kurzfristig was dazwischengekommen war und Leo in seinem Leben noch nie Ostseeluft geschnuppert hatte, saß er am Ende neben mir im Flixbus nach Warnemünde. Während der Fahrt spielten wir uns gegenseitig unsere aktuellen Lieblingssongs vor, tauschten Geschichten über unser Leben aus, lachten über schlechte Wortwitze, und als er kurz vor Warnemünde seinen Arm um mich legte, realisierte ich, wie sehr ich mich zu ihm hingezogen fühlte. Ich wollte seine Nähe spüren, meine Hände in seinen Haaren vergraben und ihn küssen. Am liebsten jetzt gleich. Ich hatte mich in der Vergangenheit schon zu so einigen Männern hingezogen gefühlt, aber diese Anziehung, die ich zu Leo spürte, war auf einem neuen, mir bisher unbekannten Level. Ein gutes Zeichen, wie ich fand! Nach jedem Date, das Marie, Hanna oder Paula hatten, fragte ich sie nämlich, ob sie sich zu dem Typen hingezogen fühlten. Wenn ja, wusste ich, dass es sich lohnte, mir den Namen zu merken, da auf das erste Date oft noch ein zweites und auch ein drittes Date folgte. Ich persönlich bin der Meinung, dass Anziehung essenziell ist, um eine Beziehung aufzubauen ... oder aber, um richtig guten Sex zu haben. Wenn eine meiner Freundinnen mich in dem Moment gefragt hätte, ob ich mich zu Leo hingezogen fühlte, wäre meine Antwort auf jeden Fall «JAAAA!!!!!» gewesen. Ein bisschen überfordert mit dieser Erkenntnis, aber voller Vorfreude auf den gemeinsamen Tag an der Ostsee, stolperte ich an der Endhaltestelle hinter ihm aus dem grünen Reisebus.

In der Psychologie unterscheidet man verschiedene Arten der Anziehung: soziale, romantische, sexuelle und körperliche Anziehung. Unter sozialer Anziehung, auch «freundschaftliche Anziehung» genannt, versteht man die Anziehung gegenüber einer Person, die man mag und mit der man sich vorstellen kann, befreundet zu sein. Dann gibt es da aber eben noch dieses geile Gefühl, wenn es funkt, wenn man einfach mehr will, sich der Geruch des anderen in der Nase verfängt und dieses gewisse «Je ne sais quoi» in der Luft liegt. Wenn all das zusammenkommt und sich zu der sozialen Anziehung gesellt: romantische Anziehung it is! Du hast Interesse an mehr als einer Freundschaft. Wenn du dich dann noch dabei ertappst, dass du heimlich an der Jacke deines Dates schnupperst, während er schon mal in die Küche vorgegangen ist (it all happened, friends, it all happened!), und dein Gegenüber gerne anfasst, sprechen wir in der Psychologie von sexueller Anziehung. Oder anders gesagt: Er oder sie ist für dich einfach hot as hell!

Die sexuelle Anziehung ist ein wichtiger Teilaspekt der romantischen Anziehung und bestimmt, ob du mit deinem Date mehr austauschen möchtest als nur deine Lebensgeschichte. Und auch die körperliche Anziehung – wenn du eine Person vom Aussehen her anziehend findest – spielt eine entscheidende Rolle.

Wie wichtig uns die körperliche Anziehung aka das Aussehen einer anderen Person für das Eingehen einer Beziehung ist, zeigen die Ergebnisse einer Studie von 2002. In der Studie gaben um die 700 Teilnehmer:innen an, welche Eigenschaften sie bei Personen bevorzugen, mit denen sie gelegentlichen Sex haben, die sie daten, mit denen sie verheiratet oder befreundet sind, und wie wichtig ihnen die jeweiligen Eigenschaften sind. Es hat sich gezeigt, dass wir sowohl in einer Freundschaft, einer Partnerschaft, einer Ehe oder bei gelegentlichen Sextreffen Menschen bevorzugen, die warmherzig, freundlich, humorvoll, offen und ausdrucksstark sind. Bei Personen, mit denen wir eine romantische Beziehung eingehen, sind wir besonders anspruchsvoll, was diese verschiedenen Persönlichkeitseigenschaften, aber auch den sozialen Status und die körperliche Attraktivität angeht.

Während mir die körperliche und sexuelle Anziehung, die ich zu Leo von Anfang an spürte, schon fast Angst einflößte, fühlte Marie sich höchstens sozial zu ihm hingezogen. «Haha, ja, go for it, für mich ist der nichts», meinte sie leicht belustigt zu mir, als wir uns nach der Veranstaltung in eine komplett überfüllte Tram gequetscht hatten und ich nicht aufhören konnte, von Leo zu schwärmen.

Die Frage ist doch: Wovon ist das eigentlich abhängig, ob wir eine Person anziehend finden oder nicht? Die Attraktivitätsforschung hat darauf mehrere Antworten. Let's go!

Starten wir mit dem Offensichtlichen: Wir finden Menschen anziehend, die gut aussehen. Nun gut, dass das Aussehen einen Einfluss darauf hat, ob wir uns zu einer Person hingezogen fühlen, ist nicht wirklich überraschend. Die Attraktivität liegt dabei, ganz klar, vorrangig im Auge des Betrachters oder der Betrachterin. Leo entsprach mit seinen dunklen Haaren und seiner eher durchschnittlichen Größe nicht zu 100 Prozent meinem «Beuteschema» – groß, Dreitagebart, dunkelblond –, und ich glaube, ich hätte ihn auch auf den Dating-Apps nicht unbedingt nach rechts gewischt. Trotzdem war er mir wegen seiner tollen Ausstrahlung und seinem breiten Grinsen, was ihn für mich total attraktiv machte, gleich aufgefallen.

Welchen Einfluss die körperliche Attraktivität einer Person auf die Wahrscheinlichkeit hat, dass auf ihren «Flirtversuch» eingegangen wird, wurde in einem Gedankenexperiment im Rahmen einer Studie von 2009 untersucht. In der Studie stellten sich fast 900 Studierende bildlich vor, dass sie auf ihrem Unicampus von einer Frau oder einem Mann angesprochen wurden, die oder den sie wenig, mittel oder sehr attraktiv fanden. Danach beantworteten sie die folgenden Fragen auf einer Skala von 0 (auf gar keinen Fall) bis 100 (auf jeden Fall): Würdest du mit ihr/ihm heute Abend ausgehen? Würdest du mit ihr/ihm heute Abend nach Hause gehen? Und: Würdest du mit ihr/ihm ins Bett gehen?

Du kannst es dir bestimmt denken: Je attraktiver die imaginäre Person, desto höher fielen auch die Punktzahlen auf den drei Skalen aus. Was ich dabei ganz schön krass finde, ist der Unterschied zwischen den männlichen und den weiblichen Teilnehmenden. Während Frauen die Frage, ob sie mit dem imaginären weniger attraktiven Mann ins Bett gehen würden, im Durchschnitt gerade mal mit einer 1,8 beantwortet hatten (sehr nah an «auf gar keinen Fall»), lag die Durchschnittsantwort bei den Männern, die in ihrer Vorstellung von einer wenig attraktiven Frau gefragt wurden, bei 32,7 Punkten. Man könnte daraus schlussfolgern, dass die Attraktivität eines Mannes bei Frauen einen größeren Effekt auf die Anziehung hat als bei Männern, aber um das sicher sagen zu können, muss noch weitergeforscht werden.

Auch im Rahmen einer Speed-Dating-Studie von 2011 hat sich gezeigt, dass der größte Prädiktor, nach einem Speed-Date «Ja» zu einem Wiedersehen zu sagen, die Attraktivität des Gegenübers ist. Die knapp 400 teilnehmenden heterosexuellen Singles dateten einander jeweils drei Minuten, bis sie auf einem Zettel notierten, ob sie die andere Person wiedersehen wollten oder nicht.

Das sogenannte «What is beautiful is good»-Stereotyp besagt, wie der Name es schon vermuten lässt, dass das, was schön ist, auch gut ist. Wenn Menschen jemanden schön oder auch attraktiv finden, glauben sie offenbar eher, dass er oder sie auch viele andere positive Eigenschaften besitzt, was die Person noch mal anziehender für uns machen könnte. Verschiedene Studienergebnisse zeigen, dass wir attraktive Personen im Vergleich zu unattraktiveren Menschen unter anderem als intelligenter, freundlicher, warmherziger und kompetenter einschätzen. Aber, und jetzt wird es interessant, das Ganze funktioniert auch andersrum, «What is good is beautiful» sozusagen. Wir finden Menschen mit positiven Persönlichkeitseigenschaften nämlich durchschnittlich auch attraktiver als Personen, deren Charakter uns eher nicht vom Hocker reißt. In einer Studie von 2007 bewerteten Männer und Frauen die Attraktivität von verschiedenen Gesichtern auf Fotos, erst ohne jeglichen Hinweis über den Charakter der Personen auf den Fotos und im zweiten Teil mit den jeweiligen Informationen über Persönlichkeitsmerkmale. Das Ergebnis der Studie war, dass die Fotos von Personen, denen im zweiten Teil positive Charaktereigenschaften zugeschrieben worden waren, von den Teilnehmenden auch positiver bewertet wurden. Und das, obwohl es exakt dieselben Fotos waren.

Vielleicht hast du die Erfahrung auch schon mal gemacht, dass du eine Person mit jedem Date und mit jeder positiven Information, die du über sie oder ihn erfahren hast, ein bisschen attraktiver fandest? So ging es mir zum Beispiel mit Max. Als ich ihn in Sevilla am Flughafen zum ersten Mal nach fast zehn Jahren wiedersah, fand ich ihn nur so semiattraktiv. Je mehr positive Dinge ich allerdings über ihn erfuhr und ihn besser kennenlernte, desto attraktiver und anziehender wurde er für mich. Es kann sich lohnen, eine Person, von der man am Anfang denkt *Puh, finde ich eher nicht so attraktiv*, weiterhin zu daten und näher kennenzulernen.

Attraktivität ist aber natürlich längst nicht alles, was wir Menschen anziehend finden, auch wenn sie einen großen Einfluss darauf hat, auf wen wir uns einlassen. Auch ziemlich spannend: Wir finden Menschen anziehend, die uns ähnlich sind. Je ähnlicher uns eine Person ist, unter anderem in Bezug auf Einstellungen, Interessen, Werte, Aussehen und Persönlichkeit, desto eher fühlen wir uns nämlich zu ihr hingezogen. In der Psychologie spricht man hier auch von dem sogenannten «Ähnlichkeitseffekt». Dieser konnte in vielen Untersuchungen nachgewiesen werden. Als ich davon gelesen hatte, war mein erster Gedanke: Komisch, ich habe eher die Erfahrung gemacht, dass ich anfange, mich zu langweilen, wenn ein Mann und ich zu ähnliche Ansichten haben, schließlich liebe ich es, zu diskutieren, herausgefordert zu werden und mich auszutauschen. Und wenn bei mir Langeweile aufkommt, dann steigert das nicht unbedingt die Anziehung, die ich gegenüber der anderen Person empfinde. So zumindest mein Gefühl. Als ich aber weiter darüber nachdachte, fielen mir auch einige Situationen ein, in denen ich Männern wortwörtlich an den Lippen hing und begeistert nickte, weil ich mit ihnen zu 100 Prozent in einem Gedanken übereinstimmte. Und das konnte einen Mann verdammt anziehend für mich machen. Eine Metastudie von 2013 hat sich mit der Frage beschäftigt, warum ähnliche Ansichten, Werte oder ein ähnliches Aussehen auf viele Menschen anziehend wirken, und hat die Evidenz für verschiedene Erklärungsmodelle verglichen. Das Erklärungsmodell, das von den Analysen am meisten gestützt wird, ist die sogenannte «Informationsverarbeitungsperspektive». Diese besagt, dass wir uns von Menschen, die uns ähnlich sind, angezogen fühlen, weil wir glauben, dass diese Ähnlichkeit auf positive Eigenschaften schließen lässt.

Tatsächlich ergibt es aber auch Sinn, sich nicht nur ähnliche Partner:innen zu suchen, sondern auch solche, die uns ergänzen, von denen wir lernen können und die unseren Horizont erweitern. Laut dem «Modell der Selbsterweiterung» des Psychologen Arthur Aron und seiner Kolleg:innen haben wir Menschen nämlich das Bedürfnis, zu wachsen und uns weiterzuentwickeln. Im Rahmen einer der Studien von Arthur Aron und seiner Forschungsgruppe von 1995 wurden Teilnehmer:innen gefragt, wer sie heute sind, und gebeten, so viele Wörter wie möglich aufzulisten, mit denen sie sich selbst beschreiben würden. Bei den Teilnehmenden, die sich in dem zehnwöchigen Befragungszeitraum verliebt hatten, zeigte sich, dass die Selbstbeschreibungen sowohl in ihrer Anzahl als auch in ihrer Vielfalt zunahmen. In der Anfangsphase einer Beziehung erweitern wir unser Selbstkonzept und kommen unserem Bedürfnis nach innerem Wachstum nach.

Sieh es also als Chance und nicht als Hindernis, wenn die Person, die du datest, nicht zu 100 Prozent deine eigene Meinung teilt, auch wenn sie das vielleicht einen Ticken weniger anziehend für dich machen könnte. Ich persönlich finde es bereichernd, wenn ich die Möglichkeit habe, etwas zu lernen, und angeregt werde, durch neue Denkimpulse meinen eigenen Standpunkt zu hinterfragen. Einmal wollte mir ein Typ bei einem ersten Date allerdings weismachen, dass es doch gar nicht schlimm sei, wenn der Meeresspiegel durch den Klimawandel steige. Warte, was? Bei aller Liebe zur Horizonterweiterung, eine gewisse gemeinsame Basis an Meinungen, Einstellungen und Werten sollte es dann doch geben. Da konnte er mir noch so häufig erklären, dass er mich ganz toll finde.

Wir tendieren ebenfalls dazu, Menschen anziehend zu finden, die uns auch mögen. Du kennst das bestimmt: Wenn dir eine Person etwas Gutes tut, dir zum Beispiel ein Kompliment oder ein kleines Geschenk macht, hat man häufig das Bedürfnis, etwas zurückzugeben. I hate to break it to you, aber Werbegeschenke sind tatsächlich nicht (nur) dafür da, um uns eine Freude zu machen, sondern primär, um uns zum Kauf anzuregen. In der Psychologie spricht man hier zungenbrecherisch von «Reziprozität». Dass dieses Prinzip nicht nur im Zusammenhang mit Materiellem funktioniert, sondern auch mit Gefühlen, zeigt unter anderem eine Studie von 2006. Darin sollten Studierende eine kurze Beschreibung über sich selbst verfassen und dann die Selbstbeschreibung einer anderen Person einschätzen. Ihnen wurde gesagt, dass diese andere Person die von ihnen verfasste Selbstbeschreibung entweder als sehr sympathisch oder absolut unsympathisch bewertet hatte. Und siehe da: Wenn sie die Info erhielten, dass die andere Person sie als sympathisch eingeschätzt hatte, bewerteten sie diese ebenfalls als sympathischer und sahen ein höheres Potenzial für eine romantische Beziehung. Somit spricht das Reziprozitätsprinzip übrigens auch gegen die «Playing hard to get»-Masche, die einige Personen nach einem Date anwenden, um sich spannender und schwerer erreichbar darzustellen. Marie datete mal jemanden, der ihr immer erst in der allerletzten Sekunde zusagte. Wenn sie ihn zum Beispiel fragte, ob er abends Zeit habe, lautete seine Standardantwort, dass er für den Abend verschiedene Optionen habe und spontan entscheiden wolle, worauf er Lust habe. Als Marie ihn fragte, ob er überhaupt Interesse habe, sie kennenzulernen, wenn er doch immer erst in der letzten Sekunde zusagte, gestand er ihr, dass es gar keine Alternativpläne gebe und von Anfang an klar sei, dass er den Abend mit Marie verbringen wolle. Wow!

Eine Studie von 2014 hat gezeigt, dass «Playing hard to get» dieses Gefühl von «Ich will die andere Person unbedingt» zwar erhöht, wenn schon Interesse besteht, aber die Zuneigung eher unter dieser Masche leidet. Das konnte auch Marie an sich beobachten. Anstatt zu sagen «Hey, weißt du was, du kannst mich mal», hatte sie sich für die Abende nichts anderes vorgenommen, in der Hoffnung, dass sie gegen die Alternativpläne gewinnen würde. Dadurch, dass sie aber nicht wusste, woran sie bei ihm war, konnte sie sich auch nicht vollends auf ihn einlassen.

Wenn von Anfang an kein Interesse besteht, nimmt laut der Studie übrigens sowohl das Bedürfnis, dem anderen näherzukommen, als auch die Zuneigung durch diese Masche ab. Wenn du ernsthaftes Interesse an einer Person hast und möchtest, dass sie dich auch mag und sich zu dir hingezogen fühlt, mach lieber keinen auf unerreichbar, sondern kommuniziere ganz offen, dass du die andere Person gernhast, und verabrede dich am besten gleich noch mal mit ihr. Denn zwischen Menschen, die oft interagieren, nimmt die Anziehung erwiesenermaßen zu.

Während meines Bachelorstudiums an der Universität Osnabrück jobbte ich neben meiner Arbeit als studentische Hilfskraft in einer Saftbar. Dort hatte ich einen Kollegen, der an mir interessiert war, zu dem ich mich aber erst überhaupt nicht hingezogen fühlte. Das änderte sich jedoch mit jeder Schicht, in der wir gemeinsam Smoothies mixten und verkauften. Du kennst das vielleicht auch, dass man eine andere Person erst so na ja findet, sich dann aber, je mehr Zeit man zusammen verbringt, immer mehr zueinander hingezogen fühlt. Man spricht hier auch vom sogenannten «Mere-Exposure-Effekt». Dieser konnte auch im Rahmen von verschiedenen Studien nachgewiesen werden. Die Ergebnisse einer Studie von 2011, in der einander fremde Personen für unterschiedlich lange Zeit miteinander interagierten, zeigen zum Beispiel: Je häufiger Menschen zueinander in Kontakt treten, desto stärker fühlen sie sich zueinander hingezogen. Bei mir und dem Typen aus der Saftbar, den ich dann auch für einige Zeit datete, könnte neben dem Mere-Exposure-Effekt aber auch dieses «Good is beautiful»-Stereotyp eine Rolle gespielt haben. Je häufiger wir nämlich miteinander arbeiteten, desto mehr realisierte ich, was für ein toller Typ er war.

Ich finde es sehr spannend, von wie vielen Faktoren es abhängig ist, ob man sich zu einer Person hingezogen fühlt oder nicht. Und wenn man sich die verschiedenen Faktoren anschaut, wird auch klar, warum es so individuell ist, von wem man sich angezogen fühlt.

Leo und ich hatten übrigens eine richtig gute Zeit an der Ostsee. Wir lagen am Strand in der Sonne, planschten im Meer, spielten mehrere Runden UNO und tauschten uns angeregt über die verschiedensten Themen aus. Da mein Strandtuch relativ klein war und er vergessen hatte, seins einzupacken – Klassiker –, lagen wir nah beieinander, und es dauerte nicht lange, bis er mich in seine Arme zog. Zum Glück war es an diesem Tag nicht so heiß, sonst wäre das Kuscheln eine ziemlich schweißtreibende Angelegenheit geworden.

Von Hunger und Kaffeedurst getrieben, machten Leo und ich uns am frühen Nachmittag auf die Suche nach einem Restaurant, in dem es sowohl guten Kaffee als auch leckeres veganes Essen gab. Wenn du schon mal in Warnemünde oder überhaupt an der Ostsee warst, weißt du, wie unglaublich schwer es ist, dort veganes Essen zu bekommen, das über Salat ohne Dressing, Bratkartoffeln und Gemüse hinausgeht. Irgendwann gaben wir auf und steuerten einen lokalen Supermarkt an, um uns mit ein paar Snacks einzudecken. Dazu gab es einen Coffee to go von der Bäckerei direkt am Leuchtturm. Als wir nach einem ausgiebigen Picknick am Strand die übrig gebliebenen Snacks beiseitegeschoben und es uns auf meinem Strandtuch gemütlich gemacht hatten, küssten wir uns. Leo so nahe zu sein, war wunderschön, und ich war mir sicher, dass ich in ihm meinen «Kusszwilling» gefunden hatte. Dass sich ein erster Kuss so gut, so harmonisch anfühlte, kannte ich bisher nämlich noch nicht. Wir konnten nicht genug voneinander bekommen und blendeten die Menschen um uns herum komplett aus.

Im Bus zurück nach Berlin und mit einer dicken Schicht After Sun Lotion eingecremt – Leo hatte sich nämlich ordentlich die

Nase verbrannt –, dauerte es keine halbe Stunde, bis er neben mir tief und fest schlief. Ich lehnte mich an seine Schulter, döste und malte mir heimlich aus, wie großartig der Sex mit ihm wohl sein würde. Die Anziehung zwischen uns war unbeschreiblich.

## Ich kann dich gut riechen –
## Welchen Einfluss unser Körpergeruch
## auf die Anziehung hat

Kennst du die weitverbreitete Annahme, dass wir uns zu Personen, die uns genetisch unähnlich sind, hingezogen fühlen bzw. Menschen, die uns genetisch ähnlich sind, nicht gut riechen können? Wenn das stimmen würde, könnte das bedeuten, dass Linus und ich ähnliche Gene haben. Sosehr ich es mir nämlich auch wünschte und versuchte, diese Erkenntnis zu ignorieren: Ich konnte Linus einfach nicht gut riechen. Linus und ich matchten uns vormittags auf Bumble und trafen uns noch am gleichen Abend zum Essen. Seine Spontanität imponierte mir, und als er dann noch eines meiner Lieblingsrestaurants, das MOM'S Creation in der Nähe vom Treptower Park, zum Dinner verschlug, konnte ich es kaum erwarten, ihn kennenzulernen. Wir verstanden uns gut, lachten viel und surften weitestgehend auf der gleichen Wellenlänge. Und: Er roch verdammt gut, nach einem dieser etwas stärker riechenden Männerparfüms, das ich selbst auf der anderen Tischseite bei jeder Bewegung von ihm riechen konnte. Als er mich nach dem Essen fragte, ob ich Lust hätte, auf ein Glas Wein mit zu ihm zu kommen, willigte ich ein. Man konnte ja schließlich einen schönen Abend gemeinsam ausklingen lassen, ohne direkt miteinander ins Bett zu hüpfen.

Linus wohnte gleich um die Ecke in einer Altbauwohnung in der dritten Etage. Nach einer kleinen Führung durch sein knapp

60 Quadratmeter großes Reich, drückte er mir ein Glas Wein in die Hand, der für meinen Geschmack viel zu trocken war. Aber das war mir egal, ich trank ihn trotzdem und dann auch noch ein zweites und ein drittes Glas. Wir hatten es uns auf seinem Sofa gemütlich gemacht, ich auf der einen Seite und er einen Meter von mir entfernt auf der anderen Seite der Couch. Wir knüpften problemlos an unser angeregtes Gespräch über die Psyche des Menschen an und daran, inwiefern es in ein paar Jahren möglich sein würde, sich durch virtuelle Realität an verschiedene Orte zu «beamen». Als er aufstand, um eine Tüte Chips aus der Küche zu holen, und danach wiederkam, setzte er sich direkt neben mich. Mein Kopf war wuselig, ich wollte ihm näher kommen, anstatt zu reden. Ich legte meine Beine über seine, und als er anfing, meine Beine zu streicheln, wusste ich, dass es ihm ähnlich ging. Um kurz vor halb eins fragte er mich, ob ich über Nacht bei ihm bleiben wolle. Ich zögerte kurz, aber als er von sich aus sagte, dass wir einfach ein bisschen kuscheln könnten, entschied ich mich zu bleiben. Wir schliefen eng umschlungen nebeneinander ein, ich in meinen Klamotten, er in Boxershorts.

Gegen sieben Uhr wachte ich auf, weil ich zur Toilette musste. Ich löste mich aus seiner Umarmung und schlich Richtung Badezimmer. Als ich mich wieder neben ihn legte und er mich zurück in die feste Umarmung zog, stellte ich ernüchtert fest, dass der Geruch seines Parfüms verflogen war. Was blieb, war sein Körpergeruch, und so hart es sich gerade auch anfühlt, das zu schreiben: Der roch für mich alles andere als gut. Aber lag das an unseren Genen?

Die Annahme, dass man Menschen, die einem genetisch ähnlich sind, nicht gut riechen kann, ergibt theoretisch Sinn. Schließlich ist bekannt, dass genetische Ähnlichkeit – wenn man zum Beispiel mit einem Familienmitglied Kinder zeugt, Stichwort Inzucht – das Risiko erhöht, geistig und körperlich behinderte Kinder zu bekommen. Genetische Unähnlichkeit auf der anderen Seite erhöht die Wahrscheinlichkeit, dass man gemeinsam gesunde Kinder zeugt. Aber fangen wir von vorne an, nämlich beim Riechen und unserem Körpergeruch.

Riechen ist je nach Beschreibung evolutionär gesehen entweder unser oder einer unserer ältesten Sinne, weswegen man vermutet, dass Geruchsinformationen auch zum Beispiel bei der Fortpflanzung und dem Zeugen von gesundem Nachwuchs von Bedeutung sein könnten. Wie unser Fingerabdruck ist auch unser Körpergeruch einmalig. Es gibt also niemanden, der so riecht wie du. Zu unserer unverwechselbaren «Note» trägt unter anderem der Geruch des Schweißes unter unseren Achseln bei, der allein aus Hunderten verschiedenen Duftmolekülen zusammengesetzt ist. Einige dieser Geruchskomponenten sind dabei variabel und hängen zum Beispiel davon ob, was wir gegessen haben, ob wir krank sind oder, bei menstruierenden Frauen, in welcher Zyklusphase wir uns gerade befinden. Andere Komponenten sind wiederum genetisch bedingt und lassen sich nicht verändern. Da unser Körpergeruch so einzigartig ist, kamen Forscher:innen auf die Idee, dass wir über ihn genetische Informationen kommunizieren könnten. So könnten wir über unsere Nasen herausfinden, wer genetisch am besten zu uns passt oder mit wem wir die gesündesten Babys zeugen würden.

Immer wenn es um Gesundheit geht, ist unser Immunsystem unsere Ansprechperson Number One. Bei den Riechstudien, die ich dir gleich vorstellen werde, wurde ein ganz bestimmter Teil des Immunsystems betrachtet, nämlich der sogenannte «Human Leukocyte Antigen-Komplex», kurz HLA-Komplex. Das ist ein Proteinkomplex, der auf der Oberfläche unserer Zellen sitzt und unserem Immunsystem anzeigt: «Hey, diese Zelle gehört zu uns, bitte nicht zerstören, danke!» Wenn eine Zelle in unserem Körper diesen HLA-Komplex nicht hat, sieht unser Immunsystem sie als Eindringling – und macht sie platt. Wie genau dieser HLA-Komplex aussieht, ist in unseren Genen festgelegt. Die entsprechenden Gene unterscheiden sich dabei ziemlich stark von Mensch zu Mensch – außer bei eineiigen Zwillingen, da sind sie natürlich gleich. In der Gesamtbevölkerung gibt es Millionen verschiedener Kombinationen der HLA-Moleküle. Die Frage ist jetzt: Wie kommt unser Immunsystem in unseren Körpergeruch?

Den genauen Mechanismus, wie das mit den verschiedenen HLA-Molekülen funktioniert, haben Forscher:innen noch nicht zu 100 Prozent verstanden, allerdings weiß man, dass unser Immunsystem unseren Körpergeruch beeinflusst. Wenn wir krank sind, riechen wir anders, als wenn wir gesund sind. Das ist auch die Logik hinter den Corona-Spürhunden, die erschnüffeln können, ob sich eine Person mit dem Coronavirus infiziert hat oder nicht.

Im Rahmen einer Studie von 1995 haben der Schweizer Biologe Claus Wedekind und seine Kolleg:innen zum ersten Mal den Zusammenhang zwischen den HLA-Genen und der Attraktivität des Körpergeruchs eines potenziellen Partners oder einer potenziellen Partnerin untersucht. In der Studie wurde im ersten Schritt eine HLA-Typisierung der Teilnehmenden vorgenommen. In einem zweiten Schritt haben die männlichen Probanden in zwei aufeinanderfolgenden Nächten dasselbe T-Shirt getragen. Dabei mussten die Männer eine Menge beachten, um ihren Körpergeruch nicht zu verfälschen. Sie durften kein Deo und kein Parfüm benutzen, kein geruchsintensives Essen zu sich nehmen, keinen Sex haben, nicht rauchen, keinen Alkohol trinken, sich nicht in stinkenden Räumen aufhalten, mussten alleine schlafen und ihre Bettwäsche musste mit geruchlosem Waschmittel gewaschen sein. Den weiblichen Probandinnen wurde dann eine Auswahl von sechs dieser T-Shirts vorgelegt, und sie sollten bewerten, von welchem Körpergeruch sie sich angezogen fühlten. Es hat sich gezeigt, dass Frauen den Geruch des T-Shirts von Männern angenehmer fanden, wenn ihre HLA-Gene unterschiedlich zu denen des Mannes waren, der das T-Shirt in den zwei Nächten getragen hatte. Außerdem erinnerten sie die Körpergerüche von Männern, die ihren eigenen HLA-Genen nicht ähnlich waren, eher an den Geruch von aktuellen oder ehemaligen Partnern. Körpergerüche von Männern, die ihren eigenen HLA-Genen ähnlich waren, erinnerte sie eher an den Geruch von Familienmitgliedern. Diese Studie ist übrigens auch die, nach der es in den Medien hieß: «Setzt alle sofort die Pille ab, sonst entscheidet ihr euch für den Falschen!» Dass genetische Unähnlichkeit die Wahrscheinlichkeit erhöht, sich zu einem potenziellen Partner oder einer Partnerin hingezogen zu fühlen, galt nämlich nur für Frauen, die nicht hormonell verhüteten. Bei Frauen, die die Pille nahmen, kehrte sich der Effekt um. Sie fanden Körpergerüche von Männern angenehmer, die ihren HLA-Genen ähnlich waren.

Im Rahmen einer weiterführenden Studie des Biologen Claus Wedekind von 1997 konnten die Ergebnisse weitgehend repliziert werden. Außerdem wurde auch die andere Geschlechterperspektive getestet. In der Studie bewerteten nämlich sowohl Frauen als auch Männer den Geruch von sechs T-Shirts, die von zwei Frauen und vier Männern getragen wurden. Der Ablauf war der gleiche wie in der ersten Studie. Und das Ergebnis: Sowohl Frauen (die auf hormonelle Verhütung verzichteten) als auch Männer fanden den Körpergeruch umso anziehender, je unähnlicher das genetische Profil der im Geruch enthaltenen HLA-Gene war. Dabei war es ziemlich egal, von welchem Geschlecht das T-Shirt vorher getragen wurde. Wenn man die Ergebnisse allerdings kritisch betrachtet, fällt auf, dass der Effekt nicht sonderlich stabil und auch ziemlich klein zu sein scheint.

Diese ersten Studien sind jetzt schon ziemlich alt. Was sagt denn neuere Forschung zu der ganzen Thematik? In einer aktuellen Metastudie von 2020, in der die Daten von Studien zu dem Thema gemeinsam ausgewertet wurden, hat sich gezeigt, dass es weder bei präferierten Körpergerüchen noch bei der tatsächlichen Wahl eines Partners oder einer Partnerin einen entscheidenden Unterschied macht, ob die HLA-Gene ähnlich oder unähnlich sind. Die Forscher:innen gehen deshalb davon aus, dass wahrscheinlich eine ganze Menge weiterer Faktoren bestimmt, wen und wessen Körpergeruch wir gut riechen können. Der Effekt der HLA-Gene – vorausgesetzt, dass es ihn gibt – könnte da untergehen. Und bei der finalen Partner:innenwahl kommen auch noch mal viele, viele weitere Faktoren hinzu.

Es scheint weder so zu sein, dass wir die HLA-Ähnlichkeit oder auch Unähnlichkeit einer anderen Person zuverlässig erschnuppern können, noch macht die Pille Frauen bei der «richtigen» Wahl des Partners oder der Partnerin einen Strich durch die Rechnung. Und auch, dass sich die Ähnlich- bzw. Unähnlichkeit der HLA-Gene langfristig auf eine zufriedene Partnerschaft auswirkt, scheint unwahrscheinlich. Obwohl es natürlich trotzdem schön und irgendwie auch wichtig ist, wenn man sich zu dem Körpergeruch der anderen Person hingezogen fühlt.

Dass ich Linus nicht gut riechen konnte, verunsicherte mich. Es war das erste Mal, dass mir der Körpergeruch einer anderen Person unangenehm auffiel. Vielleicht lag es am Alkohol, den wir am Abend davor getrunken hatten? Am Essen? All das kann den Körpergeruch einer Person ja beeinflussen. Wir trafen uns noch ein zweites und dann ein drittes Mal, aber am Ende musste ich jedes Mal wieder feststellen: Ich fühlte mich zu Linus nur hingezogen, wenn er Parfüm trug, das seinen eigentlichen Körpergeruch überdeckte. Für mich ist Geruch total wichtig, und ich konnte ja schlecht von ihm verlangen, dass er Tag und Nacht Parfüm trug.

Anders konnte ich mir nämlich nicht vorstellen, ihm nahe zu sein und Sex mit ihm zu haben.

Ich beendete das mit Linus, bevor es überhaupt angefangen hatte. Über den Fakt, dass ich ihn einfach nicht riechen konnte, kam ich nicht hinweg, und es gab auch noch andere Dinge, die mich an ihm störten. Zum Beispiel, dass er sich abfällig über Obdachlose äußerte.

Im Zuge dieser ganzen Geruchsattraktivitätsdebatte hört und liest man immer mal wieder was von «menschlichen Pheromonen» oder auch «Sexuallockstoffen». Man kann inzwischen im Internet sogar Parfüms kaufen, die vermeintliche Sexualpheromone enthalten, mit denen man angeblich anziehend und nahezu unwiderstehlich auf andere wirken soll. Hätte das Linus für mich attraktiver machen können? Nicht wirklich. Das mit den Sexuallockstoffen funktioniert vielleicht bei Insekten, aber bei uns Menschen ist das Quatsch! Um nämlich als Pheromon im wissenschaftlichen Sinne zu gelten, muss laut Definition ein Duftmolekül von einem Individuum einer Art abgegeben werden und bei einem anderen Individuum derselben Art eine angeborene Reaktion auslösen. Insekten kommunizieren viel über solche Pheromone. Die Weibchen des Seidenspinners geben zum Beispiel das Pheromon Bombykol ab, um paarungswillige Männchen anzulocken. Das funktioniert super. Wenn man von dem Pheromon eine kleine Menge irgendwohin tropft, kommen sogleich paarungswillige Schmetterlinge herbeigeflogen, was bestimmt schön aussieht. Bei uns Menschen hat man solche Pheromone (bisher) nicht gefunden, weswegen die Parfüms, die es heute im Handel gibt, auch gar nicht funktionieren können.

Was bei uns Menschen einem solchen Pheromon wahrscheinlich am nächsten kommt, ist ein Duftmolekül, das von der weiblichen Brust ausgeschüttet wird, um dem Baby zu helfen, beim

Stillen die Brustwarze der Mutter zu finden. Du denkst dir jetzt vielleicht *Moment mal, Gerüche spielen beim Sex doch aber auch bei uns Menschen eine wichtige Rolle?!* Definitiv, schon alleine, weil man beim Sex den Körpergeruch der anderen Person riecht. Aber, und das ist mal wieder ein großes Aber, um als Pheromon zu gelten, muss die Reaktion auf den Geruch angeboren sein. Wenn wir den Körpergeruch oder auch das Parfüm unseres Partners oder unserer Partnerin mit Sex assoziieren und uns das sexuell erregt, ist die Erregung durch den Geruch keine angeborene, sondern eine erlernte Reaktion. Die Vorgänge, die dazu führen, dass uns ein bestimmter Geruch sexuell erregt, sind die gleichen wie die, die den Hunden im berühmten Experiment des Psychologen Iwan Pawlow beim Klang der Glocke den Sabber im Maul zusammenlaufen lassen. Stichwort: klassische Konditionierung. Um sagen zu können, dass es auch bei Menschen «Sexuallockstoffe» gibt und damit ein Pheromonparfüm funktionieren könnte, bräuchte man einen Duft, der bei uns allen eine entsprechende Reaktion auslöst und uns sexuell erregt, wenn wir ihn zum ersten Mal riechen.

Ob es Komponenten unseres Körpergeruchs gibt, die unser Sexualverhalten beeinflussen, ist nur sehr schwer herauszufinden. Dafür duschen wir nämlich zu häufig und «beschnüffeln» uns auch meistens erst, wenn wir uns schon ein bisschen kennengelernt haben. Bei Hunden und anderen Säugetieren ist das anders. Die duschen nicht, und wenn sie sich zum ersten Mal begegnen, beschnüffeln sie sich sofort gegenseitig. Wir Menschen dagegen sitzen uns bei einem ersten Date geduscht und zurechtgemacht im Restaurant gegenüber. Wenn wir dann zum ersten Mal den Körpergeruch der anderen Person bewusst wahrnehmen, zum Beispiel beim Sex oder beim Kuscheln, ist die Entscheidung, ob wir sie oder ihn sexuell erregend finden, in der Regel auch schon gefallen. Trotzdem finden wir bestimmte Körpergerüche anziehender als andere, schließlich gibt es ja auch das Phänomen, dass man jemanden, so wie ich Linus, nicht gut riechen kann. Ob das aber daran liegt, dass Duftmoleküle unseres Körpergeruchs als Pheromone wirken, ist im Bereich der Partner:innensuche sehr umstritten.

## Wer die Wahl hat, hat die Qual, oder: Dating-Burn-out wissenschaftlich erklärt

*Möchten Sie die App wirklich löschen?* Nach einem kurzen Zögern tippte ich entschlossen auf Bestätigen und schaute dabei zu, wie erst Tinder und kurz darauf auch Bumble von meinem Display verschwanden. Ich wünschte, ich hätte die Dating-Apps von meinem Handy verbannt, weil ich mich in jemanden verliebt hatte und nicht mehr auf der Suche war. Aber um ehrlich zu sein, deinstallierte ich Tinder und Bumble, weil ich frustriert war, frustriert von diesem gottverdammten Dating-Game. Es war nicht das erste und garantiert auch nicht das letzte Mal, dass ich die Apps von meinem Handy löschte. «Ich gebe dir zwei Wochen, spätestens dann installierst du Tinder wieder, wetten?», war Paulas Antwort auf meine Nachricht, dass mein Handy – mal wieder – Dating-App-frei war und ich mich dabei – mal wieder – verdammt gut fühlte: befreit und selbstbestimmt. Dating sollte doch Spaß machen und das Leben bereichern, aber das, was ich die letzten Wochen und Monate auf der Suche nach der großen Liebe erlebt hatte, war weder spaßig noch bereichernd gewesen. Ja, der Moment wird kommen, an dem ich resigniere und mir Tinder zum drölfzigsten Mal wieder herunterlade, aber in jenem Moment hatte ich die Nase gestrichen voll. Ich litt unter etwas, das ich als Dating-Burn-out oder auch Dating-Blues beschreiben würde. Ich fühlte mich ausgelaugt, war müde vom Daten und vor allem überfordert von der riesigen Auswahl potenzieller Partner auf den Dating-Apps. Außerdem hatte ich keine Lust und keine Kraft mehr, mich immer und immer wieder emotional auf einen Mann einzulassen, um dann zu merken, dass es zwischen uns einfach nicht passte.

Kurzer Hinweis, bevor es weitergeht: Das Konstrukt «Dating-Burn-out» ist genauso wie das der «toxischen Beziehung» ein populärpsychologisches, für das es (bisher) keine wissenschaftliche Grundlage gibt. Trotzdem finde ich die Bezeichnung «Dating-Burn-out» sehr passend für das, was ich manchmal da draußen im Dating-Dschungel erlebe.

Hand aufs Herz, wer hat nicht schon mal gedacht: Das war's, ich schmeiß den ganzen Scheiß hin und reite happily ever after alleine und tiefenentspannt in den Sonnenuntergang. Oder ich brenne einfach mit Paula, Hanna oder Marie durch – oder direkt mit allen dreien. Auch das habe ich schon des Öfteren spaßeshalber in Betracht gezogen.

In der Zeit v. L. – vor Löschung – hatte ich vier Dates. Vier Dates, bei denen schon in den ersten Momenten klar war, dass es wahrscheinlich kein zweites Date geben wird. Simon traf ich auf eine Pho-Suppe im Umami am Ostkreuz, Nicholas auf ein Feierabendbier an der Spree, Chris auf einen nächtlichen Spaziergang durch Mitte, und gegen Andreas verlor ich haushoch beim Billardspielen. (Ja, ich muss zugeben, Kneipensport wie Billard oder Kickern ist definitiv nicht eine meiner Stärken.) Die vier Dates waren schön, jedes auf seine eigene Weise, aber auch irgendwie total random, so austauschbar. Keinen der vier Männer wollte ich näher kennenlernen, da war nicht das leiseste Kribbeln, absolute Nulllinie auf dem Elektrokardiogramm der Gefühle – Anziehung fühlt sich definitiv anders an.

Den Männern ging es ähnlich, auch sie waren an keinem zweiten Date mit mir interessiert. Ich befürchtete schon, mit einer Art

Fluch belegt zu sein. Kennst du den Film «Und täglich grüßt das Murmeltier»? Was, wenn ich von nun an in einer Dauerschleife aus immer neuen ersten Dates festhing? Vielleicht hatte ich das Dating-Game auch einfach durchgespielt, und das war's: Pia hat alles aus dem Spiel rausgeholt, was ging, und das sind jetzt die Reste vom Feste.

Die Situation löste ernste Selbstzweifel in mir aus. Warum wollte ich keinen der Männer näher kennenlernen, und, was mich ehrlich gesagt noch viel mehr beschäftigte, warum wollte *mich* keiner der Männer näher kennenlernen? Hatte ich verlernt zu daten, verlernt zu flirten? War ich nicht attraktiv, nicht gut genug? Mir schossen tausend Gedanken durch den Kopf, und ich suchte die Gründe für die Flaute, wie leider so oft, zuerst bei mir selbst. Ich schrieb in unsere WhatsApp-Gruppe – die übrigens ganz kreativ «Singledingeling» hieß – und vereinbarte eine Krisensitzung mit Hanna, Paula und Marie: Ich brauchte meine Freundinnen – und Lambrusco! Keine zwei Stunden später saßen wir versammelt bei Hanna im Wohnzimmer. Nur Marie fehlte an dem Abend, weil sie mit einem Typen verabredet war, den sie seit einigen Wochen datete. Ihr Ernst? Aber gut, wir gönnten es ihr von Herzen und freuten uns für sie. Wenigstens lief es bei einer von uns. Auch bei Hanna und Paula war das Dating-Leben gerade eher bescheiden. Dabei schien die große Auswahl an potenziellen Partner:innen auf den Dating-Apps einen nicht unerheblichen Einfluss auf unsere Dating-Misere zu haben. Nachdem wir unseren Frust in einer wilden Wohnzimmer-Dance-Session zu alten Abba-Hits – you are the daaaaaancing queeeeeen – aus uns herausgetanzt hatten, lagen wir auf Hannas buntem Teppich und sprachen über die Downs unseres Dating-Lebens. «Boah, ich find's so frustrierend, wenn ich mir vorstelle, wie oft mich irgendwelche Typen knallhart nach links gewischt haben müssen, wenn ich mal wieder tagelang kein einziges Match hatte», maulte

Hanna. Ich wusste ganz genau, was sie meinte, kannte das Gefühl nur zu gut. Nachdem ich mir eine Gummischlange mit Erdbeergeschmack in den Mund geschoben hatte, setzte ich noch einen obendrauf. «Ganz ehrlich, *noch* frustrierender ist doch, dass man sich immer und immer wieder emotional auf jemanden einlässt, Zeit in das Schreiben langer Nachrichten investiert und sich öffnet, nur um beim ersten Date zu merken: Nee, das wird nichts.» Paula schnaubte. «Du lässt dich emotional auf jemanden ein und schreibst lange Nachrichten, bevor du dich überhaupt mit der Person getroffen hast? Das habe ich mir abgewöhnt. Bevor ich auch nur irgendwas investiere, was über eine erste Nachricht mit einem ‹Hey, ich freue mich über unser Match. Hast du Zeit, heute die Mittagspause gemeinsam zu verbringen und einen Kaffee trinken zu gehen?› hinausgeht, muss er mich schon beim ersten Treffen überzeugt haben. Ansonsten weiß ich ja gar nicht, ob sich der Aufwand lohnt!», ließ Paula uns an ihrem aktuellen Vorgehen teilhaben. «Voll oft merke ich nämlich schon bei dem kurzen Coffee Date in der Mittagspause, dass der Mann so gar nicht dem entspricht, den ich mir an meiner Seite vorstelle. Na ja, und dann: Ciao. Bringt ja nichts», führte sie aus, als weder Hanna noch ich etwas sagten. (Die Gummischlangen, du verstehst.) Genauso ging es mir bei den letzten vier Dates, die mich so frustriert hatten. Auch ich merkte schon in den ersten Sekunden, dass die Typen so gar nicht meinen Vorstellungen entsprachen. Der einzige Unterschied: Ich hatte schon einiges an Zeit und Energie in sie und unsere «Beziehungen» investiert.

Dass wir uns häufig mit Personen verabreden, die eigentlich gar nicht unseren Vorstellungen entsprechen, könnte mit der großen Anzahl möglicher Partner:innen auf den Dating-Apps zusammenhängen. Das legen jedenfalls Studienergebnisse von 2009 nahe. In der Studie sollten junge Erwachsene beschreiben, wie sie sich ihre Traumfrau oder ihren Traummann vorstellen. Sie sollten dabei unter anderem angeben, welches Alter, welche Größe, welches Gewicht, welchen Bildungsgrad, welche Interessen, welches Sternzeichen (wtf?) und welche Blutgruppe (WTF??) sie sich für ihre:n Partner:in vorstellten. Eine Dating-Website suchte daraufhin, basierend auf diesen Angaben, die angeblich passendsten Profile heraus, durch welche sich die Teilnehmer:innen im nächsten Schritt klicken sollten. Den Proband:innen wurden Hunderte Profile gezeigt, worunter es aber eine Auswahl von 90, 60 oder 30 «top ranking profiles» gab, die laut den Forschenden am ehesten den Vorstellungen der Personen entsprachen. Das Ergebnis der Studie: Je größer die Auswahl an Profilen, desto eher wich das letztendlich ausgewählte Profil von der idealen Partnervorstellung ab. Und da auf den Dating-Apps sehr viel mehr Profile zugänglich sind als in der Studie von 2009, ist es denkbar, dass der Effekt beim «echten» Online-Dating noch mal größer sein könnte. Die Person, die wir bei Tinder und Co. dann nach rechts wischen und gegebenenfalls treffen, könnte also sogar noch weiter von der Person abweichen, die wir uns an unserer Seite vorstellen. Eigentlich ist es super, eine große Auswahl an potenziellen Partnern oder Partnerinnen auf den Dating-Apps zu haben, schließlich erhöht das, schon allein rein rechnerisch, die Wahrscheinlichkeit, dass jemand Passendes dabei ist. Aber je mehr Auswahl wir haben, und auf den Dating-Apps ist die Auswahl riesig, desto mehr scheinen wir paradoxerweise von unseren eigentlichen Präferenzen abzuweichen. Frustration ist da vorprogrammiert.

Die große Auswahl auf den Dating-Apps kann noch zu einem weiteren Problem führen. Ein Problem, das mein Dating-Burn-out und das Gefühl, dass die Suche nach der großen Liebe so kräftezehrend ist, ebenfalls erklären kann. Stell dir mal folgende Situation vor: Du brauchst eine neue Jeans und steuerst im Klamottenladen das Regal mit den Hosen an. Du stellst fest, dass es echt viele Hosen in deiner Größe gibt. Welches Gefühl würde das in dir auslösen? Die meisten von uns würden sich wahrscheinlich erst mal darüber freuen, schließlich erhöht eine große Auswahl die Wahrscheinlichkeit, das zu finden, was man sucht und was einem gefällt. Das Ding ist aber: So viele Möglichkeiten zu haben, kann schnell überfordernd wirken. Je mehr Auswahl wir nämlich haben, desto mehr müssen wir uns kognitiv anstrengen. Wir vergleichen die verschiedenen Optionen und stellen sie einander gegenüber. Schließlich möchten wir die für uns beste Option finden. Die Hose soll nicht nur super sitzen, sondern auch nicht so teuer sein, sich gut anfühlen und im besten Fall einen knackigen Hintern machen. Die beste Option im Dschungel voller Hosen zu finden, kann da schon mal so frustrierend sein, dass man den Laden vor lauter Überforderung und ohne etwas gekauft zu haben, wieder verlässt oder aber im Nachhinein unzufrieden mit seiner Wahl ist. Nach dem Motto: Mist, hätte ich anstelle der stonewashed Skinny Jeans doch mal lieber die schwarze Cordhose genommen. Beziehungsweise: Hätte ich vielleicht noch mehr anprobieren oder im Hosengeschäft nebenan ebenfalls schauen sollen? Diese Überlastung durch eine zu große Auswahl nennt man in der Psychologie auch «Choice Overload» oder auf Deutsch: Auswahlparadox.

Das Auswahlparadox beruht auf einer Studie von 2000, in der die Psychologin Sheena Iyengar und der Psychologe Mark Lepper zeigten, wie sehr sich eine große Auswahl auf unser Verhalten auswirken kann. Im Rahmen der Studie wurde in einem Supermarkt ein Verkostungsstand aufgestellt, an dem entweder sechs oder 24 verschiedene Marmeladen zum Probieren angeboten wurden. Das Ergebnis: 60 Prozent der vorbeilaufenden Kunden und Kundinnen blieben an dem Stand mit der größeren Auswahl stehen. An dem Stand mit den sechs verschiedenen Marmeladensorten waren es nur 40 Prozent. Eine große Auswahl scheint erst mal attraktiver auf die Kunden und Kundinnen zu wirken als eine kleine. Aber jetzt kommt's: Gerade mal drei Prozent der Personen, die sich an dem großen Probiertisch durch die Marmeladen kosteten, kauften am Ende auch eine Marmelade. Von den Kundinnen und Kunden, die an dem kleinen Probiertisch stehen geblieben waren, standen später ganze 30 Prozent mit einer der Marmeladen im Einkaufswagen an der Kasse. Das sind zehnmal so viele! Eine große Auswahl wirkt, zumindest laut der Studie, erst mal attraktiv, führt aber zu weniger Motivation, tatsächlich etwas zu kaufen, oder sollte ich sagen: sich tatsächlich auf eine Marmelade einzulassen?

Wenn man die Auswahl zwischen Marmeladensorten hat, kann man recht schnell beurteilen, ob die Erdbeer- oder Himbeermarmelade eine gute oder eine schlechte Wahl war – spätestens, wenn man die Marmelade zum Frühstück auf sein Brötchen schmiert. Beim Dating dauert dieser «Geschmackstest» um einiges länger. Erstens, weil die Entscheidung komplexer ist als bei der Wahl einer Marmelade, und zweitens, weil es meistens ein paar Tage bis Wochen dauert, ehe man die andere Person tatsächlich trifft. Dieser längere «Auswertungsprozess» könnte dazu führen, dass die (negativen) Effekte des Auswahlparadoxons auf die Zufriedenheit nicht schon beim Swipen durch den Dschungel an Dating-Profilen auftreten, sondern erst später, während des eigentlichen Dates. In einer Studie von 2017 wurden über 150 Probanden und Probandinnen unter dem Vorwand rekrutiert, eine neue Dating-Plattform an der Uni zu testen. Am ersten Termin füllten die Teilnehmer:innen einen Fragebogen aus, angeblich, um sie später mit potenziellen Partnern und Partnerinnen zu matchen. Dann wurde ihnen eine Liste mit sechs oder 24 Matches präsentiert, aus denen sie eins auswählen sollten, um mit der Person auf ein Date zu gehen. Der Hälfte der Probanden und Probandinnen wurde außerdem gesagt, dass sie ihre Entscheidung in der nächsten Woche noch mal ändern dürften. Bei der anderen Hälfte war das Match, für das sie sich entschieden, final, ein Umtausch war ausgeschlossen. Im Anschluss bewerteten die Teilnehmer:innen die Zufriedenheit mit ihrer Wahl. Zwischen dem ersten und dem zweiten Termin, die eine Woche auseinanderlagen, konnten sich die Probandinnen und Probanden immer wieder in die Plattform einloggen, um ihr ausgewähltes Date und auch die verworfenen Alternativen anzuschauen. Die Teilnehmer:innen, die ihre Wahl beim nächsten Termin noch einmal ändern konnten, wurden außerdem im Laufe der Woche an diese Tatsache erinnert. Nach einer Woche erschienen die Probandinnen und Probanden zum zweiten Termin erneut im Labor, sahen sich ihre Auswahl an und beantworteten einmal mehr die Fragen zur Zufriedenheit mit ihrer Auswahl. Und das war das Ergebnis: Unmittelbar nach ihrer Wahl und am ersten Termin im Labor unterschieden sich die Teilnehmer:innen nicht in ihrer Zufriedenheit, unabhängig davon, ob die Auswahl groß (24 Matches) oder klein (sechs Matches) war. Eine Woche später waren tatsächlich diejenigen mit der größeren Auswahl weniger zufrieden mit dem Date, für das sie sich entschieden hatten. Es machte dabei aber keinen nennenswerten Unterschied für die Zufriedenheit, ob die Probandinnen oder Probanden sich noch mal umentscheiden konnten oder nicht. Allerdings waren diejenigen, die eine große Auswahl hatten UND sich umentscheiden konnten, wie es ja bei den Dating-Apps der Fall ist, am wenigsten zufrieden. Auch interessant: Keine der Personen, die nur eine kleine Auswahl zur Verfügung hatten, änderten am zweiten Termin ihre Entscheidung. Wohingegen sich 13 Prozent der Teilnehmer:innen mit der großen Auswahl am zweiten Termin noch mal umentschieden. Die Studienergebnisse lassen vermuten, dass der negative Effekt des Auswahlparadoxons tatsächlich erst später beim Dating und nicht schon beim Swipen zu Unzufriedenheit führen könnte. Das bedeutet natürlich nicht, dass nicht auch schon das Wischen durch die verschiedenen Profile frustrierend sein kann, gerade wenn man so wie Hanna aktuell keine Matches hat oder aber keine Profile von Personen findet, die einem zusagen.

Wenn man sich die Studienergebnisse so ansieht, könnte man meinen, dass die große Auswahl an potenziellen Partnern oder Partnerinnen auf den Dating-Apps und das damit einhergehende Auswahlparadox Online-Dating zu einer ganz schön kräftezehrenden und frustrierenden Angelegenheit machen – hallo, Dating-Burn-out! Wenn zu viel Auswahl aber so ein großes Problem wäre, wie es hier den Anschein macht, müssten ja verschiedene Anbieter wie Supermärkte oder Klamottenläden und auch Online-Anbieter wie Amazon besser dastehen, wenn sie ihr Angebot limitieren würden. Das ist laut einer Metastudie von 2010 aber nicht der Fall. Wir Menschen lieben es einfach, viele Optionen zu haben, und fühlen uns von Verkaufsständen, wo wir genau das bekommen, wie magisch angezogen, du erinnerst dich an das Marmeladenexperiment? Auch wenn eine große Auswahl beim Online-Dating überfordernd und anstrengend sein kann, hat sie schließlich auch Vorteile: Dass viele mögliche Partner:innen an einem Ort versammelt sind, kann das Vergleichen der Optionen um einiges erleichtern. Ich weiß nicht, wie es dir geht, aber für mich ist es um einiges entspannter, mich von zu Hause aus auf den Dating-Apps umzuschauen, als von Bar zu Bar zu tingeln und zu überlegen, welcher Typ mir mehr zusagt und welcher weniger. Außerdem kann ich mir auf Tinder und Co. einen guten Eindruck über (fast) alle Berliner Singles machen. Last, but not least ist man sich in der Wissenschaft noch nicht einig, wie groß der Effekt des Auswahlparadoxons wirklich ist. Ja, die Marmeladenstudie hat eindrücklich gezeigt, dass sich eine große Auswahl negativ auf unsere Entscheidung auswirkt. Genauso gibt es aber auch Studien, die keine oder nur eine schwache Evidenz für das Auswahlparadox gefunden haben. Forscher:innen vermuten deshalb, dass bestimmte Rahmenbedingungen gegeben sein müssen, damit es zum Auswahlparadox kommt.

Wenn man nämlich ganz genau weiß, was man sucht, kann es sein, dass die Wahl kein bisschen schwerfällt. Wenn mich zum Beispiel jemand bittet, ein Lied aus 100 Songs auszusuchen, das ich jetzt direkt hören möchte, hätte ich wahrscheinlich kein Problem damit, mich zu entscheiden (im Zweifel immer für die Toten Hosen, liebe diese Band!), und wäre überhaupt nicht demotiviert oder überfordert mit der großen Auswahl. Wenn ich aber keine Ahnung habe, was ich mag, und somit auch nichts ausschließen kann, kickt das Auswahlparadox wahrscheinlich stärker. Beim Dating könnte es ähnlich sein. Wenn man weiß, wonach man sucht, oder auch, was man ganz sicher nicht möchte, könnte das helfen, im Dating-Dschungel einen kühlen Kopf zu bewahren und nicht orientierungslos umherzuwandern. Ich habe bisher schon einige Dating-Erfahrungen gesammelt – sowohl positive als auch negative – und weiß dadurch mittlerweile ziemlich gut, was ich möchte und wann ich mein Herz riskieren sollte. Genauso weiß ich aber auch, wann es Zeit ist zu sagen: Nein, vielen Dank, aber ich fühl's einfach nicht. So schlimm Dates auch manchmal sein können, danach weiß man immerhin, was man *nicht* will, und kann die Suche gezielter fortsetzen.

Bei einem ersten Aussortieren auf den Dating-Apps können die Filterfunktionen hilfreich sein. Auf einigen Apps kannst du zum Beispiel einstellen, dass dir nur Leute angezeigt werden, die nicht rauchen, größer als 1,80 Meter und auf der Suche nach einer Beziehung sind. Inwiefern die angezeigten Personen dann aber den eigenen Präferenzen entsprechen, kann man natürlich nur im direkten Kontakt herausfinden. Bevor du dich also ins (Online-)Dating-Game stürzt, nimm dir doch die Zeit und denk darüber nach, worauf du eigentlich stehst und was dir bei einem Partner oder einer Partnerin wichtig ist. Oder du gehst die Sache locker an und probierst dich aus, und zwar genau mit der Frage: Mal sehen, worauf ich stehe. Das nimmt der ganzen Sache den Druck, und du nimmst dein Dating-Leben aktiv in die Hand, was dir ein Gefühl von Kontrolle vermittelt.

Hätte ich innegehalten und darüber nachgedacht, was ich eigentlich gerade brauche und was ich von einem Partner erwarte, ich hätte Simon, Nicholas, Chris und Andreas wahrscheinlich nicht getroffen. Ganz klar, man weiß vor einem ersten Date nie, ob es passen könnte oder nicht, und ich finde es wichtig, sich nicht zu verbissen an die eigenen Vorstellungen zu klammern. Aber wenn ich ganz ehrlich zu mir bin, wusste ich auch schon vor den ersten Treffen, dass diese vier Männer nicht zu mir passen würden. Simon war zum Beispiel total ruhig und sagte nur das Allernötigste, was sich schon in seinen kurzen Nachrichten abgezeichnet hatte. Er war kein Mann vieler Worte, während ich es liebe zu kommunizieren. Nicholas auf der anderen Seite redete viel und gerne, allerdings fehlte es ihm in meinen Augen ein wenig an Abenteuer- und Unternehmungslust, was mir bei meinem Partner sehr wichtig ist. Schon bei Tinder schrieb er mir als Antwort auf meine Nachricht, dass ich für einen Tag spontan mit meiner Schwester nach Warnemünde gefahren sei, dass solche Tagesausflüge für ihn nichts seien. Berlin sei schließlich auch schön, und generell halte er vom Reisen eher weniger. Bei Chris war es ähnlich. Auch er hatte noch nichts von der Welt gesehen und war auch nicht daran interessiert, das zu ändern. Schwierig, schließlich liebe ich es, durch die Weltgeschichte zu reisen. Als Andreas in einer Nachricht andeutete, was er von veganer Ernährung hielt – nämlich nichts –, war ich kurz davor, das Date mit ihm wieder zu canceln. Ich gab ihm zwar am Ende die Chance, mich kennenzulernen, wusste aber tief im Inneren schon, dass das nichts mit uns werden würde.

Aber zurück zu den Punkten, die Überforderung und Frustration im Dating-Game begünstigen können. Laut der Studie von 2010 ist es möglicherweise problematisch, dass die potenziellen Partner:innen, die uns online und offline begegnen, total individuell sind. Je mehr mögliche Kriterien es gibt, anhand derer man die verfügbaren Optionen (hier: Singles) vergleichen kann, desto schwieriger ist es, eine Entscheidung zu treffen, und desto wahrscheinlicher könnte sich somit auch das Auswahlparadox einstellen. Und die möglichen Kriterien, um potenzielle Partner:innen zu vergleichen, können ja in der Tat unendlich sein. Zum Glück steht den Nutzer:innen auf einigen Dating-Apps nur eine begrenzte Zeichenzahl zur Verfügung, das könnte den Vergleich der Optionen zumindest online erleichtern, weil man weniger Informationen hat, die man beim Swipen berücksichtigen kann.

Apropos Swipen: Fragst du dich bei jedem Profil, ob die Person das ist, was du möchtest? Oder vergleichst du jedes Profil mit den vorherigen, so nach dem Motto: Okay, die/der ist im Vergleich zu den anderen ganz hot? Wenn Letzteres der Fall ist, berücksichtigst du im Endeffekt das gesamte Deck an Profilen bei deiner Auswahl. Und das ist eindeutig schwieriger und anstrengender, als jedes Profil für sich zu bewerten, und könnte das Eintreten des Auswahlparadoxons dann begünstigen. Mir persönlich fällt es schwer, jedes Profil einzeln zu betrachten, was einer der Gründe dafür sein könnte, dass mich die große Auswahl häufig überfordert und ich frustriert bin. Und auch von Hanna und Paula wusste ich, dass sie dazu neigten, die verschiedenen Optionen beim Swipen miteinander zu vergleichen. Hanna meinte nämlich mal zu mir, dass sie eine Person gelikt hat einfach aus dem Grund, weil ihr das Profil besser gefiel als die vorherigen Profile.

Hanna, Paula und ich überlegten uns an dem Abend bei einer zweiten Flasche Lambrusco, den sie übrigens nur mir zuliebe tranken, gewisse Grundregeln, um einem erneuten Dating-Burn-out vorzubeugen. Wir beschlossen, beim Swipen ganz bewusst Pausen einzulegen, die Profile möglichst einzeln und nicht im Vergleich mit den anderen Profilen zu beurteilen und vor allem nicht mehr so lange am Stück zu swipen. Und wenn wir das Gefühl hatten, dass uns alles zu viel wurde, sogar für einige Wochen eine Art Dating-Sabbatical einzulegen. Außerdem schrieb jede von uns in ihre Notizen-App auf dem Handy die Vorstellung eines Partners, die wir uns vor jeder Swiping-Session und jedem Date noch mal in Erinnerung rufen wollten. Die große Auswahl auf den Dating-Apps können wir nicht ändern, was wir aber ändern können, ist unser Umgang mit der Flut an möglichen Partnerinnen und Partnern.

PS: Paula sollte übrigens recht behalten: Es hat keine vierzehn Tage gedauert, ehe ich die Dating-Apps wieder installierte und mich erneut Herz über Kopf, aber diesmal mit ein bisschen mehr Plan, zurück ins Dating-Game stürzte.

### High on Hormones – Was in deinem Körper passiert, wenn du dich verliebst

«Guten Morgen, Schlafmütze, hast du gut geschlafen?», fragte ich leise in die Stille hinein und kuschelte mich noch ein bisschen näher an ihn heran. Unsere Gesichter waren jetzt keine zwei Zentimeter mehr voneinander entfernt. «Ich schlafe noch», kam prompt mit einem Lächeln von ihm zurück, ohne dass er auch nur für eine Sekunde die Augen öffnete. Ich lachte, bedeckte sein Gesicht mit Küssen und verkündete, es sei jetzt Zeit für Kaffee und Frühstück. Es war schließlich schon kurz vor neun und ich seit über einer Stunde wach.

In letzter Zeit wachte ich immer häufiger neben Paul auf. Vielleicht hast du dich ja schon gefragt, wie es eigentlich zwischen mir und Paul weiterging. Du erinnerst dich: Paul, der mir auf Tinder geschrieben hatte:

> **Paul:** Moin Pia, dein Bild mit der Pizza hat mich voll gecatcht. Tolles Profil! 😊 Wie war bisher dein Start ins Wochenende?

Wie es mit uns weiterging, das möchte ich dir natürlich nicht vorenthalten. Paul und ich dateten schon seit einigen Wochen. Wir probierten uns durch die verschiedenen veganen Restaurants in seinem Kiez, gingen spazieren und ins Kino, kochten gemeinsam, trafen uns zum Dartspielen (worin ich, im Gegensatz zum Kickern und Billardspielen, erstaunlich gut war. Yessss!) und übernachteten regelmäßig beieinander. Das, was sich in den letzten Wochen zwischen uns entwickelt hatte, fühlte sich gut an, so harmonisch und vor allem unkompliziert. Ja, ich hatte mich ein klitzekleines bisschen in Paul verknallt ... Okay, vielleicht auch ein klitzegroßes bisschen.

Wenn wir verliebt sind, geht in unserem Gehirn und unserem Körper ganz schön viel ab. Viele dieser Prozesse sind auf unser sogenanntes «vegetatives Nervensystem» zurückzuführen. Das ist der Teil unseres Nervensystems, der lebenswichtige Vorgänge reguliert. Diese laufen ganz «automatisiert» im Hintergrund ab, ohne dass wir uns bewusst darum kümmern müssten. Dazu gehören zum Beispiel unsere Atmung, unsere Verdauung, unsere Temperaturregulation, unser Kreislauf und unsere Sexualfunktionen. Außerdem versorgt das vegetative Nervensystem die Muskulatur unserer inneren Organe und Blutgefäße, unser Herz und all die Drüsen in unserem Körper. Das vegetative Nervensystem wird unterteilt in zwei unterschiedliche und größtenteils auch gegensätzliche Komponenten: den Sympathikus und den Parasympathikus. Die meisten Organe in unserem Körper werden von beiden Systemen gesteuert. Um zu verstehen, was in uns vorgeht, wenn wir verliebt sind, schauen wir uns die beiden Komponenten mal genauer an.

Fangen wir beim Sympathikus an, der auch als «Fight-or-Flight»-System bekannt ist. Das heißt, unser Sympathikus macht uns fit, wenn wir im Falle einer Bedrohung kämpfen (fight) oder fliehen (flight) müssen. Früher war es noch der Säbelzahntiger, vor dem man wegrennen musste. Heute sind es eher die Schritte hinter uns in einer dunklen Straße oder aber auch irgendwelche anderen für uns aufregenden Situationen, wie zum Beispiel Prüfungen oder erste Dates. Der Sympathikus erhöht in solchen Momenten den Blutfluss in unsere Muskeln, damit wir im Fall der Fälle besser weglaufen oder zuschlagen können. Unsere Pupillen erweitern sich, wir fangen an zu schwitzen und bekommen eine Gänsehaut, ähnlich wie Tiere, die in Gefahrensituationen ihr Fell aufstellen. Außerdem schüttet unser Körper Adrenalin aus, unser Herzschlag erhöht sich, und in unserer Leber wird Glukose freigesetzt. Auf diese Weise kommen wir in aufregenden und vermeintlich gefährlichen Situationen an zusätzliche Energiereserven. Und auch unsere Blase wird durch den Sympathikus elastischer. In aufregenden Situationen ist schließlich meistens keine Zeit, um schnell mal aufs Klo zu gehen.

Herzklopfen, Schwitzen und Angespanntheit – genau das passiert auch, wenn wir vor einem ersten Date nervös sind oder mit jemandem Zeit verbringen, in den wir uns verknallt haben. Hier macht uns der Sympathikus bereit für die aufregende und gegebenenfalls vielleicht sogar sexuell erregende Situation. Vor dem ersten Date mit Paul war ich übrigens fast gar nicht aufgeregt. So blöd es klingen mag, aber erste Dates waren zu dem Zeitpunkt nichts Besonderes mehr für mich. Ich war über die Monate und

Jahre, in denen ich nun datete, ein wenig abgestumpft und geübt darin, neue Leute kennenzulernen. Klar freute ich mich auf ihn und war neugierig, ob er «in echt» genauso nett war, wie er bei Tinder rüberkam, aber auf dem Weg zu unserem Treffpunkt fühlte ich mich eher so, als ob ich mich gleich mit einem guten Bekannten auf einen Drink treffen würde. Wenn du dir jetzt denkst: «Ähm, was? Ich sterbe immer vor lauter Aufregung vor einem Date!?» Ob du es glaubst oder nicht: I feel you! Bei unserem zweiten Date war ich nämlich dafür dann doppelt aufgeregt, Paul wiederzusehen. Ich konnte nicht genau sagen, was es war, aber irgendwas machte mich seit unserem ersten Treffen verdammt nervös – im positiven Sinne. Auch wenn es in gewisser Weise anstrengend ist, vor einem Date aufgeregt zu sein, ich mochte diese Reaktion meines Körpers sehr. Sie zeigte mir nämlich, dass mir Paul nicht egal war. Um meine Aufregung vor einem Date ein wenig in den Griff zu bekommen, greife ich häufig zum Handy und rufe einen meiner Freunde oder Freundinnen an, um mich abzulenken. Außerdem hilft es mir, tief durchzuatmen und mir Folgendes vor Augen zu führen: Das Schlimmste, was passieren kann, ist, dass das Date floppt. Das wäre zwar schade, aber die Welt würde davon auch nicht untergehen. Aufregung vor einem Date ist eine ganz normale Reaktion unseres Körpers und nichts, wofür man sich schämen muss. Und ganz ehrlich, ich habe Paul einfach direkt bei der Begrüßung gestanden, dass ich ganz schön nervös war, ihn wiederzusehen. Er sagte mir dann, dass auch er ein wenig aufgeregt sei, und nahm mich fest in den Arm. Während eines Dates, wenn man langsam, aber sicher in der Situation ankommt, legt sich die anfängliche Aufregung ja häufig auch wieder. An diesem Punkt kommt der Parasympathikus ins Spiel. Während der Sympathikus uns fit für aufregende Situationen wie Prüfungen, Dates oder auch echte Notfälle macht, regelt der Gegenspieler, der Parasympathikus, was in Ruhezeiten so passiert.

Seine Rolle ist demnach «Rest-and-Digest» – Ruhen (rest) und Verdauen (digest). Er sorgt zum Beispiel dafür, dass unsere Energiereserven wiederhergestellt werden. Unter anderem werden Speichel und Verdauungssäfte abgegeben, der Blutfluss wird aus den Muskeln zum Verdauungssystem gelenkt, und unser Herzschlag verlangsamt sich. Und auch unsere Blase zieht sich wieder zusammen, was erklärt, warum man nach Dates oder stressigen Prüfungssituationen häufig plötzlich dringend zur Toilette muss.

Paul und ich saßen einander gegenüber am Frühstückstisch, tranken Kaffee und planten den Tag, den wir gemeinsam verbringen wollten. Es war Sonntag, und draußen war es kalt und grau. Perfektes Wetter, um sich die Ausstellung des Medienkünstlers Refik Anadol in der König Galerie anzuschauen, von der Paul mir vor ein paar Tagen erzählt hatte. Bevor wir uns dick einpackten und einen der Elektroroller liehen, die überall in Berlin rumstehen, um zur Galerie zu düsen, rollten wir uns vollgefuttert und mit einem zweiten Kaffee noch mal zurück ins Bett und küssten uns leidenschaftlich. Die Schmetterlinge in meinem Bauch flatterten wie wild durcheinander, und ich konnte mein Glück, jemanden gefunden zu haben, der solche Gefühle in mir auslöste, kaum fassen. Dass in unserem Bauch keine echten Schmetterlinge umherflattern, wenn wir verliebt sind, ist wohl allen klar. Aber hast du dich mal gefragt, was dieses Gefühl eigentlich genau auslöst? Was passiert da in unserem Körper?

Die bekannten Schmetterlinge im Bauch lassen sich, ganz unromantisch, mit der Aktivität des Sympathikus erklären. Immer wenn nichts Aufregendes passiert oder man so wie Paul und ich im (Frühstücks-)Fresskoma auf dem Bett liegt, sorgt der Parasympathikus dafür, dass genug Blut Richtung Magen geleitet wird, um dort bei der Verdauung zu helfen. Wenn sich jetzt aber eine aufregende und gegebenenfalls erregende Situation anbahnt, übernimmt der Sympathikus und sorgt dafür, dass das Blut vom Magen weg in die Muskeln geleitet wird, was die Verdauung verlangsamt. Die Blutgefäße um den Magen herum ziehen sich zusammen, was den Blutfluss verringert. Die «Sensoren» im Magen-Darm-Bereich protestieren gegen den Blut- und somit den Sauerstoffmangel, und genau das ist es, was dieses Bauchkribbeln verursacht. Wenn man also Schmetterlinge im Bauch hat, ist das kein Zuspruch vom Magen, sondern vielmehr ein *Alter, was soll die ganze Aufregung hier gerade? Ich habe so schön entspannt verdaut, und jetzt machst du hier so einen Stress, Frechheit!*

Ob gerade der Sympathikus oder der Parasympathikus das Ruder übernimmt, das wird, genauso wie auch andere Dinge in unserem Körper, wenn wir verliebt sind, über sogenannte «Botenstoffe» geregelt. Einige der Botenstoffe sind Neurotransmitter, andere Hormone, und manche sind beides. Neurotransmitter wirken zwischen den Nervenzellen im sogenannten «synaptischen Spalt». Das heißt, sie ermöglichen über eine kurze Distanz eine schnelle Kommunikation zwischen unseren Nervenzellen. Ihre Wirkungsdauer beträgt dabei in der Regel nur Millisekunden. Hormone wiederum wandern von der Location, aus der sie ausgeschüttet werden, zum Beispiel einer Drüse, zu entfernteren Orten im Körper, wie zum Beispiel zur Leber oder zum Magen, um dort ihre Wirkung zu entfalten. Um ihren Zielort zu erreichen, nutzen sie die Blutbahn.

Unter den Top Ten der Botenstoffe, die beim Verlieben und bei Partnerschaften eine entscheidende Rolle spielen, belegen Oxytocin und Vasopressin die vorderen Ränge: Oxytocin kennst du vielleicht unter dem Namen «Kuschelhormon» oder «Bindungshormon». Tatsächlich wird diese Bezeichnung dem Oxytocin aber überhaupt nicht gerecht. Es ist ein Hormon mit vielfältigen Funktionen und, das kommt noch dazu, ein Neurotransmitter.

Oxytocin wird im Gehirn ausgeschüttet und wirkt sowohl direkt in unseren grauen Zellen als Neurotransmitter als auch im restlichen Körper als Hormon, wohin es über die Blutbahnen gelangt. Im Gehirn bewirkt Oxytocin unter anderem, dass wir uns an andere Personen binden, dass wir Beziehungen eingehen, sexuell erregt sind, Personen vertrauen und uns, wenn wir ein Baby zur Welt gebracht haben, um das Neugeborene kümmern. Als Hormon führt Oxytocin zu einer Reihe von Wirkungen, die oft in Verbindung mit der Geburt stehen. Es löst zum Beispiel die Wehen bei einer schwangeren Frau aus und sorgt dafür, dass Muttermilch fürs Stillen produziert wird. Studien zeigen allerdings, dass Oxytocin nicht nur für solche prosozialen Verhaltensweisen verantwortlich ist, sondern auch für das Gegenteil. Je nach Situation kann Oxytocin nämlich auch Neid oder Schadenfreude auslösen. Außerdem kann es in Risikogruppen (zum Beispiel bei Menschen, die an einer Borderline-Persönlichkeitsstörung erkrankt sind) womöglich sogar das Vertrauen verringern. Und auch bei einer Reihe anderer Dinge wie beim Stoffwechsel und beim Appetit spielt Oxytocin eine Rolle. Die Bezeichnung «Kuschel- oder auch Bindungshormon» wird Oxytocin also wirklich nicht gerecht.

Neben Oxytocin scheint auch der Botenstoff Vasopressin, der bei der Regulation unseres Blutdrucks eine wesentliche Rolle spielt, eine Bedeutung bei der Bindung und bei sexueller Aktivität zu haben.

Welche Rolle Oxytocin und Vasopressin als Neurotransmitter genau in Partnerschaften spielen, das wird beispielsweise an Präriewühlmäusen untersucht. Präriewühlmäuse bilden nämlich monogame Partnerschaften, die ein ganzes Leben lang halten – anders als ihre nahen Verwandten, die Rocky-Mountains-Wühlmäuse. Die leben alles andere als monogam, sind total einzelgängerisch unterwegs und kümmern sich auch weniger um ihren

Nachwuchs. Herauszufinden, was die Unterschiede zwischen den beiden Arten sind, könnte der Schlüssel zu dem sein, was eine lebenslange Partnerschaft ausmacht. Bisher weiß man von verschiedenen Untersuchungen, dass die Präriewühlmäuse eine höhere Dichte an Oxytocin-Rezeptoren und Vasopressin-Rezeptoren im Gehirn haben als die Rocky-Mountains-Wühlmäuse. Rezeptoren sind, vereinfacht gesagt, Stellen an den Nervenzellen, an denen der jeweilige Neurotransmitter andocken kann, was eine gewisse Reaktion bewirkt, wie zum Beispiel emotionale Zustände wie Liebe, Geborgenheit und Vertrauen.

Wenn Präriewühlmäuse sich paaren, schütten sie Oxytocin und Vasopressin aus. Blockt man diese Ausschüttung, leben die Präriewühlmäuse wie auch die Rocky-Mountains-Wühlmäuse plötzlich nicht mehr monogam und zeigen kein Interesse mehr an ihren vorherigen Partnern oder Partnerinnen. Daraus kann man schließen, dass Oxytocin und auch Vasopressin eine wichtige Rolle beim Bindungsverhalten und einer lebenslangen Partnerschaft spielen.

Du fragst dich vielleicht, warum man den Einfluss von Oxytocin und Vasopressin bei Wühlmäusen und nicht direkt bei uns Menschen erforscht. Das Ding ist, dass man bei uns Menschen nur den Einfluss von Oxytocin und Vasopressin als Hormon im Blut untersuchen kann, nicht aber als Neurotransmitter im Gehirn. Und gerade die Wirkung im Gehirn ist ja das Interessante, wenn es um Bindung und Partnerschaften geht. Um die Rolle von Oxytocin und Vasopressin als Neurotransmitter erforschen zu können, müsste man unsere Schädel öffnen, und so was macht man natürlich nicht im Rahmen einer Studie. Dafür müssen, auch wenn es meiner Meinung nach moralisch absolut nicht vertretbar ist, bisher leider noch die Wühlmäuse herhalten.

Trotzdem gibt es auch Studien, die an Menschen durchgeführt wurden – natürlich ohne Schädelöffnen, keine Sorge. Zum Beispiel wurden in einer Studie von 2012 frisch verliebte Paare und Singles an zwei Terminen untersucht. Am ersten Termin zeigte sich, dass die frisch Verliebten durchschnittlich höhere Oxytocin-Level im Blut hatten als die Singles. Außerdem hatten die Paare, die in ihrer Beziehung viel kuschelten, Sex hatten und großen Wert auf eine Beziehung auf Augenhöhe legten, beim ersten Termin ebenfalls höhere Oxytocin-Level im Blut als die anderen Probanden und Probandinnen. Hierbei handelt es sich allerdings um ein klassisches Henne-oder-Ei-Problem, da man nicht sagen kann, was zuerst da war: Oxytocin kann nämlich einerseits solche positiven Interaktionen in der Partnerschaft erhöhen, andererseits wird aber bei Berührungen und Sex auch mehr Oxytocin ausgeschüttet. Der Stoff führt also zu mehr Nähe, aber mehr Nähe auch zu mehr Oxytocin. Es wäre also recht einseitig gedacht, wenn man annähme, dass ein höheres Oxytocinlevel zu mehr positiven Interaktionen in der Partnerschaft führt.

Beim zweiten Termin sechs Monate später war fast die Hälfte der Paare nicht mehr zusammen. Dabei zeigte sich, dass die Paare, die sich in der Zwischenzeit getrennt hatten, beim ersten Termin einen durchschnittlich niedrigeren Oxytocinspiegel im Blut hatten als die Paare, die noch zusammen waren. Daraus könnte man natürlich schlussfolgern, dass Oxytocin sehr wichtig ist, wenn wir verliebt sind und uns dauerhaft an jemanden binden wollen.

Tatsächlich kann man das basierend auf dieser Studie aber nur eingeschränkt sagen, weil die Forscher:innen nicht wissen, wie hoch der Oxytocinspiegel der Personen war, bevor sie sich ineinander verliebten. Es könnte ja auch sein, dass sich Leute mit einem höheren Oxytocinlevel schneller verlieben und ihre Beziehungen auch länger halten. Was man außerdem nicht vergessen darf: In der Studie wurde nur der Oxytocinspiegel im Blut gemessen, und dass der nicht unbedingt mit dem Oxytocinspiegel im Gehirn zusammenhängen muss, wird von den Autoren und

Autorinnen der Studie selbst kritisch angemerkt. Eine Metastudie von 2017 kommt allerdings zu dem Ergebnis, dass es einen Zusammenhang zwischen dem Oxytocinlevel im Blut und dem im Gehirn gibt. Studien, die an Menschen durchgeführt werden, sind hier also nicht komplett für die Katz.

Wenn Oxytocin und Vasopressin in unserem Blutkreislauf aktiv sind, reagiert unser Belohnungssystem und schüttet Dopamin aus. Das macht Verliebtsein und Liebe auch zu einer so «belohnenden Erfahrung», die sich gut angefühlt und von der man mehr möchte. Dopamin wird aus diesem Grund häufig als «Glückshormon» bezeichnet. Tatsächlich geht es unserem Gehirn bei der Dopaminausschüttung aber gar nicht darum, dass wir uns gut fühlen und glücklich sind, sondern vielmehr um den Lerneffekt. Um dieses «War geil, mach noch mal!», erinnerst du dich? Wenn unser Belohnungssystem nämlich Dopamin ausschüttet, dann weiß unser Gehirn, dass die Handlung gut für uns war und die Wahrscheinlichkeit steigt, dass man diese noch mal ausführt. Mit jedem schönen Gespräch, jeder Kuscheleinheit und jedem gemeinsamen Erlebnis wird unser Bedürfnis größer, dies zu wiederholen und Zeit mit unserem Date zu verbringen. Wenn es nach mir ginge und ich keine lästigen Verpflichtungen wie Arbeit und Freund:innen hätte – Scherz! –, würde ich Paul am liebsten jeden Tag sehen.

Auch wenn man die Dopaminkonzentration ebenfalls nicht direkt im Gehirn von uns Menschen messen kann, gibt es die Möglichkeit – anders als beim Oxytocin und beim Vasopressin –, sich im Hirnscanner anzuschauen, ob die Belohnungsareale im Gehirn aktiv sind. Daraus lassen sich dann Rückschlüsse auf den Dopaminspiegel im Gehirn ziehen. Im Rahmen einer Studie von 2005 wurden frisch Verliebten zwei Arten von Fotos gezeigt: Fotos von der Person, in die sie verliebt waren, und Fotos von Bekannten, die im gleichen Alter und das gleiche Geschlecht hatten wie der/die Geliebte. Zwischen den Fotos mussten die Studienteilnehmer:innen zur Ablenkung Rechenaufgaben lösen, damit die Gefühle für die geliebte Person nicht auf die neutrale Person «überschwappten» und sie in Gedanken noch bei der/dem Geliebten waren, wenn sie die Fotos der neutralen Person betrachten. In der Studie wurde quasi Liebe mit Kopfrechnen gekillt.

Im Hirnscanner hat sich gezeigt: Je verliebter die Person war, desto größer auch die Aktivierung des Belohnungssystems beim Anblick des oder der Geliebten. Ich bin mir sicher, dass auch mein Belohnungssystem beim Anblick von Paul aktiviert ist. Anders kann ich mir diese «Sucht» nach ihm nicht erklären. Inwiefern Verliebtsein süchtig machen kann, das schauen wir uns in dem Kapitel an, in dem es um Liebeskummer geht. Jetzt aber erst mal zurück zu unseren Botenstoffen, die beim Verlieben eine Rolle spielen. Next in line: Serotonin.

Serotonin wird wie Dopamin fälschlicherweise gerne als «Glückshormon» bezeichnet, aber genauso wie Dopamin ist auch Serotonin nicht einfach ein «Feel-good»-Hormon und Neurotransmitter. Ganz im Gegenteil sogar: Wenn wir verliebt sind oder ganz frisch in einer Beziehung, ist der Serotoninspiegel nämlich erst mal ein wenig im Keller, besonders bei Männern. Auch bei diversen psychischen Erkrankungen wie zum Beispiel Depressionen, Angststörungen und Zwangsstörungen ist der Serotoninspiegel geringer. Bedeutet das etwa, dass Liebe eine psychische Störung ist? Natürlich nicht! Laut Studienergebnissen von 2012 kann ein veränderter Serotoninspiegel allerdings dazu führen, dass unsere Gedanken nicht mehr so beweglich sind und sich vermehrt um eine gewisse Person drehen. Man nimmt übrigens an, dass dieses fast schon obsessive Denken an das Subjekt der Begierde die Bindung in der ersten Phase der Verliebtheit festigen kann. Ich zum Beispiel muss ständig an Paul und unsere gemeinsame Zeit denken, auch gerade in diesem Moment, während ich diese Worte tippe. Ich schweife immer wieder ab, und meine Gedanken landen früher oder später bei ihm und drehen sich darum, was er gesagt hat, was wir zusammen erlebt haben, ob zwischen uns alles in Ordnung ist, ob wir uns später noch sehen, ob ich ihm eine Nachricht schreiben sollte, und und und. Das ist manchmal ganz schön anstrengend. Spätestens nach ein paar Monaten normalisiert sich der Serotoninspiegel aber wieder, und auch diese fast schon obsessiven Gedanken an den Partner oder die Partnerin werden weniger. Vielleicht hast du das ja schon mal bei dir beobachtet? Auch beim Serotonin gilt wieder, dass das Level im Blut nicht unbedingt das widerspiegeln muss, was im Gehirn abgeht. Studienergebnisse von 2009 lassen allerdings vermuten, dass der Serotoninspiegel im Blut und im Gehirn recht ähnlich ist.

Dass wir die erste Phase des Verliebtseins nicht immer nur als rosarot erleben, lässt sich auch daran ablesen, dass sich die Konzentration des (Stress-)Hormons und Neurotransmitters Cortisol verändert. Die Aufregung, die Unsicherheit, die obsessiven Gedanken an den Partner oder die Partnerin, der Schlafmangel, der häufig mit Dating einhergeht – das alles bedeutet Stress für den Körper, und dieser äußert sich in einem erhöhten Cortisolspiegel im Blut. Bei Paul und mir ist das auch ganz «schlimm». Wir bleiben häufig bis weit nach Mitternacht wach, weil wir uns so viel zu erzählen haben und nicht genug voneinander bekommen können. Am nächsten Morgen fühlen wir uns regelmäßig so, als hätte uns in der Nacht ein Lkw überrollt. Ein klarer Fall für Kaffee – viiiel Kaffee. In Langzeitbeziehungen sinkt das Stresslevel wieder und somit auch die Stresshormone. Es stellt sich ein Gefühl von Sicherheit ein. Das könnte auch einer der Gründe sein, warum Langzeitbeziehungen insgesamt gut für die Gesundheit sind. Eine andere Erklärung könnte aber auch sein, dass hohe Cortisol- bzw. Stresslevel dafür sorgen, dass Beziehungen eingegangen werden, die wiederum den Stress senken. Hier kommen zwei alte Bekannte zum Zuge: Oxytocin und Vasopressin. Die beeinflussen nämlich die sogenannte Hypothalamus-Hypophysen-Nebennierenrinden-Achse, (und jetzt alle: Hypothalamus-Hypophysen-Nebennierenrinden-Achse, Hypothalamus-Hypophysen-Nebennierenrinden-Achse, Hypothalamus-Hypophysen-Nebennierenrinden-Achse!), den Regelkreis hinter der Stressreaktion, zu dem auch Cortisol gehört. Wissenschaftler:innen vermuten, dass Vasopressin hinter dem erhöhten Cortisol-Level zu Beginn einer Beziehung stecken könnte, während Oxytocin für den langfristig reduzierten Stress verantwortlich ist.

Last, but not least ist da noch das Testosteron, das beim Dating, in der ersten Phase der Verliebtheit und auch in Beziehungen eine Rolle spielt. Dass das Sexualhormon wichtig ist für die Ausbildung der männlichen Fortpflanzungsorgane und deren sekundäre Geschlechtsmerkmale, ist wahrscheinlich den meisten bekannt. Testosteron beeinflusst aber auch unser soziales Verhalten und spielt eine Rolle in Partnerschaften. Genauer gesagt geht man davon aus, dass Testosteron hinter der «Paarungsbereitschaft» steckt, also hinter der Bereitschaft, eine Beziehung einzugehen. Forscher:innen haben nämlich im Rahmen von wissenschaftlichen Untersuchungen herausgefunden, dass bei Arten, die sich saisonal paaren, das Testosteronlevel in der Paarungszeit höher ist als sonst. Und auch bei uns Menschen haben Männer einen niedrigeren Testosteronspiegel, wenn sie in einer Beziehung und nicht auf «Paarungssuche» sind. Testosteron ist zwar ein eher männlich assoziiertes Hormon, trotzdem haben auch Frauen Testosteron im Blut, nur durchschnittlich um einiges weniger als Männer. Eine Studie von 2009 hat gezeigt, dass der Testosteronspiegel im Blut von heterosexuellen Frauen steigt, wenn sie einen attraktiven Mann sehen. Wenn sie in einer festen Beziehung sind, haben Frauen genauso wie Männer weniger Testosteron im Blut. Das Hormon ist nicht nur im Rahmen der «Paarungsbereitschaft» bedeutsam, sondern spielt auch eine Rolle bei der Beziehungszufriedenheit. Eine Studie von 2014 kam zu dem Ergebnis, dass die Beziehungszufriedenheit bei Männern und Frauen geringer ist, wenn ihre Testosteronwerte höher sind.

Es ist doch total spannend und faszinierend, was in unserem Körper passiert, wenn wir verliebt sind und eine Beziehung eingehen. Das ist wirklich alles Chemie, so wie meine liebe *funk*-Kollegin Mai Thi Nguyen-Kim immer sagt. Ich weiß nicht, wie es dir geht, aber mir hilft dieses Wissen über die verschiedenen Vorgänge sehr, um die Reaktionen meines Körpers einzuordnen. Ich wusste zum Beispiel: Es ist ganz normal, dass ich nicht aufhören kann, an Paul zu denken. Das bedeutet nicht, dass ich mein Leben nicht mehr unter Kontrolle habe. Auch wenn dieser Botenstoff-Cocktail ganz schön hochprozentig ist und dementsprechend reinhauen kann, würde ich sagen: Genieß jeden Schluck in vollen Zügen.

So, nach so viel Chemie erzähle ich dir zum Abschluss des Kapitels aber natürlich auch noch, wie das Date mit Paul weiterging: Die Ausstellung in der König Galerie war großartig, und die Dreiviertelstunde, die wir draußen im Schneeregen in der Schlange standen, war es definitiv wert. Wir saßen ewig vor einer riesigen Projektionsfläche auf dem Boden, bestaunten die farbenfrohe Arbeit des Künstlers und lauschten den Naturklängen, die im Hintergrund abgespielt wurden. Das war entspannender als jeder Besuch im Spa, ich sag es dir!

Da ich klamottentechnisch definitiv nicht für den Schneeregen, der sich immer mehr zu einem Schneesturm entwickelte, gewappnet war, beschlossen Paul und ich, uns im Umami im Bergmannkiez bei einer heißen Pho-Suppe aufzuwärmen, bevor wir den kleinen Weihnachtsmarkt im Nikolaiviertel in der Nähe vom

Alexanderplatz ansteuerten. Den Abend ließen wir mit Essen vom Lieferservice und Netflix ausklingen. So high on hormones war ich schon lange nicht mehr, und es fühlte sich großartig an.

## From Stockholm with Love –
## Wenn die Bindungsangst kickt

Nachdem ich meinen Masterabschluss in Psychologie von der Lund University 2019 in der Tasche hatte, gönnte ich mir eine dreitägige Auszeit in Stockholm, wo auch diese Dating-Story «spielt». In den knapp zwei Jahren, in denen ich im Süden von Schweden mein Masterstudium absolvierte, hatte ich es nämlich nicht ein Mal in die Hauptstadt geschafft. Und das Kapitel Schweden zu schließen, ohne in Stockholm gewesen zu sein, kam mir nicht in die (IKEA-)Tüte. Ich stieg in Lund in den Nachtbus und trudelte morgens um kurz vor sieben völlig gerädert und lädiert in Stockholm am Bahnhof ein. Ohne mich vorher auf die Suche nach einem Kaffee begeben zu haben – puh! –, machte ich mich auf den Weg zum Hostel. Ich hegte die Hoffnung, dort mein Gepäck abstellen und kurz unter die Dusche hüpfen zu können, bevor ich zu meiner Erkundungstour durch Stockholm aufbrechen wollte. Die Rezeption vom Hostel hatte um die Uhrzeit noch geschlossen, und ich merkte schnell, dass ich ohne Schlüssel keine Chance hatte, ins Gebäude reinzukommen. Ich wollte gerade aufgeben und mir ein Café zum Verweilen suchen, als ein attraktiver Typ in Boxershorts und mit Zahnbürste im Mund vor mir auftauchte und die Tür öffnete. Er signalisierte mit einem Handzeichen, dass er kurz seinen Mund ausspülen müsse und gleich wieder zurück sei. Ich atmete tief durch. Was war das denn für eine Sahneschnitte? Ich verstaute meinen Backpack in einem kleinen Abstellraum zwischen den Gepäckstücken anderer Reisender und schaute mich kurz im Hostel um. Die Tatsache, dass ich aussah wie der letzte Schlunz, versuchte ich zu ignorieren, was mir nur mäßig gelang.

Wenn man einen Pickel im Gesicht, einen Fleck auf dem Pullover oder einen Bad Hair Day hat oder, so wie ich an jenem Morgen, alles auf einmal vorweisen kann, denkt man schnell mal, dass diese «Schwächen» für die ganze Welt offenkundig sind und dass sie anderen direkt ins Auge springen. Wir Menschen neigen nämlich dazu, anzunehmen, dass ständig ein Scheinwerfer auf uns gerichtet ist, der die eigenen Makel hervorhebt und diese der ganzen Welt auf dem Servierteller präsentiert. Schließlich sehen wir, wenn wir in den Spiegel schauen, häufig auch nur noch den Pickel, den Fleck oder die ungünstige Frise. In der Psychologie spricht man hier auch von dem sogenannten «Spotlight-Effekt». Das Ding ist aber, solche Dinge werden von anderen längst nicht so stark wahrgenommen, wie man sich das einbildet. Wie wenig unsere «Schwächen» und auch man selbst als Person im Scheinwerferlicht stehen, konnte unter anderem eine Studie von 2000 zeigen. In dieser wurden Studierende gebeten, ein peinliches T-Shirt zu tragen und ihre Einschätzung darüber abzugeben, wie viele der Personen in dem Seminarraum, in den sie gleich hineingingen, das peinliche T-Shirt bemerken würden. Das T-Shirt war übrigens bedruckt mit dem Gesicht des amerikanischen Sängers Barry Manilow, der unter anderem die Lieder «Copacabana» und «Mandy» – Ohhhh, Maaaaandy – gesungen hat. Schon ein bisschen lustig, dass sein Gesicht von den Forschenden als peinlich eingestuft wurde. Im nächsten Schritt wurden die Studierenden in den Seminarraum geschickt, und die anderen Personen in dem Raum wurden im Nachhinein gefragt, ob ihnen das T-Shirt aufgefallen war. Du kannst es dir sicherlich schon denken: Die T-Shirt-Tragenden überschätzten die Anzahl der Personen, denen das T-Shirt auffiel, grandios. Ihren Schätzungen zufolge hätte fast der Hälfte der Anwesenden das T-Shirt auffallen müssen, tatsächlich waren es aber unter 25 Prozent – gerade mal jede vierte Person nahm überhaupt Notiz von dem Kleidungsstück. Wenn du dich das nächste Mal wegen eines Pickels, eines Flecks oder weswegen auch immer unwohl fühlst und vielleicht sogar kurz davor bist, deswegen ein Date zu canceln – man hört ja so einiges –, denk immer daran, dass es den meisten gar nicht auffallen wird.

Keine fünf Minuten später stand der attraktive Typ aka die Sahneschnitte wieder vor mir, diesmal in Jeans und T-Shirt und stellte sich als Floris aus Amsterdam vor. Er und ein Freund waren aus den Niederlanden mit dem Fahrrad nach Schweden gefahren – völlig verrückt. In einer Stunde wollten sie den Zug zurück gen Süden nehmen, noch mal wollten sie sich die Strecke, verständlicherweise, nicht antun. Wir unterhielten uns für ein paar Minuten angeregt, und als Floris losmusste, verabschiedeten wir uns mit einer festen Umarmung. Was für eine schöne erste Begegnung in Stockholm!

Ich stellte mich unter die Dusche und setzte mich dann mit meinem abgewetzten Reiseführer über die schwedische Hauptstadt in ein Café. Eine Stunde später bekam ich eine E-Mail mit dem Betreff: Greetings from Amsterdam. Die E-Mail war von Floris, der über Schnipsel an Informationen irgendwie meinen Namen bei Instagram herausgefunden hatte (@piakabitzsch, falls du mich auch mal stalken willst) und damit auch meine E-Mail-Adresse. Sein Freund und er hatten den Zug verpasst und erst für den Abend ein neues Ticket gebucht. Er wollte wissen, ob ich Lust hätte, den Tag mit ihm zu verbringen. Den Tag gemeinsam verbringen? Ich zögerte mit meiner Antwort, schließlich kannte ich ihn ja gar nicht. Die andere Option wäre allerdings gewesen, Stockholm alleine zu erkunden, und da ich Floris echt nett (und verdammt heiß) fand und Lust auf Company hatte, sagte ich ihm zu. Im Zweifel hatte ich ja immer die Möglichkeit, ihm ehrlich zu sagen, dass ich mich gefreut hatte, ihn kennenzulernen, jetzt aber doch lieber alleine sein wollte. Das ist das Schöne daran, wenn man alleine reist. Man hat keiner Person gegenüber eine Verpflichtung und kann das tun, worauf man an dem Tag gerade Lust hat: alleine sein oder Zeit zusammen mit anderen Reisenden verbringen, die man kennengelernt hat.

Von Stockholm sah ich an diesem Tag nicht mehr viel. Nicht, weil Floris und ich wild knutschend den ganzen Tag in meinem Hostelbett verbrachten (was du wieder denkst!), sondern weil wir die besten Gespräche hatten und alles, was um uns herum passierte, zur Nebensache wurde. Floris war 28, unfassbar nett, kommunikativ – und Single. Ding, ding, ding! Im Laufe des Tages erzählte er mir, dass er unter Bindungsangst leide und sich deswegen noch nie auf eine feste Beziehung habe einlassen können. Er datete und datete, aber sobald es ihm zu nah wurde und sich Gefühle einstellten, zog er panisch die Reißleine und brach den Kontakt ab. «Ganz schlimm bei mir», lachte er und trank einen großen Schluck aus seiner Wasserflasche. Die Psychologin in mir wurde hellhörig, und als er seine Wasserflasche zurück in den Rucksack gestopft hatte, fragte ich ihn geradeheraus, ob er in der Vergangenheit negative Erfahrungen mit Bindungen gemacht hatte. Damit traf ich ins Schwarze. Nach einem kurzen Zögern berichtete er mir in einem bestimmt fünfminütigen Monolog, wie schwer damals alles für ihn und seinen älteren Bruder war. Sein Vater ließ die Familie sitzen, als seine Mutter mit ihm schwanger wurde. Die tat alles für Floris und seinen Bruder, war allerdings selten da, weil sie so viel arbeiten musste, um die Familie zu ernähren. Zu seinem Vater hat Floris bis heute keinen Kontakt. Mit so viel Offenheit seinerseits hatte ich ehrlich gesagt nicht gerechnet. Er anscheinend auch nicht, denn er schob noch schnell ein «Sorry, ich weiß auch nicht, woher das gerade alles kam» hinterher. Ich wollte ihn am liebsten in den Arm nehmen, traute mich aber nicht. Im Masterstudium hatte ich mich intensiv mit der Bindungstheorie nach dem Psychologen John Bowlby auseinandergesetzt. Du erinnerst dich noch an Jeremy? Ich hatte selbst noch eine Menge zu verarbeiten und mich im Studium auch deshalb damit beschäftigt, warum wir daten, wie wir daten, und was uns an andere bindet oder was es uns schwer macht, tiefe Bindungen einzugehen.

Laut John Bowlby entwickeln wir in unserer frühesten Kindheit einen sogenannten «Bindungsstil», der im Alter von etwa drei Jahren voll ausgebildet ist. Und dieser Bindungsstil beeinflusst unsere Beziehungen bis ins Erwachsenenalter und könnte Floris' Bindungsangst zumindest zum Teil erklären.

Welchen Bindungsstil man als Kleinkind entwickelt, ist abhängig von der Bindung zur eigenen (Haupt-)Bezugsperson – zu der Person, die in unseren ersten Lebensjahren die meiste Zeit mit uns verbringt und dafür sorgt, dass unsere Bedürfnisse erfüllt werden. Im Rahmen der Bindungstheorie nach Bowlby wird zwischen vier verschiedenen Bindungsstilen unterschieden.

Eine sichere Bindung kommt zustande, wenn die Bezugsperson auf die Signale des Kindes eingeht, wie zum Beispiel Weinen oder Schreien, und sich zuverlässig darum kümmert, dass seine Bedürfnisse befriedigt werden. Das Kind hat dadurch das Gefühl, dass es sich auf seine Bezugsperson verlassen kann, und fühlt sich geborgen. Es erlebt die Bezugsperson als sicheren Hafen, zu dem es jederzeit von seinen ersten kleinen Erkundungstouren zurückkommen kann. Circa 60 Prozent der Kinder in Deutschland weisen einen sicheren Bindungsstil auf.

Wenn ein Kind jedoch die Erfahrung macht, dass von der Bezugsperson keinerlei Sicherheit und Zuverlässigkeit ausgeht, entwickelt es eher einen unsicher-vermeidenden Bindungsstil. Für das Kind ist es hier nicht sonderlich wichtig, ob die Mutter oder der Vater da ist, weil eine fremde Person die Bedürfnisse des Kindes ebenfalls befriedigen kann. Einen unsicher-vermeidenden Bindungsstil weisen ungefähr 35 Prozent der Kinder auf, die in Deutschland aufwachsen.

Unter zehn Prozent der Kinder in Deutschland entwickeln eine unsicher-ambivalente Bindung. Ein Kind mit diesem Bindungsstil macht wechselnde Erfahrungen mit der Bezugsperson. Es gibt Phasen, in denen es Zuverlässigkeit und Sicherheit erlebt, und dann gibt es auch wieder Phasen, in denen es vergeblich bei der Bezugsperson danach sucht. Ein Kind mit einem unsicher-ambivalenten Bindungsstil neigt dazu, sich an die Bezugsperson zu klammern, um Nähe und Sicherheit aufzubauen, und reagiert mit Wut und Aggression, wenn es von ihr getrennt und somit (erneut) enttäuscht wird.

Wenn ein Kind widersprüchliche Verhaltensmuster zeigt, die keinem Bindungsstil eindeutig zugeordnet werden können, sagt man, dass das Kind desorganisiert-desorientiert oder unsicher-desorganisiert an die Bezugsperson gebunden ist. Dieser Bindungsstil kann, muss aber nicht, auf Missbrauchserfahrungen hinweisen und tritt mit einer Häufigkeit von weniger als fünf Prozent vergleichsweise selten auf.

Welchen Bindungsstil ein Kind aufweist, testet man in der Forschung mit dem sogenannten «Fremde-Situationen-Test» nach der Psychologin Mary Ainsworth. Der Test funktioniert so: Das Kind wird mit seiner Hauptbezugsperson in einen Raum gebracht, der Ähnlichkeiten mit einem Wartezimmer hat. Es gibt Stühle, Tische, Zeitschriften und Spielzeug. Nach ein paar Minuten betritt eine fremde Person den Raum, unterhält sich mit der Bezugsperson und versucht, mit dem Kind zu spielen. Im nächsten Schritt verlässt die Bezugsperson den Raum, und das Kind bleibt mit der fremden Person, die versucht, mit dem Kind zu

interagieren, allein. Nach ein paar Minuten kommt die Bezugsperson wieder zurück. Das Verhalten des Kindes wird von Forschenden durch eine Spiegelwand beobachtet und dokumentiert.
Je nachdem welches Verhalten das Kind in den verschiedenen Situationen zeigt, ordnet man ihm einen Bindungsstil zu.

Eine sichere Bindung ist hierbei charakterisiert durch das Vermissen der Bezugsperson in der Trennungssituation und durch
große Freude, wenn sie wieder zurück in den Raum kommt.
Wenn sich das Kind bei der Bezugsperson kaum anders verhält
als bei der fremden Person und es scheint, als ob es dem Kind egal
wäre, ob sie da ist oder nicht, spricht das für eine unsicher-ver-
meidende Bindung. Eine unsicher-ambivalente Bindung zeigt
sich im Verhalten des Kindes, wenn es sich in der Trennungssituation gegenüber der fremden Person wütend bis aggressiv
verhält und auch auf die Wiederkehr der Bezugsperson zornig
reagiert. Wenn das Kind widersprüchliches Verhalten zeigt oder
verwirrt und orientierungslos erscheint, ist das charakteristisch
für den desorganisiert-desorientierten oder den unsicher-desor-
ganisierten Bindungsstil.

Für die Entwicklung des Bindungsstils ist die Bindung zur Hauptbezugsperson, oftmals die Mutter, fundamental. Aber auch zu
anderen Bezugspersonen, wie zum Beispiel zum Vater, zur Oma
oder auch zur Babysitterin, wenn sie viel Zeit mit dem Kind
verbringt, baut das Kind eine Bindung auf. Und auch diese Bindungen können Einfluss auf die Entwicklung des Kindes haben
und auf die Art, wie es später mit anderen Menschen interagiert.
Wenn ein Kind zum Beispiel eine unsichere Bindung zur Mutter
aufbaut, können andere Bezugspersonen das kompensieren und
für einen Ausgleich sorgen.

Dass der Bindungsstil, den man in der frühesten Kindheit entwickelt, bis ins Erwachsenenalter relativ stabil ist, zeigt unter an-

derem eine Längsschnittstudie von 2000. Im Rahmen der Studie wurden die Daten der Teilnehmer:innen über einen Zeitraum von 20 Jahren erfasst, weswegen man hier auch von einer «Längsschnittstudie» spricht. In dieser wurde erst der Bindungsstil des Kindes im Alter von zwölf Monaten im Rahmen des Fremde-Situations-Tests erfasst und der Bindungsstil im Erwachsenenalter dann durch das sogenannte «Adult Attachment Interview». Mithilfe des Bindungsinterviews für Erwachsene lässt sich anhand von 18 Fragen ein Bindungsmuster feststellen. Auf Grundlage der Antworten auf die Fragen wurden die Teilnehmer:innen dem erwachsenen Äquivalent zu den vier kindlichen Bindungsstilen zugeordnet. Das Ergebnis der Studie: Bei 72 Prozent der untersuchten Personen ist der Bindungsstil über die Jahre unverändert geblieben.

Ich weiß natürlich nicht, welchen Bindungsstil Floris in seiner Kindheit entwickelt hat und ob der über die Jahre stabil geblieben ist. Die Tatsache, dass der Vater die Familie verlassen hat, seine Mutter sich häufig nicht um ihn und seinen Bruder kümmern konnte und die beiden Geschwister von Babysitter zu Babysitter herumgereicht wurden, könnte aber ein Hinweis auf einen unsicheren Bindungsstil sein. Und dieser unsichere Bindungsstil könnte wiederum einer der Gründe sein, warum Floris sich auf keine ernste Beziehung einlassen konnte, obwohl er sich eine feste Freundin wünschte. Wie also wirkt sich ein einmal erlernter Bindungsstil in romantischen Beziehungen aus? Genau das untersuchten die Psychologin Cynthia Hazan und der Psychologe Philipp Shaver im Rahmen einer Studie von 1987.

Sicher gebundenen Personen fällt es demnach relativ leicht, anderen nahezukommen, und es ist okay für sie, von anderen in irgendeiner Form abhängig zu sein. Sie fühlen sich sicher in ihrer Beziehung und machen sich in der Regel keine Sorgen, verlassen zu werden.

Personen, die unsicher-vermeidend gebunden sind, fühlen sich häufig nicht zu 100 Prozent wohl in der Nähe von anderen. Es fällt ihnen schwerer, anderen komplett zu vertrauen, und sie haben Schwierigkeiten, sich in einer Beziehung abhängig zu machen, sei es finanziell oder emotional. Wenn ihnen jemand (zu) nahe kommt, werden sie nervös. Außerdem wünschen sich die Partner:innen von unsicher-vermeidend gebundenen Personen häufig mehr Intimität, als ihnen selbst lieb ist.

Unsicher-ambivalent gebundene Personen möchten in einer Beziehung ihrem Partner oder ihrer Partnerin sehr nahe sein, manchmal vielleicht sogar zu nah, und haben häufig das Gefühl, dass andere ihnen nicht so nah sein wollen, wie sie es gerne hätten. Außerdem machen sich Personen mit einem unsicher-ambivalenten Bindungsstil oft Sorgen, dass ihr Partner oder ihre Partnerin sie nicht mehr liebt und sich trennen möchte.

Während des Gesprächs mit Floris über die verschiedenen Bindungsstile und deren Auswirkung auf unsere späteren Beziehungen hatte ich eine spannende und auch irgendwo erschreckende Erkenntnis, die ich prompt mit ihm teilte. Ich hatte beim Dating und in Beziehungen bereits das typische Verhalten von jedem einzelnen Bindungsstil gezeigt. Ich hatte mich in Beziehungen sicher, gewollt und geliebt gefühlt, hatte aber genauso auch Schwierigkeiten, Personen während des Datings emotional und auch sexuell an mich heranzulassen. Und auch die Angst, nicht gewollt oder geliebt zu werden und deswegen zu klammern, kannte ich von mir.

«Hast du eine Idee, woran das liegen könnte?», fragte Floris interessiert. Nach kurzem Nachdenken stellte ich fest, dass mein Verhalten manchmal sehr von dem der Person abhing, die ich datete oder mit der ich in einer Beziehung war. Wenn ein Mann mir das Gefühl gab, dass alles gut war, war ich entspannt und fühlte mich sicher. Wenn er mir allerdings widersprüchliche Signale sendete, mir an einem Tag viel Aufmerksamkeit schenkte und sagte, wie gerne er mit mir Zeit verbringe, sich dann aber ein paar Tage nicht bei mir meldete, konnte es vorkommen, dass ich klammerte, aus Angst, doch nicht gewollt zu sein. Und auch wenn ich generell ein sehr offener Mensch bin – ansonsten würde ich hier wahrscheinlich auch nicht meine persönlichen Dating-Storys mit dir teilen –, fällt es mir manchmal beim Dating schwer, mich einer fremden Person gegenüber zu öffnen und mich verletzlich zu zeigen. Bei dem Date mit Justus war es zum Beispiel gar nicht so leicht für mich, mit ihm über so tiefgründige Themen zu sprechen.

Auch wenn ich beim Dating schon Verhaltensweisen gezeigt habe, die charakteristisch für einen unsicheren Bindungsstil sind, spricht mein Verhalten, wenn ich in einer festen Beziehung bin, jedoch eher für eine sichere Bindung. In einer festen Beziehung habe ich nämlich keine Probleme damit, mich verletzlich zu zeigen, zu einem gewissen Teil abhängig zu sein und mich voll und ganz, ohne große Angst, auf meinen Partner einzulassen.

Wenn du dich jedoch eher bei einer unsicheren Bindung wiedererkennst und vielleicht sogar wie Floris von dir sagen würdest, dass du Angst vor Bindungen hast, keine Sorge, du bist nicht für immer dazu verdonnert, Bindungsangst zu haben. Erinnerst du dich noch an das Studienergebnis, dass bei 72 Prozent der Menschen der Bindungsstil über die Jahre stabil bleibt? Das spricht zwar erst mal dafür, dass sich dieser nicht so leicht ändern lässt, allerdings hat sich bei 28 Prozent der Personen der Bindungsstil eben doch verändert. Auch wenn die Bindung, die man mit der Hauptbezugsperson in der frühen Kindheit aufbaut, essenziell ist, bedeutet das nicht, dass nicht auch spätere Erfahrungen den Bindungsstil ändern könnten. Das ist jetzt vielleicht ein hartes Beispiel, aber wenn jemand sicher gebunden ist, dann aber in der Partnerschaft Gewalterfahrungen macht, wird sich dies wahrscheinlich auf das Verhalten in späteren Beziehungen auswirken. Genauso ist es aber auch andersrum: Wenn jemand unsicher gebunden ist, sich aber dennoch traut, eine Beziehung einzugehen, und in der Beziehung eine positive Erfahrung macht, kann sich auch die Bindungsangst verringern und der Bindungsstil sich langfristig verändern.

Floris kommentierte meine Ausführung zu den verschiedenen Bindungsstilen mit einem «Mensch, ich hätte auch mal Psychologie studieren sollen, das ist ja megaspannend», und ich konnte ihm nur zustimmen. Psychologie ist ein so unfassbar interessantes Forschungsfeld, und ich bin dankbar, dass ich meinen Weg zur Psychologie – übrigens damals durch die Zeit mit Jeremy und meiner Gastmutter in den USA – gefunden habe.

Fast genauso dankbar war ich für den schönen Tag mit Floris. Am späten Nachmittag stieß Floris' Fahrradkompagnon wieder zu uns. Wir besorgten uns ein paar Snacks und Getränke und machten es uns in einem Park, von dem aus man einen schönen Blick auf die Altstadt von Stockholm hatte, auf einer Decke gemütlich. Gegen 20 Uhr verabschiedete ich mich mit einer langen, innigen Umarmung von Floris, und wir beschlossen, einander im Herbst zu besuchen.

Als ich abends in meinem Bett im Hostel lag, dachte ich noch lange über Floris und seine Bindungsangst nach. Es machte mich traurig, dass ihm seine Angst dabei im Weg stand, eine feste Beziehung einzugehen. Ich hatte auch schon die Erfahrung machen müssen, dass jemand, den ich echt toll fand, mir nach ein paar Dates verkündete, dass er nicht offen für eine Beziehung sei. Kannst du dich noch an Micha aus dem Vorwort erinnern, der nach drei Dates zu mir meinte, dass er «im Kopf gerade nicht frei» sei? So was zu hören, tat ganz schön weh, schließlich hatte ich mir das doch alles schon so schön ausgemalt. Von ihm wusste ich, dass er in der Vergangenheit schon langjährige Beziehungen hatte, und musste mir eingestehen, dass sein Desinteresse an einer Beziehung höchstwahrscheinlich an mir lag und nicht daran, dass er Angst vor Bindungen im Allgemeinen hatte. Dieses Eingeständnis fühlte sich wie ein Schlag ins Gesicht an. Und dann war da noch ein Typ, der tatsächlich Angst hatte, von mir verlassen und verletzt zu werden, wenn er sich auf eine Beziehung mit mir einlassen würde. Ich versuchte, ihm die Angst, so gut es ging, zu nehmen, konnte ihm aber natürlich auch nicht versprechen, ihn niemals zu verlassen. Wir redeten viel miteinander, und ich gab mir Mühe, ihm ein Gefühl von Sicherheit zu vermitteln. Letztendlich mussten wir uns aber eingestehen, dass seine Ängste zu groß waren, als dass ich sie ihm hätte nehmen können. Er suchte sich professionelle Hilfe, und heute ist er, zumindest laut seinem Facebook-Profilbild, verheiratet.

# TEIL 3

# HERZ RISKIERT, NICHTS PASSIERT?

### Soul Mate oder Work it out?
### Was wir glauben, bestimmt, wie wir lieben

Es war Mitte November, und wir hatten uns zu acht ein paar Tage in einem großen Ferienhaus mit Sauna und Kamin an der Ostsee eingemietet. Eine großartige Möglichkeit, um einerseits Zeit mit Freunden und Freundinnen zu verbringen, aber andererseits auch, um zum Ende des Jahres ein wenig runterzukommen und die Gedanken und Erinnerungen zu sortieren. Am ersten Abend saßen wir in großer Runde vor dem prasselnden Kaminfeuer, tranken Wein und diskutierten unter anderem über Soul Mates.

Mathis und Julia waren das einzige Pärchen in unserer Achtergruppe, wir anderen sechs waren in keiner festen Beziehung. Die beiden waren seit über zwei Jahren zusammen und der Überzeugung, in einander ihren seelenverwandten Menschen, ihren Soul Mate, gefunden zu haben. «So gut wie das von Anfang an bei uns passte, muss das einfach Seelenverwandtschaft sein», meinte Mathis und schaute Julia dabei ganz verliebt an. Bei so viel Romantik war mir kurz nach Brechen zumute, mein Dating-Life lief nämlich eher so lala, und mein Bedürfnis nach Erzählungen über die eine große Liebe war eher weniger ausgeprägt. «Aber denkst du wirklich, dass es auf der Welt nur diesen einen vorbestimmten Menschen gibt, mit dem du eine erfüllte Beziehung führen kannst?», fragte ich Mathis.

«Das vielleicht nicht, aber sobald man an einer Beziehung arbeiten muss, damit sie funktioniert, kann man es eigentlich doch gleich sein lassen, die Erfahrung habe ich zumindest mit meinen Ex-Freundinnen gemacht», antwortete er und schenkte sich einen großzügigen Schluck Wein nach.

«Du hast wohl zu viele Disneyfilme in deiner Kindheit geguckt, so was wie Soul Mates gibt es nicht! Solche Filme vermitteln einfach nur unrealistische Vorstellungen von Dates und Beziehungen», schaltete sich Erik, ein guter Freund von Mathis, ein. «Kein Wunder, dass auf so viele erste Dates kein zweites folgt. Eine Beziehung bedeutet immer Arbeit, auch wenn sie dir jetzt mit Julia vielleicht minimal erscheint.» Wie um ein großes Ausrufezeichen hinter seine Aussage zu heften, nahm er einen großen Schluck Wein aus seinem Glas und stellte es mit Schwung auf dem Tisch vor sich ab.

«Ich finde die Vorstellung, beim Dating meinen Soul Mate zu finden, total romantisch. Man sagt doch immer, dass es zu jedem Topf einen Deckel gibt», verteidigte meine Freundin Hanna unsere zwei Love Birds.

«Aber diese Logik geht doch schon nicht auf, wenn auch nur eine einzige Person, ein einziger Topf, mit einem falschen Deckel zusammen ist. Und was ist, wenn dein Deckel zum Beispiel auf einem anderen Kontinent lebt und du ihm niemals begegnest? Wie traurig wäre das denn bitte?», gab ich zu bedenken.

«Friends, die Sauna ist endlich heiß, kommt mal hoch!», rief Arne aus der oberen Etage zu uns herunter, und unser Gespräch über Soul Mates war für den Abend beendet.

Am nächsten Morgen zeigte die digitale Anzeige des Backofens gerade mal 07:21 Uhr an, als ich in die Küche unseres Ferienhauses tapste, um mir den ersten Kaffee des Tages zu kochen. Im Haus war es noch komplett ruhig, bis auf einen gelegentlichen Schnarcher aus einem der Zimmer. Ich hatte endlich ein paar

Augenblicke für mich allein, legte eine ruhige Schallplatte auf und machte es mir mit meinem Kaffee in der Sitzecke am Fenster gemütlich. Es hatte angefangen zu regnen, und dicke Tropfen klatschten gegen die Fensterscheibe. Seit unserem Gespräch über Soul Mates am vorherigen Abend schossen mir Tausende Gedanken zu dem Thema durch den Kopf, und ich war neugierig, was die psychologische Forschung zu Soul Mates zu sagen hatte. Ich dachte über meine letzten Dates nach. Lohnt es sich, Energie und Arbeit in eine Verbindung zu investieren, bei der es vielleicht nicht von Anfang an funkt oder zu 100 Prozent passt? Oder ist das reine Zeitverschwendung? Und inwiefern hat der romantische Glaube an Soul Mates einen Einfluss auf unser Dating- und Beziehungsleben?

Manche Menschen, die in einer glücklichen Beziehung sind, sprechen, so wie Julia und Mathis, davon, ihren seelenverwandten Menschen, ihren Soul Mate, gefunden zu haben. Einige gehen sogar so weit zu sagen, dass es auf der Welt nur diesen einen vorbestimmten Menschen gibt, mit dem sie eine erfüllende Beziehung führen können. (Ich könnte immer noch ein bisschen brechen, während ich das hier schreibe. Sorry, not sorry!). Andere dagegen vertreten so wie Erik und ich eher die Ansicht, dass es gar nicht so sehr darauf ankommt, den perfekten Partner oder die perfekte Partnerin beim Dating zu finden, denn eine solche Einstellung erschwert es zusätzlich, offen zu bleiben für Möglichkeiten. Es gibt viele Menschen auf der Welt, mit denen man eine glückliche und erfüllte Beziehung führen kann, wenn man denn bereit ist, an der Beziehung zu arbeiten, Kompromisse zu finden und sich zu arrangieren. In der psychologischen Forschung unterscheidet man zwischen der sogenannten Soul-Mate- und der Work-it-out-Perspektive. Damit du die verschiedenen Annahmen der beiden Perspektiven über das Suchen und Finden der Liebe

besser vergleichen kannst, stelle ich sie in der folgenden Tabelle
gegenüber.

| | Soul Mate | Work it out |
|---|---|---|
| 1. Annahme | Es gibt eine (oder nur sehr wenige) «richtige» Person(en) für mich. | Es gibt viele Menschen, mit denen ich glücklich sein könnte. |
| 2. Annahme | Man findet oder entdeckt Liebe, indem man die «richtige» Person trifft. | Liebe baut sich über die Zeit auf. |
| 3. Annahme | Die «richtige» Person passt (nahezu) perfekt zu mir. | Mein:e Partner:in muss nicht perfekt zu mir passen. |
| 4. Annahme | Mr. oder Mrs. Right zu finden, ist der wichtigste Faktor in einer Beziehung. | Mühe und Arbeit in eine Beziehung zu investieren, ist der wichtigste Faktor für eine Beziehung. |
| 5. Annahme | Leidenschaft ist für eine Beziehung von großer Wichtigkeit. | Leidenschaft ist nicht so wichtig für eine Beziehung. |

Im Rahmen einer Studie von 2002 haben sich die amerikanische
Psychologin Renae Franiuk und ihre Kollegen und Kolleginnen
mit der Frage beschäftigt, inwiefern die Annahme, ob man eher
Team Soul Mate oder Team Work it out ist, die Qualität einer Beziehung beeinflusst. So wie von den Forschenden erwartet, zeigte
sich in der Studie, dass unter den Personen, die von sich dachten,
mit dem «richtigen» Partner oder der «richtigen» Partnerin zusammen zu sein, diejenigen, die an Soul Mates glaubten, durchschnittlich zufriedener mit der Beziehung waren als diejenigen,

die nicht an das Konzept von Soul Mates glaubten. Den Eindruck zu haben, mit seinem Soul Mate zusammen zu sein, steigerte also die Zufriedenheit der Leute, die im hohen Maß an die Soul-Mate-Theorie glaubten. Unter den Personen, die dachten, mit dem «falschen» Partner oder der «falschen» Partnerin zusammen zu sein, bedeutete der Glaube an Soul Mates wiederum eine niedrigere Beziehungszufriedenheit im Vergleich zu den Personen, die dem Work-it-out-Konzept anhingen. Menschen, die an Soul Mates glauben, sind im Vergleich zu Menschen, die an Beziehungsarbeit glauben, auf der einen Seite noch mal zufriedener, wenn sie sich in ihrer Beziehung wohlfühlen, auf der anderen Seite aber auch unzufriedener mit ihrer Beziehung, wenn sie sich mit ihrem Partner oder ihrer Partnerin unwohl fühlen. Dieses Ergebnis bedeutet allerdings nicht, dass Work-it-out-Menschen einfach mit irgendeinem Partner oder irgendeiner Partnerin zufrieden wären. Auch sie sind glücklicher, wenn sie das Gefühl haben, mit einer Person zusammen zu sein, die zu ihnen passt. Sie finden nur, dass Beziehungen eben auch Arbeit bedeuten, und akzeptieren es eher, wenn sie das Gefühl haben, dass ihr Partner oder ihre Partnerin nicht zu 100 Prozent zu ihnen passt. Außerdem hat sich in der Studie gezeigt, dass Soul-Mate-Anhänger:innen eher dazu neigen, in einem Streit nachzugeben, im Vergleich zu Personen mit der Work-it-out-Einstellung.

Welche Perspektive jetzt die bessere ist, lässt sich so pauschal gar nicht beantworten. Bei kleineren Streitigkeiten eher nachzugeben, könnte eine gute Sache sein, weil man sich nicht in jede Kleinigkeit verbeißt. Es könnte aber auch nachteilig sein, weil man zum Beispiel wichtige Knackpunkte in der Beziehung lange nicht adressiert und Unstimmigkeiten unbearbeitet bleiben. Außerdem könnte es sein, dass jemand, der an Soul Mates glaubt, die Beziehung (zu) früh «wegwirft», weil sie nicht perfekt ist, oder aber sich gar nicht erst auf ein echtes Kennenlernen einlässt, weil er oder sie schon beim ersten Date über Kleinigkeiten stolpert, die nicht zu 100 Prozent passen. Genauso könnte es aber auch passieren, dass jemand, der an das Work-it-out-Konzept glaubt, zu lange in einer Beziehung festhängt, weil er oder sie denkt, dass sie vielleicht doch noch funktionieren könnte, oder sich mit Personen auf Dates einlässt, mit denen die Chemie einfach partout nicht stimmt. Eine falsche – oder richtige – Entscheidung kann man mit beiden Einstellungen treffen.

Ich glaube, ich habe deutlich gemacht, vielleicht sogar ein bisschen zu deutlich, wie wenig ich vom Soul-Mate-Konzept halte. Das war allerdings noch nicht immer so. Vor einigen Jahren war ich noch davon überzeugt, dass mein Soul Mate da draußen irgendwo auf mich wartete. Ich hatte diese romantische Vorstellung, eines Tages meinen Traumprinzen zu finden, so wie in den Kitschfilmen, die ich so liebe. Heute, nach einigen Beziehungen und zahlreichen Dates, habe ich für mich herausgefunden, dass ich mit der Work-it-out-Perspektive besser fahre. Ich hätte so viele schöne Dates und glückliche Beziehungen verpasst, wenn ich ihnen nie eine Chance gegeben hätte, weil der Typ nicht perfekt zu mir passte.

Am Ende musst du aber natürlich selbst wissen, ob du eine Person, die dir beim ersten Date vielleicht nicht zu 100 Prozent zusagt, weiter daten möchtest oder nicht. Was du außerdem nicht vergessen solltest: Auch wenn du bisher mit dem Motto «Work it out» durch das Leben gegangen bist, kann es sein, dass du irgendwann das Gefühl hast, deinem Soul Mate über den Weg gelaufen zu sein, und du anfängst, an dieses Konzept zu glauben. Genauso kannst du aber auch, wenn du bisher an Soul Mates geglaubt hast, eine Person treffen, die zwar ganz andere Ansichten hat, nicht die blonden Locken trägt, auf die du so stehst, und es liebt zu wandern, während du lieber mit deinen Freund:innen im Club abzappelst, in die du dich aber trotzdem so doll verliebst, dass du gar nicht mehr anders kannst, als deine Idealvorstellung über Bord zu werfen. Wie gesagt: Love is Love.

Noch einmal zurück zu meinem Kurzurlaub an der Ostsee. Es war kurz vor halb zehn am Morgen, als Erik in Schlafanzughose und Hoodie ins Wohnzimmer schlurfte. Ich saß inzwischen mit meinem dritten Kaffee und meinem Laptop auf dem Schoß in der Fensternische. «Hey, Erik, du meintest doch gestern, du denkst, dass der Glaube an Soul Mates unter anderem von Disney-Filmen kommt und wir nie zu 100 Prozent happy mit unseren Dates und Beziehungen sein können, weil wir durch die Filme unrealistische Erwartungen entwickelt haben. Ich habe da gerade mal ein bisschen recherchiert und bin auf eine ziemlich interessante Studie gestoßen.» Er schaute mich völlig verständnislos an. «Weißt du nicht mehr, unser Gespräch über Soul Mates? Gestern? Als wir vor dem Kamin saßen? Bevor wir in die Sauna sind?» Ich versuchte es noch mal langsamer und drückte ihm derweil eine Tasse mit lauwarmem Kaffee aus der French Press in die Hand.

«Ach so, das meinst du, sorry, ich bin noch ein bisschen neben der Spur. Bier trinken in der Sauna war vielleicht doch nicht die beste Idee.»

Ich konnte mir ein Schmunzeln nicht verkneifen. Er sah nicht gerade wie der frische Morgen aus. Ich ließ ihm ein paar Minuten Zeit, damit er in Ruhe seinen Kaffee trinken und zu sich kommen konnte, bevor ich ihm von den Ergebnissen einer Studie von 2017 erzählte.

Die Studie ging der Frage nach, ob übersteigerte romantische Erwartungen, die wir in kitschigen (Disney-)Filmen und anderen Medien zu sehen bekommen, dafür sorgen, dass unsere Dates und Beziehungen zwangsläufig in einer Enttäuschung münden. Im Rahmen der Studie bearbeiteten 275 Teilnehmer:innen einen

Fragebogen, in dem sowohl die Romantik in ihrer aktuellen Beziehung abgefragt wurde als auch ihre romantischen Erwartungen an eine ideale Beziehung und an eine alternative Beziehung, sollte die aktuelle in die Brüche gehen. Die Teilnehmer:innen sollten angeben, inwiefern sie beispielsweise den folgenden romantischen Aussagen zustimmten: «Mein Partner ist mein bester Freund», «Ich will so viel Zeit wie möglich mit meiner Partnerin verbringen», «Mein Partner ist mein Seelenverwandter» und «Ich habe mich auf den ersten Blick verliebt». Außerdem wurde im Fragebogen gemessen, wie romantisch, zufrieden und engagiert die Probandinnen und Probanden in ihrer aktuellen Beziehung waren. Anhand der Ergebnisse schlussfolgerten die Forscher:innen, dass die Teilnehmer:innen offenbar gut auseinanderhalten konnten, was Fiktion und was das echte Leben ist. Romantische Probandinnen und Probanden richteten zwar höhere romantische Erwartungen an eine ideale Beziehung, allerdings hatten sie keine höheren romantischen Erwartungen an eine alternative Beziehung. Das könnte bedeuten, dass Romantiker:innen zwar eine krassere Idealvorstellung haben, aber genau wissen, dass diese mit dem echten Leben nicht unbedingt viel zu tun hat. Es stimmt demnach nicht, dass romantische Filme unsere Dates und Beziehungen im echten Leben kaputt machen, weil man durch sie womöglich unrealistische Erwartungen an Dates und Beziehungen entwickelt. Gegen einen gepflegten Liebesschnulzen-Marathon ist also nichts einzuwenden!

«Spannend, oder?», beendete ich meinen kleinen Vortrag. Inzwischen waren auch Julia und Hanna zu Erik und mir ins Wohnzimmer gestoßen und hatten es sich auf dem riesigen Sofa gemütlich gemacht. Jetzt diskutierten sie über ihre Lieblingskitschfilme. «Kann gut sein, dass wir das, was wir in den Filmen sehen, als Fiktion in unserem Gehirn verbuchen und die Filminhalte nicht direkt unsere Vorstellung einer Beziehung im echten Leben beeinflussen.» Hanna grinste verschmitzt. «Aber ganz ehrlich, ich gebe die Hoffnung trotzdem nicht auf, mal so ein Date wie bei ‹SMS für dich› zu haben», und Julia und ich stimmten ihr darin nachdrücklich zu. Claras und Marks erstes Date, das sie durch das nächtliche Berlin führt, wurde in dem Film schon echt schön und vor allem gar nicht mal so unrealistisch dargestellt. Und genau so ein Date wünschte ich Hanna auch!

## Let's stay friends – Können wir mit einem Date befreundet sein?

Auf dem Rückweg von der Ostsee ließ ich mich am Nachmittag von Mathis bei Leo in Moabit absetzen. Wir hatten Karten für die Abendveranstaltung des Comedians Till Reiners im Heimathafen Neukölln, auf die ich mich riesig freute. Endlich mal wieder ein bisschen Kultur! An der Haustür wurde ich freudig von Leo und seinem Hund begrüßt. Ich zog meine Schuhe und meine dicke Winterjacke aus, ging in die Küche, um mir ein großes Glas Leitungswasser zu holen, und fragte Leo nach einer seiner chilligen Jogginghosen, bevor ich es mir auf seinem Sofa neben dem Hund gemütlich machte.

Was mit so viel Aufregung und Herzklopfen bei unserem Spontan-Date an der Ostsee angefangen hatte, war im Laufe der Monate zu einer guten Freundschaft geworden. Ich müsste lügen, wenn ich sagen würde, dass da überhaupt nichts mehr zwischen uns war, aber von dieser krassen körperlichen und sexuellen Anziehung, die mich in unserer Anfangszeit mehrmals um den Verstand gebracht hatte, spürte ich heute nichts mehr. Leo und ich verstanden uns gut, waren beide unternehmungslustig, hatten ähnliche Interessen und Werte und lachten über die gleichen

Dinge, unter anderem über das, was Till Reiners so von sich gab. Eine Freundschaft schien uns da eine gute Möglichkeit, um uns nicht komplett aus den Augen zu verlieren, nachdem wir uns eingestanden hatten, dass das mit uns nicht funktionierte.

Zum Thema Freundschaft nach dem Dating existiert meines Wissens so direkt bisher noch keine Forschung, dafür gibt es aber einige Studien, die sich mit einer Freundschaft nach einer Beziehung auseinandergesetzt haben, und das lässt sich, zumindest zum Teil, auf eine Freundschaft nach dem Dating übertragen.

Im Rahmen einer Studie von 2017 haben sich Forscher:innen zum Beispiel mit den Beweggründen beschäftigt, warum Personen nach einer Beziehung miteinander befreundet sein wollen. Was ich ziemlich spannend und auch ein wenig erschreckend finde: Es scheint so, dass oft auch recht egoistische Interessen hinter dem Wunsch stehen, an der Freundschaft mit der Ex-Freundin oder dem Ex-Freund festzuhalten. Anders kann ich mir einige der Gründe, die in der Studie genannt werden, nämlich nicht erklären. Aber schauen wir uns die Beweggründe für den schrecklichen Satz «Lass uns Freunde bleiben» nach dem Beziehungsaus mal genauer an.

Einer der genannten Gründe ist zum Beispiel der gemeinsame Freundeskreis. Wer hat schon Lust, neben der großen Liebe auch noch das soziale Netz zu verlieren, das man über Jahre geknüpft hat? Richtig, keine:r. Und auch wenn sich das Folgende meistens nicht als beste Idee entpuppt (it's complicated!): Sex ist ein weiterer Grund, um den Kontakt auch dann aufrechtzuerhalten, wenn es für eine Beziehung nicht (mehr) reicht. Viele bleiben connected, um mit dem Ex-Date vielleicht doch noch mal in die Kiste zu springen. Warum auch nicht? Wenn dieser Teil der Beziehung beiden Beteiligten Spaß gebracht hat … Für mich grenzt das aber auch ein bisschen an Sentimentalität – was laut der Studie ein weiterer Grund dafür ist, befreundet zu bleiben. Wer längere Zeit zusammen war oder gedatet hat, blickt auf viele schöne Erinnerungen zurück, und das macht gemeinsam eben einfach mehr Spaß als allein im stillen Kämmerlein.

Was uns dazu führt, dass auch der eigene Vorteil ein Grund sein kann, den Kontakt nicht abreißen zu lassen: Wasserrohrbruch in deiner Berliner Mietwohnung von 1953? Gut, dass man noch die Nummer des netten Kerls von vor ein paar Monaten hat, der war doch handwerklich so begabt. Oder auch: Stress mit der Steuer? Gut, dass ich mit Marianne Kontakt gehalten habe! Obwohl aus uns nichts geworden ist, was das Ausfüllen von Elster-Formularen betrifft, weiß sie einfach Bescheid. Es ist schließlich immer gut, Menschen mit bestimmten Qualifikationen im Freundeskreis zu haben.

Und dann sind da noch diese alten Bekannten: Gefühle. Laut der Studie fällt es vielen schwer – inklusive mir –, einen Menschen loszulassen, dem sie sich einmal nahe gefühlt und zu dem sie eine Bindung aufgebaut haben.

Das Ganze war zwar keine wissenschaftliche Untersuchung im eigentlichen Sinne, und die Ergebnisse wurden nur in Form einer Pressemitteilung kommuniziert, aber im Rahmen einer repräsentativen Umfrage von ElitePartner aus dem Jahr 2021 gaben 26 Prozent der Männer und Frauen in Deutschland an, dass sie noch mit mindestens einem Ex-Freund oder mit mindestens einer Ex-Freundin befreundet waren. Wie viele Personen nach einer Dating-Phase eine Freundschaft entwickeln, dazu habe ich keine Zahlen gefunden. Nach meiner Erfahrung ist der Satz «Lass uns gerne Freunde *bleiben*» nach dem Dating aber häufig nur so dahingesagt, und man hört von der anderen Person eher nichts mehr. So verwunderlich ist das nicht, schließlich hat man ja selten eine freundschaftliche Basis mit einem Date entwickelt, auf die man nach der Dating-Phase aufbauen könnte. Aber ein «Lass uns gerne Freunde *werden*» kann da schon eher funktionieren – bei mir und Leo hat es das zumindest. Für mich müssen aber folgende Punkte erfüllt sein, bevor ich mich nach einer Dating-Phase auf eine Freundschaft einlasse:

**1. Beide haben keine Gefühle füreinander:** Um eine Freundschaft nach einer Dating-Phase aufbauen zu können, ist es wichtig, dass keine romantischen Gefühle (mehr) im Spiel sind. Als Leo mir verkündete, dass es für ihn nicht für eine feste Beziehung reiche, er mich in seinem Leben aber trotzdem nicht missen wolle, brauchte ich erst mal Abstand. Zu dem Zeitpunkt wäre eine Freundschaft für mich undenkbar gewesen, da ich mir, im Gegensatz zu Leo, eine gemeinsame Zukunft vorstellen konnte. Was ich für ihn empfand, war definitiv mehr als «nur» Freundschaft. Es dauerte ein paar Monate und einen neuen Crush, ehe ich bereit war, Leo wiederzusehen und langsam, aber sicher eine Freundschaft aufzubauen.

**2. Offene und ehrliche Kommunikation:** Beides ist in meinen Augen das A und O, um nach einer Dating-Phase eine Freundschaft aufbauen zu können. Hierzu gehört für mich auch eine gründliche Aussprache, wenn man sich entscheidet, nicht weiter zu daten, sondern einander ab jetzt freundschaftlich zu treffen. Und dazu zählt auch, ehrlich zueinander zu sein, wenn man merkt, dass eine Freundschaft mit der anderen Person doch nicht funktioniert, weil noch Gefühle im Spiel sind. Ein Ende mit Schrecken ist in solchen Konstellationen immer einem Schrecken ohne Ende vorzuziehen.

**3. Klare Grenzen:** Leo und ich hatten den Deal, dass wir in unserer Freundschaft erst mal gewisse Themen ausklammerten. Dazu gehörte unter anderem unser Sex- und Datingleben. Wenn man nach einer intensiven Dating-Phase frisch befreundet ist, möchte man bestimmte Aspekte aus dem Leben der anderen Person oft einfach nicht wissen. Heute können wir aber auch über diese Themen offen sprechen und uns sogar gegenseitig mit Rat zur Seite stehen. Außerdem hatten wir vereinbart, nicht miteinander zu flirten und bis auf eine Umarmung zur Begrüßung auf Körperkontakt zu verzichten. Ich muss zugeben, dass mir am Anfang die Nähe zu ihm doch ziemlich fehlte und es hart für mich war, keinen Körperkontakt zu ihm zu suchen, wenn wir gemeinsam auf dem Sofa lagen. Aber die Keinen-Körperkontakt-Regel war auf jeden Fall eine gute Sache, um uns davon abzuhalten, doch wieder etwas miteinander anzufangen. Und ab einem gewissen Punkt war das Bedürfnis dann passé.

**4. Beide haben wirklich Bock auf Freundschaft:** So ein «Lass uns Freunde bleiben» ist schnell mal floskelhaft dahingesagt, wenn man der anderen Person nach ein paar Dates einen Korb gibt und ihr nicht wehtun möchte. Ganz ehrlich, auch wenn es schwerfällt: Bitte sag immer, was du willst oder nicht willst. Wer Klarheit über die Gefühle des anderen hat, der kann sich besser und schneller in der neuen Situation zurechtfinden. Und auch wenn es zuerst schmerzt, im Rückblick bin ich allen dankbar, die mir klipp und klar gesagt haben, wie sie sich mit mir fühlten und was sie wollten oder auch nicht wollten. Wer den Satz sagt: «Lass uns Freunde *werden*», der fragt: Hey, willst du, statt hier rechts in Richtung Beziehung weiterzugehen, doch lieber links abbiegen und schauen, ob wir stattdessen Freunde werden können? Auch Freundschaft ist etwas, in das man Zeit und Energie stecken muss, damit sie wächst. Und damit sich nach einer Dating-Phase eine echte Freundschaft entwickeln kann, ist es wichtig, dass beide Lust darauf haben, diesen (anderen) Weg gemeinsam zu gehen. Also: Niemals leichtfertig fragen, niemals leichtfertig zusagen, wenn man eigentlich in Richtung Beziehung abbiegen wollte.

**\*Anmerkung:** Wenn man nach dem ersten oder zweiten Date schon merkt, dass es zwischenmenschlich zwar passt, der Funke aber einfach nicht überspringen will, ist es meiner Meinung nach sogar noch mal leichter, eine echte Freundschaft aufzubauen. Marie und ihr bester Freund haben sich damals zum Beispiel angetüdelt beim Feiern in Berlin kennengelernt und im Club miteinander rumgeknutscht. Als es morgens langsam hell wurde und sie sich voneinander verabschiedeten, tauschten sie Handynummern aus und flirteten einige Tage über WhatsApp miteinander. Als sie sich dann aber nüchtern wieder trafen, merkten sie, dass der Funke, falls es überhaupt einen gegeben hatte, erloschen war. Sie verstanden sich auf einer freundschaftlichen Ebene aber so gut, dass sie den Kontakt hielten und regelmäßig das Berliner Nachtleben zusammen unsicher machten. Jetzt sind sie beste Freunde und die Tatsache, dass sie mal miteinander rumgemacht haben, ist bis heute ein Running Gag bei ihnen.

Die Frage, ob eine platonische Freundschaft zwischen heterosexuellen Männern und Frauen überhaupt funktionieren kann, wird übrigens seit Jahren heiß diskutiert – und zwar nicht nur in meinem Freundeskreis. Fakt ist, dass Männer häufiger mit Männern befreundet sind als mit Frauen und Frauen häufiger Freundschaften mit anderen Frauen eingehen als mit Männern. Das lässt sich unter anderem mit dem Konzept der (sozialen) Homophilie erklären. Unter (sozialer) Homophilie versteht man in der Psychologie die Tendenz, dass Menschen sich lieber mit Menschen anfreunden, die ihnen in einer Vielzahl von Kriterien wie den Einstellungen, dem kulturellen Hintergrund und dem biologischen Geschlecht ähnlich sind. Bezogen auf Homophilie aufgrund des biologischen Geschlechts, haben Studien gezeigt, dass die meisten Menschen dazu neigen, Freund:innen des gleichen Geschlechts gegenüber Freund:innen des anderen Geschlechts zu bevorzugen und sich ihnen näher zu fühlen. Eine Studie von 2009 kam sogar zu dem Ergebnis, dass junge Frauen zu knapp 90 Prozent mit anderen Frauen befreundet sind und der Freundeskreis von jungen Männern ebenfalls zu fast 90 Prozent aus Männern besteht. Auch wenn sogenannte gemischtgeschlechtliche Freundschaften viel seltener sind als gleichgeschlechtliche Freundschaften, bedeutet das nicht, dass Freundschaften zwischen Männern und Frauen nicht funktionieren können, weil man am Ende eh (wieder) was miteinander anfängt – eines der Hauptgegenargumente in der Diskussion, ob eine gemischtgeschlechtliche Freundschaft funktionieren kann.

Klären wir das ein für alle Mal: Wie bereits ausführlich beschrieben, unterscheidet man verschiedene Arten der Anziehung: soziale, sexuelle, körperliche und romantische. Damit du nicht zurückblättern musst, erkläre ich dir noch mal ganz kurz, was hinter den verschiedenen Arten der Anziehung steckt: Eine soziale Anziehung empfindet man, wenn man sich freundschaftlich miteinander verbunden fühlt. Wenn man sich vorstellen kann, mit der anderen Person eine romantische Beziehung einzugehen, fühlt man sich romantisch zueinander hingezogen. Sexuelle Anziehung spürt man, wenn man mit der anderen Person sexuell aktiv werden möchte. Und last, but not least, körperliche Anziehung bedeutet, dass man sich körperlich attraktiv findet, aber nicht zwangsläufig Sex miteinander haben möchte. (Ich sagte doch: kurz und knapp!)

Eine Studie von 2000 hat gezeigt, dass im Laufe der Freundschaft die romantische und die sexuelle Anziehung tendenziell eher sinken, wohingegen die soziale Anziehung durchschnittlich eher steigt. Das heißt, auch wenn man zu Beginn der Freundschaft noch ganz andere Absichten hatte, weil man sich zum Beispiel auf einer Dating-App kennengelernt hat und dort eigentlich auf der Suche nach der großen Liebe und nicht nach einer

Freundschaft war, fühlt man sich häufig im Laufe des Kennen-
lernens «nur noch» freundschaftlich zueinander hingezogen. Bei
vielen überwiegt mit der Zeit die soziale Komponente, und die
körperliche Komponente rückt in den Hintergrund. Diese Veränderung der Anziehung konnte ich auch bei Leo und mir sehr gut
beobachten.

Wenn man sich sexuell, körperlich und vielleicht auch sogar
sozial zu dem anderen oder der anderen hingezogen fühlt, sich
aber keine Beziehung vorstellen kann oder vielleicht auch einfach Single bleiben möchte, besteht natürlich auch die Möglichkeit, eine Freundschaft Plus einzugehen – miteinander befreundet zu sein und zusätzlich Intimitäten auszutauschen. Ich habe
mit Freundschaft Plus bisher noch keine Erfahrung gemacht und
glaube auch, dass es mir unfassbar schwerfallen würde, mich auf
den Sex mit jemandem einzulassen, mit dem ich befreundet bin.
Für mich gehört das Austauschen sämtlicher Körperflüssigkeiten
zum Dating und in eine Beziehung, aber nicht in eine Freundschaft. Was ich mir nicht vorstellen kann, ist aber für viele andere Normalität: Je nach Studie geben nämlich zwischen 35 und
65 Prozent der heterosexuellen Befragten an, schon mal intimen
Kontakt mit einem ihrer gegengeschlechtlichen Freund:innen gehabt zu haben.

Und von wegen Sex mache eine Freundschaft kaputt: Im Rahmen einer Studie von 2000 berichteten 67 Prozent der Personen,
die schon mal mit einem Freund oder einer Freundin Sex hatten,
dass dieser die Qualität der Freundschaft sogar noch stärkte. Vielleicht ist die Angst, dass das Plus eine bestehende Freundschaft
gefährden könnte, tatsächlich doch eher unbegründet. Und ganz
ehrlich: Wenn man sich gleich in einer Kennenlernphase entscheidet, eine Freundschaft Plus miteinander einzugehen, hat
man sowieso nichts zu verlieren. Wenn du Lust darauf hast: Go
for it!

Mir persönlich ist es wichtig, offen und nicht zu festgefahren in ein Date reinzugehen. Nur weil man sich zum Beispiel auf einer Dating-App (oder wie Leo und ich bei einer Veranstaltung) kennenlernt, heißt das doch noch lange nicht, dass es auch funken muss. Ich kann verstehen, dass man enttäuscht ist, wenn es bei einem Date (wieder) nicht gepasst hat, aber warum nicht offen bleiben für andere Beziehungen und Kontakte, die sich daraus ergeben können? Wenn sich am Ende eine nette Bekanntschaft oder sogar eine Freundschaft oder auch paarmal toller Sex mit einer Person, die man mag, daraus entwickelt, ist das doch großartig.

Apropos Freundschaft zwischen mir und Leo: Bevor es abends für uns zu Till Reiners in den Heimathafen ging, verbrachten wir einen faulen Nachmittag mit indischem Essen bei Leo auf dem Sofa, und er erzählte mir, dass er eine tolle Frau auf Tinder kennengelernt habe. «Toller als ich kann die gar nicht sein», witzelte ich, bevor ich ihn über sie ausquetschte. Das mit uns, diese Freundschaft, fühlte sich genau richtig an, und ich bin froh, dass ich dem Ganzen eine Chance gegeben habe.

## Lovesick – Warum Liebeskummer (k)ein Arschloch ist

Es war kurz vor 22 Uhr an einem Freitagabend. Ich lag schon im Bett und wollte gerade die letzten 20 Minuten der neuen Folge vom Podcast *Gemischtes Hack* mit Felix Lobrecht und Tommi Schmitt anschmeißen, als der Name meiner Schwester auf dem Sperrbildschirm meines Handys erschien. «Bist du zu Hause? Kann ich vorbeikommen?», hörte ich sie am anderen Ende in ihr Handy schluchzen. Fünfzehn Minuten später stand sie auch schon komplett verheult bei mir im Flur. Ich kochte uns einen

Tee, für Kaffee war es selbst für uns zwei Kaffeesuchtis schon zu spät. Als ich aus der Küche kam, hatte sie sich schon unter meiner Bettdecke verkrochen. Ich stellte die zwei dampfenden Teetassen neben meinem Bett auf den Boden, legte mich neben sie, zog sie in meinen Arm und wartete darauf, dass sie etwas sagte. «Das mit Hannes, das ist vorbei», schluchzte sie. Ich drückte sie noch ein wenig fester, wusste ganz genau, welchen Schmerz sie gerade fühlte. Hallo, Liebeskummer! «Magst du drüber reden?», fragte ich sie vorsichtig. Sie verzog das Gesicht, und dicke Tränen liefen ihr über die Wangen.

Meine Schwester hatte Hannes vor ein paar Wochen bei ihrem Nebenjob kennengelernt. Sie hatten sich auf Anhieb gut verstanden und viel geflirtet, bis er sie endlich fragte, ob sie Lust habe, nach Feierabend noch was mit ihm trinken zu gehen. Und wie viel Lust sie hatte! Ich kann mich noch ganz genau an den Moment erinnern, als sie mir von ihrem ersten Date mit Hannes erzählte und gar nicht aufhören konnte zu grinsen. Das ist keine Übertreibung! Sie konnte einfach nicht aufhören zu grinsen. Sie grinste selbst dann noch, als ich den Inhalt meiner Kaffeetasse über meinen neuen weißen Teppich kippte und mich tierisch über meine Tollpatschigkeit aufregte. «Boah, ich glaube, ich habe noch nie einen so tollen Mann kennengelernt», schwärmte sie. «Und weißt du, was das Tollste ist? Er ist genauso spontan wie ich, und wir fahren nächste Woche für einen Tag zusammen ins Elbsandsteingebirge zum Wandern, ich wollte da schon so lange mal wieder hin.»

Long story short: Meine Schwester und Hannes trafen sich für einige Zeit mehrmals die Woche. Sie hatte sich Hals über Kopf in ihn verliebt. Wie ich an diesem Freitagabend erfuhr, konnte Hannes ihre Gefühle aber nicht erwidern und hatte sie mit einem «Du, ich mag dich echt gerne, aber das mit uns, das wird nichts Festes» abserviert. Aua!

Wenn du selbst schon mal Liebeskummer hattest, weißt du, wie unfassbar weh das tun kann. Ist dir schon mal aufgefallen, dass wir den emotionalen Schmerz, den wir bei Liebeskummer empfinden, häufig mit ähnlichen Worten beschreiben wie physischen Schmerz? Wenn wir uns zum Beispiel mit voller Wucht den kleinen Zeh stoßen, was sagen wir dann? Genau, wie beim Liebeskummer: «Aua, es tut so weh!» Wissenschaftler:innen dachten sich aus diesem Grund vor einigen Jahren: Hey, vielleicht sind emotionaler und physischer Schmerz auf ein gemeinsames Netzwerk im Gehirn zurückzuführen und somit – steile These – quasi das Gleiche. Es gibt tatsächliche einige Studien, die zeigen konnten, dass bei emotionalem Schmerz ganz ähnliche Bereiche im Gehirn aktiv werden wie bei physischem Schmerz, was erst mal für die Theorie spricht. Aber, genauso wie es Studien gibt, die dafür sprechen, gibt es auch Ergebnisse, die das nicht stützen. Im Rahmen einer Studie von 2014 wurde einer Art «künstliche Intelligenz» beigebracht, anhand der Aktivität im Gehirn emotionalen oder physischen Schmerz zu erkennen. Die Logik dahinter: Wenn bei emotionalem und physischem Schmerz das gleiche Netzwerk im Gehirn aktiviert ist, unser Schmerzerleben bei Liebeskummer also vergleichbar ist mit unserem Schmerzerleben bei körperlichem Schmerz, dann sollte die künstliche Intelligenz auch Liebeskummer erkennen und andersrum. Um die Gehirnaktivität bei den zwei Arten von Schmerz zu messen, wurde den Studienteilnehmenden emotionaler und körperlicher Schmerz zugefügt – und das alles, während sie in einem Gehirnscanner lagen. Um emotionalen Schmerz auszulösen, wurden den Teilnehmer:innen Fotos von ihrem Ex-Freund oder ihrer Ex-Freundin gezeigt, von dem oder der sie sich gerade unglücklich getrennt hatten. Körperlicher Schmerz wurde ihnen durch sogenannten «Hitzeschmerz», also Temperaturen über 42 Grad Celsius zugefügt. Das Ergebnis der Studie war ziemlich überraschend: Keine künstliche Intelligenz, die darauf trainiert war, körperlichen Schmerz anhand der Gehirnaktivität zu erkennen, konnte Liebeskummer identifizieren und umgekehrt. Mit dieser Studie korrigierten die Wissenschaftler:innen ihre Ansicht, dass bei emotionalem und physischem Schmerz das gleiche Netzwerk im Gehirn aktiv wird. Sie hatten nämlich im Rahmen einer früheren Studie einen Teil der Daten mit klassischen Analysen, ohne künstliche Intelligenz, ausgewertet und waren, wie auch schon einige Wissenschaftler:innen vor ihnen, zu dem Schluss gekommen, dass die beiden Arten von Schmerz ähnliche Bereiche im Gehirn aktivieren. Das heißt, je nachdem wie man die Daten auswertet (klassische Analyse vs. künstliche Intelligenz), kommt man zu unterschiedlichen Schlussfolgerungen. Das bedeutet aber auch, dass es immer wieder Debatten darüber geben wird, was denn jetzt die korrekte Schlussfolgerung ist. Die Debatte, ob emotionaler Schmerz wie physischer Schmerz ist oder nicht, ist noch lange nicht abgeschlossen.

Ob Liebeskummer jetzt wie Zeh anstoßen ist hin oder her, Fakt ist: Es tut verdammt weh. Meine Schwester weinte sich irgendwann neben mir in den Schlaf. Ich bekam kein Auge zu. Das Gedankenkarussell in meinem Kopf drehte sich. Das alles hatte die Erinnerungen an meinen letzten Liebeskummer in mir wachgerüttelt. Auch wenn es mir wieder gut ging, ich schon lange nicht mehr an ihn, an Max, dachte und auch nicht mehr ständig nachschaute, ob er online war, durchlebte ich die Zeit, als das mit ihm auseinanderging, in Gedanken noch mal. Nach unserem verlängerten Wochenende in Sevilla blieben Max und ich über die sozialen Medien in Kontakt, und ich konnte es kaum erwarten, ihn weiter zu daten, wenn ich für meine Masterarbeit wieder zurück nach Berlin ziehen würde. Die Dates, die wir dann in Berlin hatten, waren schön. Sehr schön sogar. Wir waren viel spazieren, gingen essen, und wenn es mal wieder später bei Max wurde, machten wir es uns gemeinsam auf dem Sofa bequem und schauten Filme. Das Problem war nur, dass bei Max zu der Zeit beruflich sehr viel los war und er nur selten vor 23 Uhr Zeit für uns hatte. Ich glaube, uns war beiden ziemlich schnell klar, dass das so keine Zukunft hatte, auch wenn es Monate dauerte, bis wir uns das eingestehen konnten und eine ehrliche Aussprache hatten. Dieses Eingeständnis brach mir das Herz.

Hast du schon mal von der Aussage gehört, dass Liebe wie eine Sucht und Trennung wie der Entzug ist? Der Vergleich wird von der amerikanischen Anthropologin Helen E. Fisher (ich muss bei ihrem Namen immer an die deutsche Schlagersängerin Helene Fischer denken) damit begründet, dass romantische Liebe suchtähnliche Charakteristika aufweist. Sie benennt da unter anderem die intensive Aufmerksamkeit, die Verliebte einander schenken, das Vermissen, wenn sie nicht zusammen sein können, die ständigen Gedanken an den Partner oder die Partnerin und die Verzerrung der Realität durch die berühmt-berüchtigte rosarote Brille. Auch auf körperlicher Ebene zieht der Vergleich. Denn in beiden Fällen – ob Liebe oder Sucht – ist das Dopamin- bzw. das Belohnungssystem im Gehirn involviert. Aber kann man eine Trennung wirklich mit einem Entzug vergleichen?

Im Rahmen einer Studie von 2010 zeigten die Forscher:innen, dass nach einer Trennung das sogenannte «dopaminerge Belohnungssystem» aktiv war, wenn die Studienteilnehmer:innen Fotos von ihrem oder ihrer Ex betrachteten. Das heißt, auch wenn man nicht mehr zusammen ist, werden beim Anblick der anderen Person die Bereiche im Gehirn aktiv, die bei der Erwartung einer Belohnung involviert sind. Wie lässt sich das erklären?

Vor der Trennung hat das Gehirn gelernt, den (Ex-)Partner oder die (Ex-)Partnerin mit Belohnungen, mit positiven Dingen wie Geborgenheit, guten Gesprächen, Sex und Vertrautheit zu verknüpfen. Wenn man den Ex oder die Ex dann (kurz) nach der Trennung wiedersieht oder an ihn oder sie denkt, schüttet das Gehirn Dopamin aus, weil es bisher eine Belohnung mit der anderen Person verknüpfte. Wenn diese ausbleibt, signalisiert das dem Gehirn: Achtung, hier gibt es was zu lernen, wir müssen unser Verhalten anpassen! Der Anblick oder die Anwesenheit dieser Person sagt gar nicht mehr voraus, dass wir gleich eine Belohnung in Form von Kuscheleinheiten, guten Gesprächen oder Sex bekommen.

Die Neurowissenschaftlerin und Autorin Franca Parianen spricht in ihrem Buch «Woher soll ich wissen, was ich denke, bevor ich höre, was ich sage?» in diesem Zusammenhang auch von dem sogenannten «dopaminergen Vorhersagefehler». Die Ausschüttung von Dopamin wird nach dem Ausbleiben der Belohnung verringert, es setzt ein Dopamin-Dip ein, und das fühlt sich ziemlich scheiße an. Franca Parianen bringt in ihrem Buch das Beispiel, dass man in einem solchen Fall etwa anfängt zu heulen, wenn man den Pulli vom Ex-Freund sieht. Auch bei einem «echten» (Drogen-)Entzug bleibt die Belohnung durch die Einnahme der Substanz aus, und das dopaminerge Belohnungssystem im Gehirn verringert seine Aktivität – und das macht wirklich keinen Spaß, um es milde auszudrücken.

Ganz klar, Trennungsschmerz ist ein Arschloch, trotzdem ist er laut Franca Parianen ein notwendiges «Lernsignal» für das Gehirn. Je größer nämlich der dopaminerge Vorhersagefehler ist, desto größer ist auch der Lerneffekt, schreibt sie. Trennungsschmerz hindert dich auf lange Sicht daran, deinem Ex-Freund oder deiner Ex-Freundin doch noch mal zu schreiben oder auf die Idee zu kommen, es noch mal versuchen zu wollen. Er entfaltet eine regelrecht abschreckende Wirkung. Ja, ich weiß, es ist hart, aber auch ich habe die Erfahrung gemacht, dass aufgewärmt höchstens Gulasch gut schmeckt. Auch wenn du verdammt wehtust: Danke dafür, lieber Trennungsschmerz.

Liebeskummer löst aber nicht nur eine Veränderung der Dopamin-Konzentration aus, sondern auch bei unseren Botenstoffen Cortisol und Serotonin. Kannst du zum Beispiel bei Liebeskummer gefühlt auch an nichts anderes mehr denken als an die andere Person? Ich persönlich hatte in der Vergangenheit dann immer das Bedürfnis, bestimmte Situationen immer wieder mit Hanna, Marie und Paula durchzugehen. Und auch das ist tatsächlich ganz normal. Es ist nämlich so: Die Tatsache, dass die Person, die man so gerne hat, mit der man so viel Schönes erlebt und die persönlichsten Gedanken geteilt hat, plötzlich nicht mehr Teil des eigenen Lebens ist, löst Stress in uns aus. Und wenn du gestresst bist, schüttet dein Körper unter anderem Cortisol aus. Das wiederum verhindert die Ausschüttung des Botenstoffs Serotonin. Nicht gut! Denn ein veränderter Serotoninspiegel ist, im Kapitel 17 hast du schon davon gelesen, für sogenannte «obsessive Gedanken» verantwortlich. Die Folge: Deine Gedanken kreisen ständig um den oder die Ex. Back off, Liebeskummer!

Wenn ich in ein solches Gedankenkarussell gerate, hilft bei mir nur noch eins: Ablenkung, und zwar so richtig. Auf zu einem superanstrengenden Kurs im Fitnessstudio – Krafttraining killt nicht nur deinen Körper, sondern auch deinen Liebeskummer! – oder aber zusammen mit Marie, Hanna und Paula bei lauter, trashiger Musik abdancen. Und wenn ich nicht selbst die Motivation aufbringen kann, mich aus meinem Loch herauszuholen, müssen meine Freundinnen das übernehmen. Und zwar nicht mit einem «Hey, melde dich, wenn du Ablenkung brauchst», sondern mit einem nachdrücklichen «Ich bin in fünf Minuten bei dir, und dann gehen wir raus, ob du willst oder nicht. Zieh dir schon mal was an!». Auch wenn ich meine Mädels dafür im ersten Moment hasse, schließlich will ich doch einfach nur alleine vor mich hin leiden, liebe ich sie im Nachhinein doppelt für die schweren Geschütze, die sie auffahren, um mich von meinem Liebeskummer abzulenken.

Am nächsten Morgen stolperte ich noch im Halbschlaf in die Küche, um uns einen Kaffee zu kochen, und balancierte die zwei dampfenden Tassen und die Packung Cashewnüsse, die ich noch im Schrank gefunden hatte, wenig später zurück ins Schlafzimmer. «Was sollen denn die Cashews?» Meine Schwester schaute mich irritiert an. Ich erklärte ihr, dass in Cashews, generell in Nüssen, genauso wie in Käse und Sojaprodukten, viel Tryptophan, eine Vorstufe von Serotonin, enthalten sei und dass tryptophanhaltige Lebensmittel gegen Liebeskummer helfen könnten. Wenn wir nämlich viele tryptophanhaltige Lebensmittel essen, steigt der Serotoninspiegel in unserem Blut. Und das führt unter anderem dazu, dass diese obsessiven Gedanken ein bisschen weniger werden und unsere Stimmung sich verbessert, das hat auch eine Studie von 2015 mit depressiven Menschen gezeigt.

«Was ist denn mit Schokolade, die soll doch auch bei Liebeskummer helfen, oder? Kann ich die nicht einfach essen?», fragte meine Schwester hoffnungsvoll. Ich konnte sie so gut verstehen. Ich würde Schokolade zum Frühstück auch definitiv Cashews zum Frühstück vorziehen, musste sie aber enttäuschen. Dass Schokolade gegen Liebeskummer hilft, ist tatsächlich ein Mythos. Ja, auch in Kakao ist Tryptophan enthalten, aber selbst in Schokolade mit einem sehr, sehr hohen Kakaogehalt steckt verhältnismäßig wenig davon. Im Internet gibt es Übersichten zum Tryptophangehalt verschiedener Lebensmittel. Wenn dich das interessiert, googel doch einfach mal. Aber Achtung: Wenn du Medikamente nimmst, die in deinen Serotoninhaushalt eingreifen, zum Beispiel Antidepressiva, dann pass hier bitte auf und sprich mit dem Arzt oder der Ärztin deines Vertrauens, bevor du dir haufenweise tryptophanhaltige Lebensmittel reinschaufelst. Meine

Schwester und ich lagen an diesem Morgen noch bis mittags im Bett, schauten unsere Lieblingsserie *Friends* und aßen gesalzene Cashews.

## Willst du gelten, mach dich selten?
## Warum du keine 3 Tage warten solltest,
## ehe du dich meldest

«Maaaaann, wieso schreibt er mir denn nicht?», beschwerte sich Paula bei mir über Marco. Die beiden hatten sich auf Bumble kennengelernt und vor zwei Tagen zum ersten Mal getroffen. Laut Paula war das Date ein voller Erfolg. Sie hatten sich gut unterhalten, viel gelacht und sich beim Schlittschuhfahren aneinander festgehalten. Danach hatten sie an der Eisbahn noch einen Glühwein getrunken, bevor sie sich fest umarmten und S-Bahnen in die gegensätzliche Richtung nahmen. Seitdem hatte sie nichts mehr von ihm gehört. «Schreib du ihm doch einfach, dass dir das Date gefallen hat und du Lust auf eine Wiederholung hast. Selbst ist die Frau!», ermutigte ich sie und nahm noch einen Schluck Kaffee aus meiner Thermoskanne. Draußen war es kalt, aber das hielt Paula und mich nicht davon ab, am Landwehrkanal in Kreuzberg spazieren zu gehen. «Vielleicht ist der ja so ein Drei-Tage-Regel-Typ, du weißt schon, so einer, der Angst hat, verzweifelt rüberzukommen, wenn er sich zu schnell meldet», überlegte Paula. «Und wenn ich ihm jetzt eine Nachricht schicke, denkt er noch, dass ich verzweifelt bin. Oder noch schlimmer, er verliert das Interesse, weil er nichts mehr zu jagen hat. Nee, nee, ich warte lieber noch», führte sie ihre Überlegungen aus.

Hast du schon mal von der Drei-Tage-Regel gehört? Die Idee dahinter ist ganz simpel: Wenn man sich nach einem Date zu schnell bei der anderen Person meldet, kommt das laut Regel verzweifelt rüber, weswegen man lieber drei Tage warten sollte. Kann da was dran sein?

Eines vorweg: Wenn in Regeln zum Thema Dating definitive Zahlen vorkommen, solltest du immer stutzig werden. Jeder Mensch und jedes Date ist anders, da kann eine Wartezeit von genau drei Tagen schon per se nicht die Regel sein, die für alle funktioniert. Zu diesem Schluss sind auch schon Frauenzeitschriften wie zum Beispiel die Jolie gekommen, die in einem Artikel über die Drei-Tage-Regel rät, sich selbst treu zu bleiben und einfach zu schreiben, wenn man sich danach fühlt. Und wenn Frauenzeitschriften, die sonst schnell mal dabei sind, eine Regel in Bezug auf Dating aufzustellen, ihren Leserinnen und Lesern raten, sich nicht an so etwas zu halten, stellt sich mir die Frage: Woher stammt diese – sorry – bescheuerte Regel eigentlich?

Ich stürzte mich in die Recherche. Der Weisheit letzter Schluss ist es wahrscheinlich nicht, aber es dauerte nicht lange, bis ich über eine Webseite auf eine Folge der bekannten Serie *How I Met Your Mother* stieß, die 2010 erstmals in Deutschland ausgestrahlt wurde und deren Titel «Die Drei-Tage-Regel» lautet. In der Folge bewirbt eine der Hauptfiguren, Barney Stinson, die Drei-Tage-Regel, derzufolge man nach einem Date drei Tage warten sollte, ehe man sich wieder meldet. Okay, wow. Er führt dies übrigens auf Jesus zurück und auf dessen Auferstehung nach drei Tagen. Noch mal: wow.

Es ist gar nicht so leicht, seriöse Daten zu dem Thema zu finden, und wie ich bereits schrieb, wird auch keine Studie der Welt dir die Antwort darauf liefern, wie viel Zeit du verstreichen lassen solltest, ehe du dich bei deinem Date meldest. Es existiert aber eine Umfrage eines großen Anbieters einer Dating-Plattform aus dem Jahr 2020, bei der 1330 Singles in Deutschland befragt wurden. In der Pressemitteilung zur Umfrage hieß es, dass sich

63 Prozent der weiblichen Singles und 67 Prozent der männlichen Singles innerhalb von 24 Stunden nach einem Date meldeten. Dasselbe gelte auch für Antworten auf Nachrichten: Drei Viertel der weiblichen Singles, 76 Prozent, und 77 Prozent der Single-Männer reagierten beim Kennenlernen normalerweise innerhalb von ein paar Stunden. Eine Antwort hinauszuzögern, um dadurch Spannung zu erzeugen, das täten nur die wenigsten: gerade mal vier Prozent. Und es kommt noch besser: Wenn jemand zuverlässig sofort auf eine Nachricht antwortete, würden laut Umfrage nur 16 Prozent das Interesse verlieren, wohingegen jeder oder jede Zweite verunsichert sei, wenn eine Antwort auf eine Nachricht ausbleibe: Bei den Männern 46 und bei den Frauen 50 Prozent zweifelten in einem solchen Fall an der Ernsthaftigkeit der Absichten des Dates.

Was in der Umfrage außerdem herauskam: Auch im Jahr 2020 wirken Geschlechterstereotype bei der Anbahnung von Beziehungen fort: 40 Prozent der teilnehmenden Frauen erwarteten, dass ihr Date sich nach einem Treffen zuerst melden sollte, während nur 15 Prozent der Männer davon ausgingen.

Einige Singles, und unter diesen eher Frauen (30 Prozent), reagierten übrigens gestresst, wenn jemand stets sofort auf Nachrichten antwortete (wer nicht?), dicht gefolgt von den Männern. Hier lag der Anteil der gestressten in einem solchen Fall bei 24 Prozent.

Das Fazit: Es gibt keine eindeutige Regel, außer die, dass es keine Regel gibt. Und das ist dann offenbar die Ausnahme der Regel. Ach, Moment, dieses noch: Der Spruch «Willst du gelten, mach dich selten» ist für die Tonne.

Paula und ich hatten es uns mittlerweile bei einem Stückchen veganem Kirsch-Streuselkuchen im Goldmarie an der Admiralbrücke gemütlich gemacht.

«Wenn ich das Ergebnis der Umfrage richtig verstehe, bedeutet das ja, dass Marco gar kein Interesse an einem Wiedersehen hat. Ansonsten hätte er sich doch längst gemeldet, oder?», stellte Paula deprimiert fest und schob sich eine Gabel Kuchen in den Mund.

«Mh, nicht zwangsläufig, schließlich gibt es ja auch noch die 23 Prozent der Männer, die sich nicht innerhalb von 24 Stunden melden, wenn ihnen ein Date gefallen hat. Oder er zählt zu den 15 Prozent, die finden, dass die Frau nach einem Date den ersten Schritt machen muss. Komm, schreib ihm jetzt endlich! Wenn er dir dann sagt, dass er kein Interesse hat, weißt du wenigstens, woran du bist», versuchte ich es noch mal. Sie seufzte schwer, zückte aber ihr Handy, und gemeinsam formulierten wir eine Nachricht:

> **Paula:** Hey Marco, ich muss sagen, ich hatte eine echt gute Zeit mit dir am Samstag und habe Lust auf eine Wiederholung! Du auch? Wenn ja, passt dir Freitag? 😊

Als wir aufgegessen hatten, verabschiedeten Paula und ich uns voneinander. Wir mussten beide noch an den Schreibtisch. Am Abend schrieb sie mir, dass Marco ihr geantwortet hatte – er war wohl einfach nur beschäftigt –, und er hatte ebenfalls Lust auf ein zweites Treffen.

«Marco ist halt ein Guter, hab's doch gewusst!», schob sie hinterher. Ich freute mich für sie und war gespannt, was das zweite Date bringen würde. Leider kam es nie dazu. Vier Tage später, einen Tag bevor sie ein zweites Mal verabredet waren, wurde Paula nämlich von Marco geghostet. Von wegen Marco war ein Guter …

## Sieben mehr oder weniger gute Gründe für
## Ghosting – und einer für radikale Ehrlichkeit

Kannst du dich noch an Justus erinnern, mit dem ich die 36 Fragen zum Verlieben in der Bar durchspielte und den ich am Ende küsste? Tja, danach habe ich nie wieder etwas von ihm gehört. Ich hatte ihm gleich am nächsten Morgen geschrieben, dass ich ihn gerne wiedersehen wollte. Keine Antwort. Auf meine Frage zwei Tage später, ob alles gut bei ihm sei: keine Antwort. Eine Woche nach unserem ersten und letzten Date sah ich, dass er unser Match auf Tinder aufgelöst hatte. Ich verstand die Welt nicht mehr. Zusammen mit Hanna, Marie und Paula versuchte ich, irgendwie nachzuvollziehen, was bei unserem Date schiefgelaufen sein könnte. Hatte ich was Doofes gesagt? (Natürlich suchte ich die Ursache erst bei mir?!?) Hatte er erwartet, dass ich attraktiver aussah, als ich in seinen Augen am Ende war? (Again: Me!) Hatte er kalte Füße bekommen, nachdem er sich im Rahmen der 36 Fragen vor mir geöffnet hatte? Vielleicht war er ja nicht bereit für etwas Tiefgründiges? Konnte er sich mit einer Person, die so schlecht im Kickern war wie ich, einfach kein zweites Date vorstellen? (Scherz!) Aber auch Gedanken wie: Gab es da noch eine andere? Konnte ich doch nicht so gut küssen, wie ich dachte? sprangen in meinen Kopf hin und her wie Pingpongbälle. Es hätte alles und nichts von alledem sein können, und irgendwann musste ich einsehen, dass ich wohl nie eine Antwort darauf erhalten würde.

Das, was Justus mit mir und Marco mit Paula gemacht hatte, nennt sich Ghosting. Beim Ghosting beendet eine Person während der Dating-Phase unvermittelt den Kontakt zu seinem Date. Ghosting unterscheidet sich insofern von anderen Strategien zur Auflösung einer Beziehung, als dass Betroffene wie zum Beispiel

Paula und ich häufig keine Erklärung für das Beenden der Verbindung erhalten. Die Person, die eine andere ghostet, ist plötzlich, gleich einem Geist, nicht mehr sicht- oder auch greifbar. Sie antwortet nicht mehr auf Nachrichten und Anrufe, entfolgt der anderen Person auf den sozialen Medien und/oder blockiert sie.

Laut einer Umfrage von 2018 waren 19,6 Prozent von 5600 befragten Personen in Deutschland schon mal von Ghosting betroffen. Das ist knapp jede fünfte Person. Überleg dir das mal! Männer traf es dabei häufiger (21,6 Prozent) als Frauen (17,8 Prozent). Beim Dating selbst den Kontakt zu einer anderen Person schon mal abgebrochen zu haben, davon berichten insgesamt 21,3 Prozent der Befragten. Frauen haben dabei häufiger geghostet (23,5 Prozent) als Männer (18,8 Prozent). So traurig wie das klingen mag, aber sich in Luft aufzulösen, scheint wohl heute einfach zum (gottverdammten) Dating-Game dazuzugehören. Dating-Apps ermöglichen einen zwar einfachen und schnellen Zugang zu potenziellen Partnern und Partnerinnen, genauso ermöglichen sie es aber auch, sang- und klanglos den Rückzug anzutreten. Und das wiederum führt dazu, dass Verbindungen genauso schnell wieder gekappt werden können, wie sie entstanden sind.

Die Frage ist doch: Warum (zur Hölle) greifen Menschen zu dieser Form des Kontaktabbruchs? Welche Beweggründe stecken dahinter? (Aka: Warum hat Justus sich nicht mehr bei mir gemeldet? Waruuuum???) Mit dieser Fragestellung hat sich eine noch recht neue Studie von 2020 beschäftigt. Im Rahmen der Untersuchung fanden Psychologen und Psychologinnen heraus, dass Ghosting manchmal gar nichts mit der betroffenen Person (Ghostee) zu tun hat, sondern vielmehr mit der ghostenden Person selbst (Ghoster:in) oder aber auch mit den Dating-Apps. In der Studie wurden mehrere Gründe benannt, weshalb Menschen andere ghosten, und diese Gründe stelle ich dir jetzt vor. Ready, set, go.

Ein Grund, der in der Studie häufig von Ghostenden genannt

wurde: Die Persönlichkeit des Ghostees sagte ihnen nicht zu. Sie gaben an, ihr Gegenüber langweilig zu finden, hatten das Gefühl, er oder sie verliebe sich viel zu schnell, oder aber waren der Ansicht, dass er oder sie «Probleme» habe, wie etwa Bindungsangst.

Auch das eigentliche Verhalten des Ghostee kann zu Ghosting führen. Leute, die geghostet wurden, verhielten sich den Ghostenden zufolge teilweise aufdringlich, respektlos, rassistisch, oder aber sie schickten unaufgefordert Bilder mit sexuellen Inhalten. Einige Befragte gaben auch an, dass sie zu Ghosting griffen, weil der oder die Ghostee sich weigerte zu akzeptieren, dass sie das Kennenlernen beenden wollten, und sie gar keine andere Möglichkeit sahen, als den Kontakt auf diese Weise abzubrechen.

Auch wenn die Beweggründe, warum jemand datete, andere waren, als sie oder er in der Dating-App angegeben hatte, entschieden sich Ghoster:innen, auf diese falschen Angaben mit einem Kontaktabbruch zu reagieren. Und auch ein Date, das als enttäuschend oder unangenehm empfunden wurde und/oder so gar nicht den eigenen Vorstellungen entsprach – und das bezieht sich auch auf die Attraktivität –, konnte dazu führen, dass Ghosting das Mittel der Wahl war, um die Verbindung zu kappen.

So wie Ghosting die Folge des Verhaltens anderer sein kann, gibt es genauso Menschen, die sich aus der Affäre ziehen, um sich selbst vor einer Konfrontation zu schützen. Aus Angst vor einer «unschönen» Reaktion bei einer Zurückweisung ghosteten sie ihr Date dann lieber. Für einige der befragten Ghoster:innen bot diese Vorgehensweise auch ein gewisses Maß an Kontrolle, das sie davor schützte, sich von der anderen Person in etwas verwickeln zu lassen, das sie so nicht wollten.

Auch schön: Ghoster:innen schrieben mit mehreren Personen und trafen sich auch mit diesen, verloren aber den Überblick und ghosteten einige ihrer Dates «aus Versehen», weil sie einfach nicht mehr hinterherkamen oder sie einige Dates schlicht vergaßen.

Auch Zeitnot konnte dazu führen, dass ein Gespräch oder ein Kontakt abrupt beendet wurde: Die Ghostenden waren einfach zu beschäftigt, um weiter Zeit in die Verbindung zu investieren oder aber sie hielten den Austausch für Zeitverschwendung und unterließen ihn gleich ganz.

Auch auf die Dating-App selbst führten einige der Ghostenden ihr Verhalten zurück. Grund sei die Anonymität, die auf den Plattformen herrsche. Dies befördere Ghosting, weil es auf diese Weise einfacher sei, ohne Erklärung zu verschwinden, als der betreffenden Person einen Korb zu geben.

Ghoster:innen gaben außerdem an, die Dating-Apps und damit auch alle Unterhaltungen und Kontakte gelöscht zu haben und deswegen einem Geist gleich verschwunden zu sein.

Und last, but not least erwähnten die Personen, die schon mal geghostet hatten, dass die große Zahl potenzieller Partner:innen sie dazu veranlasst hatte, Personen zu ghosten, an denen sie weniger interessiert waren.

Dass jemand den Kontakt zu einer anderen Person auf diese Weise abrupt beendet, kann also die unterschiedlichsten Gründe haben. Und ich muss zugeben, dass ich auch schon Leute auf den Dating-Apps geghostet habe. Nicht mit böser Absicht, sondern weil ich manchmal einfach vergessen habe zu antworten oder mich in der Zwischenzeit – du erinnerst dich an mein Dating-Burn-out – von den Dating-Apps abgemeldet hatte.

Aber warum kann Ghosting so wehtun? Ich glaube, dass gerade dieses Nichtwissen genau das ist, was am meisten schmerzt, wenn man aus dem Nichts geghostet wird. Nachdem Justus ohne jede Erklärung aus meinem Leben verschwunden war, war ich verunsichert, traurig und verletzt. Und auch der taffen Paula machte es zu schaffen, dass Marco sie geghostet hatte. Was ich ziemlich spannend und auch irgendwie erschreckend finde: Im Rahmen der Studie von 2020 hat sich gezeigt, dass einige der ghostenden Personen denken, dass es für die andere Person schmerzhafter als Ghosting ist, wenn sie ihr erklären, warum sie diese zurückweisen. Bitte was? Liebe Ghoster:innen, lasst euch dazu bitte eines gesagt sein: Ja, die Wahrheit kann wehtun, aber es ist für Betroffene noch 1000-mal schlimmer, nicht zu wissen, warum sie zurückgewiesen wurden, und keine Chance mehr zu haben, den Grund zu erfragen. Justus hätte mir die ein oder andere schlaflose Nacht erspart, wenn er mir schlicht gesagt hätte, dass er den Abend zwar schön fand, es für ihn aber nicht gefunkt hatte und er es deswegen dabei belassen wollte. Ja, ist scheiße und tut auch kurz weh, aber zu wissen, warum man abgewiesen wurde, eröffnet die Möglichkeit, schnell damit abzuschließen und nicht noch ewig und drei Tage grübeln zu müssen, was der Grund für das plötzliche Verschwinden sein könnte. Noch dazu bleibt es Betroffenen so erspart, tagelang hoffnungsvoll zu warten, ob sich die andere Person vielleicht doch noch meldet und am Ende alles nur ein Missverständnis war. Für mich hat es etwas mit Respekt zu tun, andere nicht im Regen stehen zu lassen. Bevor du das nächste Mal jemanden ghostest, bitte schreib doch stattdessen eine der folgenden Nachrichten:

> Hey, es war schön, dich kennengelernt zu haben, aber für mich geht's hier nicht weiter, weil …

> Hey, danke für das schöne Date! Das hat echt Spaß gemacht 😊 Gefunkt hat es bei mir leider nicht, aber ich mag dich echt gerne. Hast du Lust, zu schauen, ob daraus eine Freundschaft werden könnte?

Hello, ich weiß nicht, wie es bei dir ist, aber für mich kommt ein zweites Date nicht infrage  Wollte das nur kurz loswerden und für klare Verhältnisse sorgen. War schön, dich kennengelernt zu haben! Mach's gut! 😊

Im Rahmen der Studie von 2020 haben sich die Forscher:innen auch angeschaut, welche Möglichkeiten es gibt, mit Ghosting umzugehen, und vielleicht hilft dir eine Coping-Strategie ja dabei, eine solche Erfahrung besser zu verarbeiten.

Der Coping-Mechanismus, der in der Studie am häufigsten genannt wurde, war die Rationalisierung der Ghosting-Erfahrung. Das bedeutet, dass sich die Betroffenen mit dem Argument trösteten, Ghosting habe nichts mit ihnen persönlich zu tun, sondern sei vielmehr Teil des Dating-Games. Mir hat es auf jeden Fall geholfen, die vielfältigen Gründe zu kennen, die zu Ghosting führen können.

Ich habe mir irgendwann vor Augen geführt, dass Justus' Verschwinden viel mehr über ihn aussagte als über mich. Aber bevor ich das tat, stalkte ich ihn auf den sozialen Medien. Erst um sicherzustellen, dass ihm nichts Schlimmes passiert war und er zum Beispiel ohne Handyempfang im Krankenhaus lag, später dann voller Hoffnung, vielleicht doch noch eine Antwort von ihm zu erhalten. Nachdem ich über Tage enttäuscht worden war und er schlussendlich unser Match auf Tinder auflöste, löschte auch ich seinen Kontakt und blockierte ihn auf den sozialen Medien. Auf diese Weise konnte ich ihn nicht mehr stalken, was mir, so wie auch den Befragten in der Studie, dabei half, mit der Erfahrung abzuschließen.

In der Studie wurde auch die Desensibilisierung als Möglichkeit genannt, mit Ghosting umzugehen. Wenn du dich in das

Dating-Game stürzt, kann es hilfreich sein, sich vorher darauf ein-
zustellen, dass dich sowohl positive wie auch negative Erfahrungen erwarten, sodass du im Falle der Fälle nicht aus allen Wolken
fällst, sondern stattdessen sagen kannst: Aha, Ghosting! Jetzt ist
es also das erste Mal so weit. Diese Form der Desensibilisierung
kann auf der anderen Seite allerdings auch dazu führen, dass
man selbst eher dazu geneigt ist zu ghosten: Es ist ja schließlich
Teil des Spiels.

Mir hat es am meisten geholfen, mich einer anderen Person
anzuvertrauen und über die Erfahrung zu sprechen. Was Paula
damals mit mir durchgestanden hat, als Justus mich geghostet
hat, stehe ich jetzt mit ihr zusammen durch. Auch in der Studie
wird «darüber reden» als ein hilfreicher Coping-Mechanismus
genannt.

Nachdem klar war, dass auch Paula von Marco keine Antwort
mehr erwarten konnte, löschte sie seinen Kontakt und Bumble
gleich mit. Was für eine blöde Erfahrung, aber auch das kann leider Teil vom Suchen und Finden der Liebe sein! Einige Monate
nach meiner Ghosting-Erfahrung mit Justus kann ich aber sagen:
Das Leben geht weiter, und jemand, der ghostet, hat mich eh
nicht verdient. So nämlich.

### Status: ungeklärt. Ist unsere Generation wirklich beziehungsunfähig?

Als Paul die letzte Ladung Vanillekipferl aus dem Ofen geholt und
zum Abkühlen auf den Balkon gestellt hatte, zog ich ihn zu mir
ins Bett. Es war schon seit Stunden dunkel draußen, und die Lich-
terketten in den Fenstern gegenüber blinkten in grellen Farben
um die Wette. Auch wenn es ursprünglich meine Idee gewesen

war, gemeinsam vegane Zimtsterne, Vanillekipferl und eine Art Meisenknödel für die Berliner Vögel zu backen, hatte ich relativ schnell die Lust am Kneten, Ausrollen, Ausstechen, Formen und Verzieren verloren.

«Du, sag mal, wie viele Beziehungen hattest du eigentlich schon, und wann ist die letzte geendet?», eröffnete ich das Gespräch, nachdem wir uns ausgiebig geküsst hatten. Über (Ex-)Beziehungen hatten wir bisher noch nicht gesprochen, und ich war neugierig, was er zu erzählen hatte.

«Puh, schwer zu sagen, was ist denn eine Beziehung für dich?», fragte er zurück. Damit hatte ich nicht gerechnet. Aber jetzt, wo er es sagte, fiel mir auf, wie berechtigt sein Einwand war. Als ich mit 15 meinen ersten festen Freund kennengelernt hatte, war es gefühlt noch ganz einfach: Sobald man einander geküsst hatte, war man offiziell zusammen. Wenn das heute immer noch gelten würde, ich wäre eine Zeit lang alle paar Wochen eine neue Beziehung eingegangen.

Ich erinnere mich noch zu gut daran, wie ich im Sommer versucht hatte, meiner Oma zu erklären, dass man sich heutzutage auch küsste, Sex hatte und auf Dates ging, ohne fest zusammen zu sein. Ihrem Kommentar, dass das sehr aufregend und kompliziert zugleich klingen würde, konnte ich nur zustimmen.

«Mh, ich glaube, für mich ist man in einer Beziehung, wenn man sich gemeinsam bewusst dafür entschieden hat», meinte ich nach einigen Überlegungen. Im gleichen Atemzug stellte ich erschrocken fest, dass ich nach dieser Definition seit über vier Jahren beziehungslos war. Bei Paul lag die letzte Beziehung ein Jahr zurück. Es war nicht so, dass ich seit meiner letzten Beziehung nur unverbindliche und bedeutungslose Dates gehabt hatte. Ganz im Gegenteil sogar. Max und Leo hatte ich zum Beispiel über mehrere Monate regelmäßig gedatet, und da waren definitiv auch Gefühle im Spiel gewesen, zumindest von meiner Seite. Allerdings war es immer schon wieder vorbei gewesen, bevor es überhaupt angefangen hatte. Paul wusste genau, wovon ich sprach, auch er hatte mit diesen beziehungsartigen Nicht-Beziehungen Erfahrungen gesammelt: Man datete ganz unverbindlich, aber regelmäßig für ein paar Wochen oder Monate, und das war es dann. Das erklärte auch seine Rückfrage, was für mich eine Beziehung war.

Während Paul und ich das letzte Blech Vanillekipferl mit reichlich Puderzucker bedeckten und die fertigen Kekse sorgfältig verstauten, sprachen wir über die Gründe, warum unsere Ex-Beziehungen auseinandergegangen waren. Die Gründe, die wir beide jeweils am häufigsten nannten, waren dabei ganz klassisch: Es passte halt nicht zu 100 Prozent, man lebte sich auseinander oder hatte unterschiedliche Vorstellungen vom Leben.

Ich fragte mich: Waren Paul und ich zwei Paradebeispiele für die *Generation Beziehungsunfähig*, wie Michael Nast sie in seinem gleichnamigen Buch nennt? War eine ganze Generation nicht mehr fähig, Beziehungen einzugehen und, wenn doch, sie langfristig zu halten? Oder wie konnte man erklären, dass die heute 30-Jährigen durchschnittlich bereits deutlich mehr Beziehungen und Trennungen durchlebt haben als Menschen, die doppelt so alt sind wie sie?

Der Sexualforscher, Psychotherapeut und Sozialpsychologe Gunter Schmidt gibt in einem Interview von 2019 Entwarnung. Die hohe «Beziehungsmobilität» – dass die jüngeren Generationen im Vergleich zu älteren durchschnittlich deutlich mehr Beziehungen eingehen – bedeute nicht, dass wir unsere Beziehungs- und Bindungsfähigkeit verloren hätten. Ganz im Gegenteil sogar. Schließlich müsse man heute sehr viel mehr Beziehungsarbeit leisten und mehr Beziehungsfähigkeit an den Tag legen, um eine Verbindung überhaupt aufrechtzuerhalten, als früher. Wir lebten in einer Zeit, in der ein potenzieller Partner oder eine potenzielle Partnerin nur noch einen Swipe auf den Dating-Apps entfernt sei, Männer und Frauen durch das Aufbrechen der traditionellen Rollenverteilung nicht mehr aufeinander angewiesen seien und Individualismus ganz hoch im Kurs stehe. Die älteren Generationen würden nur als bindungs- und beziehungsfähig wahrgenommen, weil sie häufig seit Jahrzehnten in traditionellen Ehen steckten. Was dabei aber oft vergessen werde: Verheiratet zu sein, bedeute nicht zwangsläufig, dass eine Person beziehungs- oder bindungsfähig sei.

Die Psychotherapeutin und Autorin Stefanie Stahl bringt es im Gespräch mit Michael Nast im Rahmen eines Doppelinterviews mit dem Redaktionsnetzwerk Deutschland von 2021 ganz gut auf den Punkt. Sie sagt, ich zitiere: «Dass darunter Ehen waren, in denen zwei völlig bindungsgestörte Protagonisten auch aus gesellschaftlichen Normen aneinandergefesselt waren, das wird heute gerne mit Beziehungsfähigkeit verwechselt.»

Eine Scheidung war früher, ganz egal wie schlecht die Ehe lief, für die meisten keine Option, da sie einem gesellschaftlichen Suizid glich. Und auch die enorme Abhängigkeit der Eheleute machte es nahezu unmöglich, sich zu trennen. Der Mann war häufig nicht in der Lage, die einfachsten Haushaltstätigkeiten auszuführen, und hatte oft keine Ahnung von Kindererziehung. Die Frau war angewiesen auf das Geld, das der Mann erwirtschaftete, weil sie durch ihre Arbeit in der Familie nur selten eine Berufsausbildung hatte und in finanzieller Hinsicht nicht für sich sorgen konnte. «Und was war mit der Liebe?», fragte ich meine Oma bei unserem Gespräch im Sommer. «Ach Pili, Liebe war in Ehen früher eher zweitrangig. Wenn man sich geliebt hat, war das schön, aber wenn nicht, hat man sich damit abgefunden und sich arrangiert», antwortete sie ziemlich abgeklärt.

Ich muss ganz traurig aus der Wäsche geguckt haben, sodass sie noch hinterherschob: «Jetzt guck doch nicht so, das war damals schon alles gut, so wie es war, und ich bin dankbar, dass ich deinen Opa habe.» Mann, bin ich froh, dass diese Zeiten für die meisten von uns vorbei sind! Wenn ich mal heirate, dann nur aus Liebe (ja, gut, und der steuerlichen Vorteile wegen).

Dass heutzutage weniger Paare heiraten und Personen im Durchschnitt deutlich mehr Beziehungen eingehen als noch vor einigen Jahren, ist laut dem Psychologen Gunter Schmidt und der Psychotherapeutin Stefanie Stahl also kein Hinweis darauf, dass die jüngeren Generationen beziehungsunfähiger sein könnten als die älteren.

Aber auch wenn die *Generation Beziehungsunfähig* (wie ich diese Bezeichnung hasse, aber dazu gleich mehr) vielleicht nicht beziehungsunfähig im eigentlichen Sinne ist, musste es doch eine Erklärung geben, warum wir heute, zumindest empfinde ich das so, um einiges länger abwägen, wenn es um Beziehungen geht, als zum Beispiel unsere Eltern das getan haben, als sie in unserem Alter waren. Woran könnte das liegen?

Hast du schon mal von der Bezeichnung «Generation Me» gehört? Diese sehr egoistisch und auf sich selbst fokussiert klingende Beschreibung der Generation Y, zu der alle Personen gehören, die zwischen 1981 und 1996 geboren wurden, geht auf die amerikanische Psychologin Jean Twenge zurück. Die Psychologin forscht zu den Unterschieden zwischen den Generationen, vor allem in Hinblick auf Narzissmus. Im Rahmen einer einflussreichen Metastudie von 2008 kam sie zu dem Schluss, dass amerikanische Studierende Generation für Generation immer narzisstischer werden.

Du fragst dich gerade vielleicht, ob das etwas Schlechtes ist, wenn wir tatsächlich immer narzisstischer werden. Ich sag es mal so: Jede Person hat gewisse narzisstische Züge, und das ist auch gut so. Ein gesundes Selbstvertrauen und Selbstwertgefühl sind nämlich wichtig für die psychische Gesundheit. Wenn die narzisstischen Züge allerdings ausgeprägter werden, können sie zu Schwierigkeiten im Alltag führen und Beziehungen deutlich beeinträchtigen. (Stark) narzisstische Personen haben nämlich unter anderem Probleme, sich in andere hineinzuversetzen, können nur sehr schlecht mit Kritik umgehen, handeln egoistisch und manipulativ, sind selbstverliebt und stark auf sich fokussiert.

Mit der Bezeichnung Generation Me bescheinigte Jean Twenge zwar keiner ganzen Generation eine narzisstische Persönlichkeitsstörung, kommunizierte aber deutlich, dass sich der Fokus von einem *wir* zu einem *ich* verschiebe.

Die Arbeit von Jean Twenge hat berechtigterweise einiges an Gegenwind abbekommen. Es gibt nämlich auch einige große Studien, die zu einem gegenteiligen Ergebnis kamen.

In einer Studie von 2010, in der die Daten von insgesamt fast 480 000 US-Highschool-Seniors aus den Jahren 1976 bis 2006 ausgewertet wurden, fanden Forscher:innen zum Beispiel nur wenige Hinweise auf bedeutsame Veränderungen in Bezug auf Egoismus, auf ihr Selbstwertgefühl, ihre Suche nach Anerkennung (Selbsterhöhung) und auf individualistische Denkweisen. Und auch im Rahmen einer Studie von 2008, die Trends in Bezug auf Narzissmus und Selbsterhöhung in den letzten drei Jahrzehnten untersuchte, wurden keine Anzeichen dafür gefunden, dass die narzisstischen Tendenzen bei amerikanischen Studierenden über die Jahrzehnte gestiegen waren.

In einer Studie von 2013, die sich gezielt gegen die Annahmen von Jean Twenge richtete, warf der Psychologe Jeffrey Arnett ein, es gebe (bisher) keine überzeugenden Beweise dafür, dass Studierende immer narzisstischer würden, und kritisierte die Methode, mit der die narzisstische Ausprägung in den vorausgegangenen Studien gemessen worden war. Er merkte an, dass es bei jungen Studierenden ganz normal sei, wenn sie hohe Erwartungen hätten und von ihren Fähigkeiten überzeugt seien, und dass das etwas Gutes sei. Es spreche nicht für Narzissmus. Außerdem schrieb er, dass man als Gesellschaft mehr tun solle, um aufstrebende junge Erwachsene zu unterstützen, etwa indem man aufhöre, ihnen negative Stereotype überzustülpen.

Ich kann verstehen, dass man Erklärungen für bestimmte Verhaltensweisen finden möchte, ich möchte ja auch ein Verständnis dafür entwickeln, warum ich heute viel länger nachdenke und abwäge, ehe ich eine Beziehung eingehe, als noch vor zehn Jahren. Allerdings bin ich der Ansicht, dass es der falsche Weg ist, alle Personen, die einer bestimmten Generation angehören, in eine Schublade zu stecken und diese Schublade mit negativ konnotierten Labels wie «Generation Beziehungsunfähig» oder «Generation Me» zu versehen. Ich meine, geht's noch? Das klingt so, als ob eine ganze Generation versagt hätte.

Ja, es hat sich in den letzten Jahren viel verändert, nicht zuletzt durch Online-Dating, aber dieser Wandel ist in meinen Augen nichts Schlechtes, sondern ganz im Gegenteil: Ich bin froh darüber, dass es laut einer aktuellen Studie von 2021 für die Generation Y heute nicht mehr so wichtig ist, einen Partner oder eine Partnerin zu finden, um glücklich zu sein. Und ich freue mich darüber, bewusst entscheiden zu können, ob und mit wem ich eine Beziehung eingehen möchte oder nicht, ich habe ja schließlich schon eine mit mir selbst.

### Bauch über Kopf?
### Wer entscheidet, ob es Liebe ist?

«Seid ihr jetzt eigentlich zusammen?», fragte Natalie mich grinsend über Facetime. Seit ich im Sommer in München ihr Date aus Versehen gecrasht hatte, hielten wir uns regelmäßig über unser Liebesleben auf dem Laufenden.

«Nee, zumindest nicht offiziell oder so», lachte ich und prostete ihr gut gelaunt mit meinem Wasserglas zu. «Paul tut mir gut, ich fühle mich wohl in seiner Nähe und alles, aber woher soll ich denn wissen, ob er, das klingt jetzt kitschig, aber, ob er, na, ‹der Eine› ist und ich mit ihm zusammen sein möchte?»

«Na, sicher wissen kannst du es nie, aber was sagt denn deine Intuition? Ich finde, in so Liebesfragen ist es wichtig, auf das eigene Bauchgefühl zu hören», erwiderte sie und schlang die grüne Sofadecke fester um sich.

Ich sah das ganz ähnlich wie Natalie, hatte bei Paul durchweg ein gutes Bauchgefühl, wusste aber auch, dass es gefährlich sein konnte, den Verstand bei so wichtigen Entscheidungen außer Acht zu lassen. Wollte ich mit Paul fest zusammen sein? Oder reichte es mir, ihn weiterhin unverbindlich zu daten? Wie entscheidet man, ob man bereit ist, mit seinem Date den nächsten Schritt zu tun und eine Beziehung einzugehen oder halt auch nicht? Jedes Mal steht man neben der eigentlichen Entscheidung gefühlt noch vor einer weiteren: Sollte man auf die Intuition hören oder das Ganze zu einer Kopfentscheidung machen?

Die Zwei-Prozess-Theorie von dem Psychologen Daniel Kahneman geht davon aus, dass man auf zwei Wegen zu einer Entscheidung kommen kann: durch System 1 und System 2. Und da es für dieses Kapitel mehr Sinn ergibt, erkläre ich dir erst, was hinter System 2 steckt, bevor wir uns System 1 genauer anschauen.

Hinter System 2 steckt das, was man als Verstand bezeichnet. Entscheidungen, die auf diesem System beruhen, sind gut durchdacht und überlegt. Die Gründe für die Entscheidung sind einem bewusst, und man weiß genau, warum man sich für oder gegen etwas entschieden hat. Entscheidungen, die auf einer Pro-und-Kontra-Liste beruhen, werden zum Beispiel von System 2 gefällt. Der Nachteil dabei ist allerdings, dass die Verarbeitung der Informationen und damit die Entscheidungsfindung relativ lange dauern und auch ziemlich anstrengend sind. Außerdem kann der Verstand auch schnell mal überfordert sein, wenn es (zu) viele Informationen gibt, die berücksichtigt werden müssen.

Wenn wenig Zeit für eine Entscheidung bleibt oder viele komplexe Informationen auf einmal verarbeitet werden müssen, dann kommt das System 1, die Intuition, zum Einsatz. Dieses System arbeitet schnell, instinktiv, emotional und berücksichtigt bereits gemachte Erfahrungen bei der Entscheidungsfindung. Im Gegensatz zu Entscheidungen, die mit System 2 getroffen werden, weiß man bei System 1 nicht so genau, was zu der Entscheidung geführt hat. Es ist eher so ein (Bauch)Gefühl, etwas zu wissen, ohne zu wissen, warum. Der Nachteil von System 1 ist allerdings, dass es «voreingenommen» ist. Es reagiert auf bestimmte Trigger, die an vergangene Erlebnisse erinnern, und greift dabei auf Vorurteile, Stereotype und sogenannte «Heuristiken» zurück.

Heuristiken kannst du dir wie mentale Abkürzungen im Gehirn vorstellen, um möglichst schnell und ohne großen Aufwand Entscheidungen zu fällen. Das Problem bei solchen Heuristiken ist allerdings, dass sie dein Urteilsvermögen ganz schön verzerren können. Inwiefern die verschiedenen Heuristiken dich in Bezug auf Dating-Entscheidungen beeinflussen können, erkläre ich dir jetzt.

Hinter der sogenannten «Repräsentativitätsheuristik» steckt laut Definition die Neigung, unbewusst einzelne Informationen als repräsentativ für eine ganze Klasse an Informationen anzusehen und auf Grundlage dieser einzelnen Informationen dann eine Aussage über den Ausgang verschiedener Ereignisse zu treffen. Klingt erst mal kompliziert, aber ich glaube, mit einem Beispiel wird es klarer: Wenn du beispielsweise mal mit jemandem, der Physik studiert hat (No Offense!), in einer ziemlich unglücklichen Beziehung warst, hast du danach womöglich weniger Interesse, mit einem anderen Physikstudenten eine Beziehung einzugehen. Du entscheidest dich unter Anwendung dieser Heuristik also eher unbewusst gegen die Beziehung, obwohl eine einzelne negative Erfahrung eigentlich nicht repräsentativ für Personen sein muss, die Physik studieren.

Kommen wir zur nächsten Heuristik: Wenn du Ereignisse, die in deinem Gedächtnis easy verfügbar sind, bevorzugt als Entscheidungsgrundlage heranziehst, etwa weil du sie als emotional aufgeladen erlebt hast, spricht man von einer «Verfügbarkeitsheuristik». Stell dir mal vor, du wurdest in der Vergangenheit schon häufiger geghostet oder von potenziellen Partnern oder Partnerinnen enttäuscht. Dann schätzt du das Risiko, wieder geghostet oder enttäuscht zu werden, höher ein, als wenn du bisher diese negativen Erfahrungen noch nicht machen musstest. Dementsprechend vorsichtig wird man auch mit der Entscheidung, sich auf jemanden einzulassen. Nachdem ich von Justus geghostet wurde, war ich auch erst mal vorsichtiger im Dating-Dschungel unterwegs und bekam Angst, wieder geghostet zu werden, wenn mir jemand zwei, drei Stunden nicht antwortete. Anstrengend! Zum Glück legte sich diese Vorsicht aber nach ein paar positiven Dating-Erfahrungen wieder, wobei ich im «Fall Paul» gerade merkte, dass mich die nicht so schönen Erfahrungen aus meiner Vergangenheit teilweise doch wieder einholten. Aber dazu gleich mehr.

Hand hoch, wer's kennt: Der Moment, wenn du checkst, dass die Person, die du gerade datest, eins zu eins wie die ist, mit der du davor schon mal zusammen warst. Und davor. Und davor. Was man kennt, das bevorzugt man, und das bringt einige Vorteile mit sich, denn auf diese Weise musst du nicht bei allen Eigenschaften abwägen, ob sie gut oder schlecht für dich sind. Wenn sie dir nämlich bekannt vorkommen, dann sind sie im Rahmen der «Wiedererkennungsheuristik» erst mal gut. Du fühlst dich bei deinem Gegenüber quasi «zu Hause». Auf das Dating übertragen, könnte das bedeuten, dass man unbewusst nach einem Partner oder einer Partnerin sucht, der:die so ähnlich ist wie die Ex-Partner:innen, die Eltern, die Freunde oder Freundinnen oder wie man selbst. Es ist also wahrscheinlich kein Zufall, wenn einige deiner Ex-Partner:innen sich in gewissen Punkten ähneln. Und auch bei Paul muss ich sagen, dass er sowohl optisch als auch vom Charakter gut ins Bild passt.

So, jetzt weißt du, welche Abkürzungen dein Gehirn nehmen kann, um sich das Leben ein bisschen leichter zu machen.

Aber noch mal zurück zu den zwei Systemen der Zwei-Prozess-Theorie: Es gibt nämlich einige Kritik an der Vorstellung, dass sich unser Denken in zwei verschiedene Prozesse oder Systeme einteilen lässt. Was man bei der Darstellung mit den zwei Systemen nämlich nicht vergessen darf: Es handelt sich um ein vereinfachtes Modell. Und auch Daniel Kahneman sagt, dass die zwei Systeme nur «useful fictions» seien. Nützlich (useful), um sich eine Vorstellung von den verschiedenen Denkprozessen zu machen, aber fiktiv (fictions), weil das Gehirn biologisch gesehen sehr viel mehr Pfade oder Systeme zu bieten hat, denen wir noch längst nicht auf die Schliche gekommen sind.

Der Sozialwissenschaftler Herbert Simon prägte in der Entscheidungsforschung den Begriff der «begrenzten Rationalität». Er war der Ansicht, dass unser Gehirn überhaupt nicht dafür ausgelegt sei, wie ein Computer alle verfügbaren Informationen durchzurechnen, da man als Mensch nur auf begrenzte kognitive und zeitliche Ressourcen zugreifen könne. Deswegen könne man auch nur begrenzt rational denken und Entscheidungen treffen.

Ich habe also faktisch einfach keine Zeit und auch nicht die Kapazitäten, alle Informationen über alle Optionen auf dieser Welt zu sammeln, um daraufhin zu entscheiden, ob Paul dauerhaft der «Richtige» für mich ist. Wenn ich versuchen würde, das

herauszufinden, könnte ich mich nie für oder gegen ihn entscheiden. Stattdessen muss ich mich darauf verlassen, dass die
Informationen von meiner Umwelt vorstrukturiert sind, ich zum
Beispiel bestimmte Menschen vor anderen kennenlerne und Gebrauch von Heuristiken mache.

Na toll! Wie soll ich mich denn jetzt entscheiden? Ich realisierte nach und nach, wie entlastend es sein kann, das meiste
überhaupt nicht vorher wissen zu können. Du kannst zum Beispiel nicht wissen, was in der nächsten Zeit passieren wird. Wie
du oder dein Gegenüber sich verändern werden, wie das Leben
spielt oder ob dir morgen jemand über den Weg läuft, der deine
Gefühle ordentlich aufmischt. Vielleicht ändert sich in den kom-
menden Monaten dein Wertesystem, vielleicht musst du um-
ziehen, oder du findest heraus, dass du dich mehr zum anderen
Geschlecht hingezogen fühlst und dich auf dieser Spielwiese ausprobieren möchtest. Who knows! Ich finde, wenn man das Ganze
so betrachtet, kann man sich rational gesehen genauso gut auf
eine Beziehung einlassen, wie man es auch sein lassen könnte.
Man kann halt einfach nicht wissen, was passieren wird.

Auch wenn neben Herbert Simon weitere Forschende gegen
diese rationalen Entscheidungen argumentieren, klingen ihre –
wenn auch heuristischen – Entscheidungsstrategien für mich immer noch ziemlich verstandeslastig.

Was ist denn mit dem Aspekt, auf den es beim Dating und bei
der Entscheidung, ob man eine Beziehung eingehen möchte, am
meisten ankommt, nämlich Gefühle und Liebe? Inwiefern finden
die Berücksichtigung bei solchen Entscheidungen?

Die Psychologin Monica Burke schlägt in ihrer Doktorarbeit
von 2007 vor, das Gefühl von Verliebtsein ebenfalls als Heuristik
zu betrachten. Sie schreibt, dass der Ansatz, Gefühle (auch Affekte
genannt) als Heuristik, als «Affektheuristik», anzusehen, gar nicht
so neu sei. Verschiedene Wissenschaftler:innen hätten schon frü-

her vorgeschlagen, dass die emotionale Reaktion auf bestimmte Dinge, wie zum Beispiel auf die Person, die man datet, als Heuristik zur Entscheidungsfindung dienen könnte. Denn wenn man darüber nachdenkt, ob eine Person ein geeigneter Partner oder eine geeignete Partnerin sein könnte, erzeugt man über diese Person, über ihre Eigenschaften und über gemeinsam gesammelte Erfahrungen mentale Bilder. Diese enthalten unter anderem auch Gefühle, wie zum Beispiel die Freude, die man empfunden hat, als man sich zum ersten Mal küsste, oder aber den Frust darüber, dass sich die Person in einer bestimmten Situation blöd verhalten hat. Die Kombination aus diesen positiven und negativen Gefühlen bildet eine Art Gefühlspool. Und genau den nutzt man bei der Entscheidungsfindung. Wenn der Gefühlspool überwiegend positiv ist, nimmt man eine positive Bewertung der Person vor und entscheidet eher, dass er oder sie ein geeigneter Partner oder eine geeignete Partnerin wäre. Bei einer negativen Bewertung, würde man sich auf Grundlage der Affektheuristik wahrscheinlich eher gegen die Person entscheiden.

Die Arbeit von Monica Burke legt allerdings nahe, dass Verliebtsein nur dann als Heuristik für die Wahl eines langfristigen Partners oder einer langfristigen Partnerin gut funktionieren kann, wenn alle anderen Eigenschaften, die einem wichtig sind, zum Beispiel Ehrlichkeit, Treue, Warmherzigkeit und Attraktivität, ebenfalls vorliegen und nicht plötzlich bei der Entscheidung nebensächlich werden, weil man ja soooo verliebt ist.

Es ist also ziemlich unrealistisch, dass wir die Entscheidung, ob wir nach mehreren Dates mit einer Person eine feste Beziehung eingehen möchten oder nicht, komplett rational treffen können. Es müssen einfach zu viele Informationen, Eventualitäten und Optionen mit einbezogen werden. Und die kann man unmöglich alle erkennen und gegeneinander abwägen. Trotzdem kann es auch gefährlich sein, sich nur auf sein Bauchgefühl zu verlassen. Schließlich ist das intuitive System, System 1, anfällig für Heuristiken, Stereotype und Vorurteile. Da kann es lohnend sein, sich mal ganz in Ruhe bei einer Tasse Kaffee hinzusetzen und zu reflektieren, ob das eigene Gefühl von bestimmten Verzerrungen beeinflusst ist. Und wenn man sich wirklich unsicher ist, kann auch eine Pro-und-Kontra-Liste bei Dating-Entscheidungen helfen. Eine solche Liste habe ich tatsächlich mal erstellt, als ich Jeremy in den USA datete. (Soweit ich mich erinnere, überwogen die Argumente gegen ihn deutlich, trotzdem entschied ich mich dafür, ihn weiter zu daten.)

Letztendlich ist es natürlich am besten, wenn Kopf und Herz oder vielmehr Kopf und Bauch zusammenkommen und du eine Entscheidung triffst, mit der beide Systeme einverstanden sind. Realistischerweise würde ich aber eh sagen, dass die Systeme so oder so nur schwer voneinander zu trennen sind und man automatisch sowohl rationale als auch heuristische Denkweisen für eine Entscheidung nutzt.

Es waren mittlerweile ein paar Tage seit dem Facetime-Gespräch mit Natalie vergangen. Ich hatte viel nachgedacht, reflektiert und am Ende festgestellt, dass sowohl meine Intuition als auch mein Verstand sich eigentlich schon lange entschieden hatten, und zwar für eine Beziehung mit Paul. Das Einzige, was mich bisher davon abgehalten hatte, ins kalte Wasser zu springen, war meine Angst. Auch wenn es mir schwerfiel, es mir einzugestehen, aber ich hatte ein bisschen Bammel, mein Herz zu öffnen und dann doch wieder verletzt oder enttäuscht zu werden. Schließlich konnte ich nicht wissen, wie Paul zu der ganzen Sache stand. Hatte er überhaupt Lust, eine Beziehung mit mir einzugehen? Ich hatte mich mit einem Kaffee auf mein gemütliches Sofa im Wohnzimmer gesetzt und überlegte, wie gerechtfertigt meine Angst war. Du denkst jetzt wahrscheinlich sonst was von mir, aber ich gab meiner Angst sogar einen Namen: Sophia. Ich bedankte mich bei ihr, dass sie mich auf die Gefahr, möglicherweise wieder verletzt zu werden, aufmerksam machte, mich aber doch bitte mal machen lassen sollte. Dass ich in der Vergangenheit von anderen Männern verletzt worden war, hatte nämlich nichts mit Paul zu tun. Es wäre fast schon unfair, wegen der negativen Erfahrungen Nein zu ihm, zu uns, zu sagen und ihn gar nicht erst zu fragen, ob er mein fester Freund sein wollte. Ja, auch bei Paul bestand ein gewisses Risiko, verletzt zu werden, aber wie schade wäre es denn, sich aus Angst gegen die Liebe zu entscheiden? Wie heißt es so schön? No risk, no fun! Oder wie meine Mutter letztens zu mir meinte: Wenn du die Wahl zwischen Angst und Liebe hast, dann wähle die Liebe!

# Nachwort

Als ich am helllichten Tage bei Kerzenschein auf meinem Balkon saß, Micha hinterhertrauerte und das Vorwort dieses Buches schrieb, hatte ich noch keine Ahnung, wohin mich diese Reise – das Abenteuer, ein Buch über die Psychologie beim Dating zu schreiben – führen würde. Ja, es gab gewisse Punkte, mit denen wollte ich mich unbedingt inhaltlich auseinandersetzen, aber das meiste ergab sich einfach – inspiriert vom Dating-Leben. Ich habe jetzt noch genau 31 Minuten, bis ich die finale Version meines Manuskriptes an meine Lektorin schicken muss. Es bleiben also noch ein paar Minuten Zeit, um mein turbulentes Dating-Leben der letzten Jahre Revue passieren zu lassen: Was für eine emotionale Achterbahnfahrt! Ich hatte schöne und enttäuschende Dates, wurde mal mit Liebe und Zuneigung überschüttet und mal aus dem Nichts geghostet. Manchmal hatte ich zehn neue Matches an einem Tag, dann herrschte wochenlang Flaute. Ich habe mich verliebt, wurde verletzt und habe immer mal wieder an mir gezweifelt. So oft verfluchte ich dieses gottverdammte Dating-Game, aber am Ende griff ich doch immer wieder zum Handy und öffnete die Dating-Apps. Ich habe eine Menge gelacht und das Leben zelebriert, aber auch das ein oder andere Mal geweint und getrauert. Aber was erzähl ich dir, das Suchen und Finden der Liebe eben. Man kennt's.

Okay, jetzt habe ich noch zwölf Minuten bis zur Deadline. Was ich dir noch sagen möchte: Es war mir ein Fest, dieses Buch zu schreiben und mein Dating-Leben mit dir zu teilen. Ich habe bei der Recherche unglaublich viel über die Psychologie hinter Dating und über mich gelernt und hoffe, dass auch du einiges für dich mitnehmen konntest und dieses Buch dein Dating-Leben bereichert.

Es ist so schön, dass du da bist und es wagst, dein Herz zu riskieren!

Fühl dich gedrückt
Pia

PS: Noch drei Minuten, ahhh! Hoffentlich spinnt mein Internet jetzt nicht.

# Danksagung

Erst mal, liebe Antje, möchte ich mich ganz herzlich bei dir dafür bedanken, dass du meine Partnerin in Crime bei diesem Buchprojekt warst! Ich hätte mir keine bessere Lektorin wünschen können! <3

Als Nächstes danke ich der Psychologin Julia Granderath für den Faktencheck und das Überprüfen der Quellen in diesem Buch. Und auch den Psychologinnen Yvonne Friedrich und Juli Tkotz danke ich von Herzen für die Hilfe bei der Recherche, als es am Ende zeitlich eng wurde. Ihr habt mir echt den Hintern gerettet!

Danke an «Paula», «Hanna» und «Marie», dass ich eure Dating-Storys erzählen durfte und wir uns seit Jahren mit Rat und Tat in allen Lebenslagen – nicht nur beim Dating – zur Seite stehen. Ich habe euch lieb! (Stellt schon mal den Lambrusco kalt, mein erstes Buch muss schließlich gefeiert werden!)

Außerdem: Liebe Kristin, auch bei dir möchte ich mich von Herzen bedanken! Wenn ich damals nicht mein zweites Au-pair-Jahr bei euch in Kalifornien verbracht hätte und wir nicht über Monate hinweg gemeinsam das (toxische) Verhalten von «Jeremy» analysiert hätten, hätte ich meinen Weg zur Psychologie wahrscheinlich nie gefunden. Danke dafür! Love you, Zweitmami.

In diesem Sinne auch ein großes Danke an meine Eltern, meine Schwester und meine Großeltern für die Liebe und die Unterstützung. Es ist schön zu wissen, dass ich immer auf euch zählen kann. <3

Und: Danke auch an alle, die mich bisher auf meinem beruflichen Weg unterstützt haben, immer an mich glauben und es mir ermöglichen, meine Vision zu leben, Psychologie und Wissenschaft für alle zugänglich zu machen. Das weiß ich sehr zu schätzen!

Last, but not least möchte ich DIR danken! Danke, dass du mein Buch gelesen und mit mir die Reise durch mein turbulentes Dating-Leben angetreten hast!

# Quellen

Sofern nicht anders angegeben, wurden alle Quellen zuletzt abgerufen am 27. Januar 2022.

### To Tinder or not to Tinder, das ist hier die Frage

ElitePartner (Hg.), So liebt Deutschland. Wie sich Paare im Alltag organisieren, was Corona in Beziehungen verändert und wie lange Liebeskummer wirklich dauert, ElitePartner Studie 2021, 9. Juni 2021, abrufbar unter: https://www.mynewsdesk.com/de/elitepartner/documents/elitepartner-studie-2021-so-liebt-deutschland-411329

Waren Sie schon einmal selbst auf einer Online-Dating-Plattform aktiv?, zitiert nach: de.statista.com, Februar 2020, abrufbar unter: https://de.statista.com/statistik/daten/studie/1129944/umfrage/aktivitaet-auf-einer-online-dating-plattform/

Haben Sie schon einmal einen festen Partner oder einen erotischen Kontakt über einen Online-Dating-Dienst kennengelernt?, zitiert nach: de.statista.com, Februar 2020, abrufbar unter: https://de.statista.com/statistik/daten/studie/806480/umfrage/kennenlernen-eines-festen-partners-ueber-online-dating-dienste-in-deutschland/

Degen, J., & Kleeberg-Niepage, A. (2020). The More We Tinder: Subjects, Selves and Society. *Human Arenas*, 1–17.

Timmermans, E., & De Caluwé, E. (2017). Development and validation of the Tinder Motives Scale (TMS). *Computers in Human Behavior, 70*, 341–350.

FAQ. Alles über dein Profil und deine Matches, in: Tinder.de, 2022, abrufbar unter: https://tinder.com/de/faq

**Tell me what you want, what you really, really want**

Timmermans, E., & Courtois, C. (2018). From swiping to casual sex and/ or committed relationships: Exploring the experiences of Tinder users. *The Information Society, 34*(2), 59-70.

Fisher, T. D., Moore, Z. T., & Pittenger, M. J. (2012). Sex on the brain?: An examination of frequency of sexual cognitions as a function of gender, erotophilia, and social desirability. *Journal of Sex Research, 49*(1), 69-77.

Conley, T. D., Ziegler, A., & Moors, A. C. (2013). Backlash from the bedroom: Stigma mediates gender differences in acceptance of casual sex offers. *Psychology of Women Quarterly, 37*(3), 392-407.

**Fake it, till you make it? Ein Plädoyer für die ungeschminkte Wahrheit**

Ellison, N. B., Hancock, J. T., & Toma, C. L. (2011). Profile as promise: A framework for conceptualizing veracity in online dating self-presentations. *New Media and Society, 14*, 45-62.

Wotipka, C. D., & High, A. C. (2016). An idealized self or the real me? Predicting attraction to online dating profiles using selective self-presentation and warranting. *Communication Monographs, 83*(3), 281-302.

Hancock, J. T., & Toma, C. L. (2009). Putting your best face forward: The accuracy of online dating photographs. *Journal of Communication, 59*(2), 367-386.

Aretz, W., Gansen-Ammann, D. N., Mierke, K., & Musiol, A. (2017). Date me if you can: Ein systematischer Überblick über den aktuellen Forschungsstand von Online-Dating. *Zeitschrift für Sexualforschung, 30*(01), 7-34.

Sedgewick, J. R., Flath, M. E., & Elias, L. J. (2017). Presenting your best self(ie): The influence of gender on vertical orientation of selfies on Tinder. *Frontiers in psychology, 8*(604), 1-6.

Sharabi, L. L., Dykstra-DeVette, T. A. (2019). From first email to first date: Strategies for initiating relationships in online dating. *Journal of Social and Personal Relationships, 36*, 3389-3407.

Van der Zanden, T., Schouten, A. P., Mos, M. B., & Krahmer, E. J. (2020). Impression formation on online dating sites: Effects of language errors in profile texts on perceptions of profile owners' attractiveness. *Journal of Social and Personal Relationships, 37*(3), 758–778.

Siibak, A. (2009). Constructing the self through the photo selection-visual impression management on social networking websites. *Cyberpsychology: Journal of psychosocial research on cyberspace, 3*(1), 1–10.

Hefner, V., & Kahn, J. (2014). An experiment investigating the links among online dating profile attractiveness, ideal endorsement, and romantic media. *Computers in Human Behavior, 37,* 9–17.

Welche Aussagen finden Sie persönlich in einem Online-Dating-Profil besonders langweilig?, zitiert nach: de.statista.com, 2011, abrufbar unter: https://de. statista.com/statistik/daten/studie/315706/umfrage/umfrage-zu-den-langweiligsten-aussagen-in-einem-online-dating-profil/

Casañ-Pitarch, R. (2020). The power of emoji for profile descriptions on Dating-Apps. *Lenguas Modernas, 56,* 27–42.

Tossell, C. C., Kortum, P., Shepard, C., Barg-Walkow, L. H., Rahmati, A., & Zhong, L. (2012). A longitudinal study of emoticon use in text messaging from smart-phones. *Computers in Human Behavior, 28*(2), 659–663.

### Part of the Game: Ein Spiel mit Suchtpotenzial

Laura Stampler, Inside Tinder: Meet the Guys Who Turned Dating Into an Addiction, in: Time Magazine, 6. Februar 2014, abrufbar unter: https://time. com/4837/tinder-meet-the-guys-who-turned-dating-into-an-addiction/

Abolfathi, N., & Santamaria, S. (2020). Dating Disruption-How Tinder Gamified an Industry. *MIT Sloan Management Review, 61*(3), 7–11.

Brown, C. (2018). It's A Match! The Procedural Rhetoric of Gaming and Online Dating in Tinder.

Garda, M. B., & Karhulahti, V. M. (2021). Let's Play Tinder! Aesthetics of a Dating App. *Games and Culture, 16*(2), 248–261.

Duguay, S. (2017). Dressing up Tinderella: Interrogating authenticity claims on the mobiledating app Tinder. *Information, Communication and Society, 20,* 351–367.

Schultz, W., Dayan, P., & Montague, P. R. (1997). A neural substrate of prediction and reward. *Science, 275*(5306), 1593–1599.

### To the left, to the left – Warum wir swipen, wie wir swipen

Willis, J., & Todorov, A. (2006). First impressions: Making up your mind after a 100-ms exposure to a face. *Psychological science, 17*(7), 592–598.

Chat Boutin, Snap judgments decide a face's character, psychologist finds, Princeton University, 22. August 2006, abrufbar unter: https://www.princeton.edu/news/2006/08/22/snap-judgments-decide-faces-character-psychologist-finds

van der Zanden, T., Mos, M. B., Schouten, A. P., & Krahmer, E. J. (2021). What People Look at in Multimodal Online Dating Profiles: How Pictorial and Textual Cues Affect Impression Formation. *Communication Research, 00*(0), 1–28.

Stangl, W., Eye-Tracking, 2022, abrufbar unter: https://lexikon.stangl.eu/5514/eye-tracking

Pronk, T. M., & Denissen, J. J. (2020). A rejection mind-set: Choice overload in online dating. *Social Psychological and Personality Science, 11*(3), 388–396.

### Sharing is caring, oder etwa nicht? Der Algorithmus hinter den Dating-Apps

Tinder, Powering Tinder® – The Method Behind Our Matching, in: Tinder pressroom.com, 2022, abrufbar unter: https://www.tinderpressroom.com/powering-tinder-r-the-method-behind-our-matching/

### The One – Warum es das perfekte Match nicht gibt

o. A., Das Parship-Prinzip®, 2001–2022, abrufbar unter: https://www.parship.de/tour/parship-prinzip/

Finkel, E. J., Eastwick, P. W., Karney, B. R., Reis, H. T., & Sprecher, S. (2012). Online dating: A critical analysis from the perspective of psychological science. *Psychological Science in the Public interest, 13*(1), 3–66.

Bouchard, G., Lussier, Y., & Sabourin, S. (1999). Personality and marital adjustment: Utility of the five-factor model of personality. *Journal of Marriage and the Family, 61*, 651–660.

Karney, B. R., & Bradbury, T. N. (1997). Neuroticism, marital interaction, and the trajectory of marital satisfaction. *Journal of Personality and Social Psychology, 72*, 1075–1092.

Stangl, W., Neurotizismus, 2022, abrufbar unter: https://lexikon.stangl.eu/1869/neurotizismus

Karney, B. R., & Bradbury, T. N. (1995). The longitudinal course of marital quality and stability: A review of theory, methods, and research. *Psychological bulletin, 118*(1), 3–34.

Malouff, J. M., Thorsteinsson, E. B., Schutte, N. S., Bhullar, N., & Rooke, S. E. (2010). The five-factor model of personality and relationship satisfaction of intimate partners: A meta-analysis. *Journal of Research in Personality, 44*(1), 124–127.

Joel, S., Eastwick, P. W., & Finkel, E. J. (2017). Is romantic desire predictable? Machine learning applied to initial romantic attraction. *Psychological science, 28*(10), 1478–1489.

Joel, S., Eastwick, P. W., Allison, C. J., Arriaga, X. B., Baker, Z. G., Bar-Kalifa, E., ... & Wolf, S. (2020). Machine learning uncovers the most robust self-report predictors of relationship quality across 43 longitudinal couples studies. *Proceedings of the National Academy of Sciences, 117*(32), 19061–19071.

## High Expectations! Warum wir lieber aufhören sollten zu tippen, um uns im Real Life zu treffen

Schulz, F., Skopek, J., & Blossfeld, H. P. (2010). Partnerwahl als konsensuelle Entscheidung. *KZfSS Kölner Zeitschrift für Soziologie und Sozialpsychologie, 62*(3), 485–514.

Xia, P., Tu, K., Ribeiro, B., Jiang, H., Wang, X., Chen, C., ... & Towsley, D. (2014). Characterization of user online dating behavior and preference on a large online dating site. In *Social Network Analysis-Community Detection and Evolution* (pp. 193–217). Springer, Cham.

Schoendienst, V., & Dang-Xuan, L. (2011). The Role Of Linguistic Properties In Online Dating Communication. A Large-Scale Study Of Contact Initiation Messages. *PACIS Proceedings.* 1–13.

Buss, D. M. and Barnes, M. (1986). Preferences in human mate selection. *Journal of Personality and Social Psychology, 50*(3), 559–570.

Regan, P. C. and Berscheid, E. (1997). Gender differences in characteristics desired in a potential sexual and marriage partner. *Journal of Psychology and Human Sexuality, 9*(1), 25–37.

Hitsch, G. J., Hortaçsu, A., & Ariely, D. (2006). What makes you click? Mate preferences and matching outcomes in online dating. *MIT Sloan Research Paper, 4603*(6), 1–63.

Riessman, C. (2002). Doing justice: Positioning the interpreter in narrative work. In W. Patterson (Ed.), *Strategic narrative: New perspectives on the power of personal and cultural stories* (pp. 193–214). Oxford: Lexington Books.

Matthew Smith, Four in ten female millennials have been sent an unsolicited pens photo, YouGov, 16. Februar 2018, abrufbar unter: https://yougov.co.uk/topics/politics/articles-reports/2018/02/16/four-in-ten-female-millennials-been-sent-dick-pic

Wade, T. J. (2015). How to flirt best: The perceived effectiveness of flirtation techniques. *Interpersona, 9*(1), 32–43.

Walther, J. B. (1996). Computer-mediated communication: Impersonal, inter-personal, and hyperpersonal interaction. *Communication research, 23*(1), 3–43.

Walther, J. B. (2007). Selective self-presentation in computer-mediated communication: Hyperpersonal dimensions of technology, language, and cognition. *Computers in Human Behavior, 23*, 2538–2557.

Wang & Chang, 2010; Wang & Lu, 2007; in Ramirez, A., Sumner, E. M., Fleuriet, C., & Cole, M. (2015). When online dating partners meet offline: The effect of modality switching on relational communication between online daters. *Journal of Computer-Mediated Communication, 20*(1), 99–114.

Antheunis, M. L., Schouten, A. P., & Walther, J. B. (2020). The hyperpersonal effect in online dating: Effects of text-based CMC vs. videoconferencing before meeting face-to-face. *Media Psychology, 23*(6), 820–839.

Gesselman, A. N., Ta, V. P., & Garcia, J. R. (2019). Worth a thousand interpersonal words: Emoji as affective signals for relationship-oriented digital communica-tion. *PloS one, 14*(8), 1–14.

Ramirez, A., Sumner, E. M., Fleuriet, C., & Cole, M. (2015). When online dating partners meet offline: The effect of modality switching on relational communication between online daters. *Journal of Computer-Mediated Communication, 20*(1), 99–114.

Toma, C. L., Hancock, J. T., & Ellison, N. B. (2008). Separating fact from fiction: An examination of deceptive self-presentation in online dating profiles. *Personality and Social Psychology Bulletin, 34*(8), 1023–1036.

## And Action! Wie dein erstes Date zu etwas Besonderem werden kann

Dutton, D. G., & Aron, A. P. (1974). Some evidence for heightened sexual attraction under conditions of high anxiety. *Journal of personality and social psychology, 30*(4), 510.

Schachter, S. (1964). The interaction of cognitive and physiological determinants of emotional state. *Advances in Experimental Social Psychology, 1*, 49–80.

o. A., Hängebrücken-Trick: So eroberst du jedes Herz!, Brigitte.de, abrufbar unter: https://www.brigitte.de/liebe/singles/haengebruecken-trick-so-eroberst-du-jedes-herz-11565818.html

Dr. phil. Sonja Deml, Das Brückenexperiment. Aufregung fördert die Anziehung, in: match-patch.de, 27. Oktober 2011, abrufbar unter: https://www.match-patch.de/ratgeber/dating/brueckenexperiment-aufregung-foerdert-anziehung/

Lewandowski, G. W., & Aron, A. P. (2004). Distinguishing arousal from novelty and challenge in initial romantic attraction between strangers. *Social Behavior and Personality: an international journal, 32*(4), 361–372.

Meston, C. M., & Frohlich, P. F. (2003). Love at first fright: Partner salience moderates roller-coaster-induced excitation transfer. *Archives of Sexual Behavior, 32*(6), 537–544.

## Rot, rot, rot sind alle meine Kleider: Anziehen, was andere anzieht?

Aslam, M. M. (2006). Are you selling the right colour? A cross-cultural review of colour as a marketing cue. *Journal of Marketing Communications, 12*, 15–30.

Kaya, N., & Epps, H. H. (2004). Relationship between color and emotion: A study of college students. *College Student Journal, 38*, 396–405.

Neto, F. (2002). Colors associated with styles of love. *Perceptual and Motor Skills, 94*, 1303–1310.

Elliot, A. J., & Niesta, D. (2008). Romantic red: red enhances men's attraction to women. *Journal of personality and social psychology, 95*(5), 1150.

Waitt, C., Gerald, M. S., Little, A. C., & Kraiselburd, E. (2006). Selective attention toward female secondary sexual color in male rhesus macaques. *American*

*Journal of Primatology: Official Journal of the American Society of Primato-logists, 68*(7), 738–744.

Lynn, B. M., McCord, J. L., & Halliwell, J. R. (2007). Effects of menstrual cycle and sex on progesterone hemodynamics. *American Journal of Physiology: Regulatory, Integrative, and Comparative Physiology, 292*, 1260–1270.

Pazda, A. D., Elliot, A. J., & Greitemeyer, T. (2012). Sexy red: Perceived sexual receptivity mediates the red-attraction relation in men viewing woman. *Journal of Experimental Social Psychology, 48*, 787–790.

Guéguen, N., & Jacob, C. (2014). Clothing color and tipping: Gentlemen patrons give more tips to waitresses with red clothes. *Journal of Hospitality & Tourism Research, 38*, 275–280.

Guéguen, N., & Jacob, C. (2013). Color and cyber-attractiveness: red enhances men's attraction to women's internet personal ads. *Color Research & Application, 38*(4), 309–312.

Pazda, A. D., Thorstenson, C. A., Elliot, A. J., & Perrett, D. I. (2016). Women's facial redness increases their perceived attractiveness: Mediation through perceived healthiness. *Perception, 45*(7), 739–754.

Lin, H. (2014). Red-colored products enhance the attractiveness of women. *Displays, 35*, 202–205.

Lehmann, G. K., Elliot, A. J., & Calin-Jageman, R. J. (2018). Meta-analysis of the effect of red on perceived attractiveness. *Evolutionary Psychology, 16*(4), 1–27.

Peperkoorn, L. S., Roberts, S. C., & Pollet, T. V. (2016). Revisiting the red effect on attractiveness and sexual receptivity: No effect of the color red on human mate preferences. *Evolutionary Psychology, 14*(4), 1–13.

Young, S. G. (2015). The effect of red on male perceptions of female attractive-ness: Moderation by baseline attractiveness of female faces. *European Journal of Social Psychology, 45*, 146–151.

### Not my cup of tea: Warum sich Nähe nicht durch einen heißen Kaffee herstellen lässt

Williams, L. E., & Bargh, J. A. (2008). Experiencing physical warmth promotes interpersonal warmth. *Science, 322*(5901), 606–607.

Chivers, T. (2019). What's next for psychology's embattled field of social priming. *Nature, 576*(7786), 200–202.

Lynott, D., Corker, K. S., Wortman, J., Connell, L., Donnellan, M. B., Lucas, R. E., & O'Brien, K. (2014). Replication of «Experiencing physical warmth promotes interpersonal warmth» by Williams and Bargh (2008). *Social Psychology, 45*(3), 216–222.

Chabris, C. F., Heck, P. R., Mandart, J., Benjamin, D. J., & Simons, D. J. (2019). No evidence that experiencing physical warmth promotes interpersonal warmth: Two failures to replicate Williams and Bargh (2008). *Social Psychology, 50*(2), 127–132.

## Let's talk! – Von wegen Schweigen ist Gold!

Mehl, M. R., Vazire, S., Holleran, S. E., & Clark, C. S. (2010). Eavesdropping on happiness: Well-being is related to having less small talk and more substantive conversations. *Psychological science, 21*(4), 539–541.

Milek, A., Butler, E. A., Tackman, A. M., Kaplan, D. M., Raison, C. L., Sbarra, D. A., ... & Mehl, M. R. (2018). «Eavesdropping on happiness» revisited: A pooled, multisample replication of the association between life satisfaction and observed daily conversation quantity and quality. Psychological science, 29(9), 1451–1462.

Knapp, M. L., & Vangelisti, A. (2005). Relationship stages: A communication perspective. *Interpersonal communication and human relationships* (pp. 36–49). Pearson Allyn & Bacon.

Aron, A., Melinat, E., Aron, E. N., Vallone, R. D., & Bator, R. J. (1997). The experimental generation of interpersonal closeness: A procedure and some preliminary findings. *Personality and Social Psychology Bulletin, 23*(4), 363–377.

Sprecher, S., Wenzel, A., & Harvey, J. (2018). Self-Disclosure and Starting a Close Relationship. In *Handbook of Relationship Initiation* (pp. 164–185). Psychology Press.

Collins, N. L., & Miller, L. C. (1994). Self-disclosure and liking: A metaanalytic review. *Psychological Bulletin, 116*(3), 457–475.

Kardas, M., Kumar, A., & Epley, N. (2021). Overly shallow?: Miscalibrated expectations create a barrier to deeper conversation. *Journal of personality and social psychology*, 1–32.

Wunderweib Redaktion, Verlieben leicht gemacht. Einfach 36 Fragen stellen, in: Wunderweib.de, 19. Februar 2015, abrufbar unter: https://www.wunderweib.de/verlieben-leicht-gemacht-einfach-36-fragen-stellen-5547.html

Mandy Len Catron, Modern Love. To Fall in Love With Anyone, Do This, in: New York Times, abrufbar unter: https://www.nytimes.com/2015/01/11/style/modern-love-to-fall-in-love-with-anyone-do-this.html

Kellerman, J., Lewis, J., & Laird, J. D. (1989). Looking and loving: The effects of mutual gaze on feelings of romantic love. *Journal of Research in Personality*, 23(2), 145–161.

## I know that you're toxic – Wann du lieber die Beine in die Hand nehmen solltest

Suria Reiche, Was toxische Beziehungen bedeuten, dpa, 14. Januar 2021, abrufbar unter: https://www.apotheken-umschau.de/weitere-themen/was-toxische-beziehungen-bedeuten-762583.html

Anne Otto, Toxische Beziehungen. Wenn sich der Partner immer öfter abwertend verhält, stellt sich die Frage, wie man Liebe wieder ins Gleichgewicht bringt – oder hinter sich lässt, in: Psychologie Heute, 9. Oktober 2020, abrufbar unter: https://www.psychologie-heute.de/beziehung/artikel-detailansicht/40797-toxische-beziehung.html

Clara Ott / Bärbel Wardetzki, Toxische Beziehungen. «Beide wissen nicht, wie eine gute Bindung funktioniert. Sie haben es nie erfahren», in: Welt+, 22. Oktober 2020, abrufbar unter: https://baerbel-wardetzki.de/wp-content/uploads/2020/10/Toxische-Beziehungen-Welt.de_.pdf

Prof. em. Dr. Jochen Fahrenberg, Populärpsychologie, in: Dorsch Lexikon der Psychologie, zuletzt geändert am 08. Mai 2019, abrufbar unter: https://dorsch.hogrefe.com/stichwort/populaerpsychologie

## What's cookin', good lookin'? Was uns auf andere fliegen lässt

Antheunis, M. L., Schouten, A. P., & Walther, J. B. (2020). The hyperpersonal effect in online dating: Effects of text-based CMC vs. videoconferencing before meeting face-to-face. *Media Psychology*, 23(6), 820–839.

Sprecher, S., & Regan, P. C. (2002). Liking some things (in some people) more than others: Partner preferences in romantic relationships and friendships. *Journal of Social and Personal Relationships*, 19, 463–481.

McCroskey, J. C., & McCain, T. A. (1974). The measurement of interpersonal attraction. *Speech Monographs*, 41, 261–266.

Graziano, W. G., Jensen-Campbell, L. A., Shebilske, L. J., & Lundgren, S. R. (1993). Social influence, sex differences, and judgments of beauty: Putting the interpersonal back in interpersonal attraction. *Journal of Personality and Social Psychology, 65*, 522–531.

Regan, P. C., & Berscheid, E. (1995). Gender differences in beliefs about the causes of male and female sexual desire. *Personal Relationships, 2*, 345–358.

Lou, S., & Zhang, G. (2009). What leads to romantic attraction: Similarity, reciprocity, security, or beauty? Evidence from speed-dating study. *Journal of Personality, 7*, 933–964.

Finkel, E. J., & Eastwick, P. W. (2008). Speed-dating. *Current Directions in Psychological Science, 17*(3), 193–197.

Schützwohl, A., Fuchs, A., McKibbin, W. F., & Shackelford, T. K. (2009). How willing are you to accept sexual requests from slightly unattractive to exceptionally attractive imagined requestors?, *Human Nature, 20*(3), 282–293.

Asendorpf, J. B., Penke, L., & Back, M. D. (2011). From dating to mating and relating: Predictors of initial and long-term outcomes of speed-dating in a community sample. *European Journal of Personality, 25*(1), 16–30.

Dion, K., Berscheid, E., & Walster, E. (1972). What is beautiful is good. *Journal of personality and social psychology, 24*(3), 285.

Langlois, J. H., Kalakanis, L., Rubenstein, A. J., Larson, A.,Hallam, M., & Smoot, M. (2000). Maxims or myths of beauty? A meta-analytic and theoretic review. *Psychological Bulletin, 26*, 390–423.

Lewandowski, G. W., Aron, A., & Gee, J. (2007). Personality goes a long way: The malleability of opposite-sex physical attractiveness. *Personal Relationships, 14*(4), 571–585.

Montoya, R. M., & Horton, R. S. (2013). A meta-analytic investigation of the processes underlying the similarity-attraction effect. *Journal of Social and Personal Relationships, 30*(1), 64–94.

Byrne, D. (1961). Interpersonal attraction and attitude similarity. *The journal of abnormal and social psychology, 62*(3), 713–715.

Montoya, R. M., Horton, R. S., & Kirchner, J. (2008). Is actual similarity necessary for attraction? A meta-analysis of actual and perceived similarity. *Journal of Social and Personal Relationships, 25*(6), 889–922.

Montoya, R. M., & Horton, R. S. (2013). A meta-analytic investigation of the processes underlying the similarity-attraction effect. *Journal of Social and Personal Relationships, 30*(1), 64–94.

Aron, A., Paris, M., & Aron, E. N. (1995). Falling in love: Prospective studies of self-concept change. *Journal of Personality and Social Psychology, 69*(6), 1102–1112.

Lehr, A. T., & Geher, G. (2006). Differential effects of reciprocity and attitude similarity across long- versus short-term mating contexts. *The Journal of social psychology, 146*(4), 423–439.

Dai, X., Dong, P., & Jia, J. S. (2014). When does playing hard to get increase romantic attraction? *Journal of Experimental Psychology: General, 143*(2), 521–526.

Zajonc, R. B. (1968). Attitudinal effects of mere exposure. *Journal of Personality and Social Psychology, 9*, 1–27.

Zajonc, R. B. (2001). Mere exposure: A gateway to the subliminal. *Current Directions in Psychological Science, 10*, 224–228.

Reis, H. T., Maniaci, M. R., Caprariello, P. A., Eastwick, P. W., & Finkel, E. J. (2011). Familiarity does indeed promote attraction in live interaction. *Journal of personality and social psychology, 101*(3), 557.

## Ich kann dich gut riechen – Welchen Einfluss unser Körpergeruch auf die Anziehung hat

Swami, V. (2021). *Attraction Explained: The Science of How We Form Relationships* (2nd ed.). Routledge.

Hoover, K. C. (2010). Smell with inspiration: the evolutionary significance of olfaction. *American journal of physical anthropology, 143*(51), 63–74.

Penn, D. J., Oberzaucher, E., Grammer, K., Fischer, G., Soini, H. A., Wiesler, D., ... & Brereton, R. G. (2007). Individual and gender fingerprints in human body odour. *Journal of the Royal society interface, 4*(13), 331–340.

Pandey, S. K., & Kim, K. H. (2011). Human body-odor components and their determination. *TrAC Trends in Analytical Chemistry, 30*(5), 784–796.

Shirasu, M., & Touhara, K. (2011). The scent of disease: volatile organic compounds of the human body related to disease and disorder. *The Journal of Biochemistry, 150*(3), 257–266.

Gerald T. Nepom, Der Haupthistokompatibilitätskomplex. Für die deutsche Ausgabe Thomas Kamradt, in: Suttorp et al., Harrisons Innere Medizin, ABW Wissenschaftsverlag 2016, 1–9.

Wedekind, C., Seebeck, T., Bettens, F., & Paepke, A. J. (1995). MHC-dependent mate preferences in humans. *Proceedings of the Royal Society of London. Series B: Biological Sciences, 260*(1359), 245–249.

Wedekind, C., & Füri, S. (1997). Body odour preferences in men and women: do they aim for specific MHC combinations or simply heterozygosity?, *Proceedings of the Royal Society of London. Series B: Biological Sciences, 264*(1387), 1471–1479.

Havlíček, J., Winternitz, J., & Roberts, S. C. (2020). Major histocompatibility complex-associated odour preferences and human mate choice: near and far horizons. *Philosophical Transactions of the Royal Society B, 375*(1800), 1–15.

Wyatt, T. D. (2015). The search for human pheromones: the lost decades and the necessity of returning to first principles. *Proceedings of the Royal Society B: Biological Sciences, 282*(1804), 1–9.

## Wer die Wahl hat, hat die Qual, oder: Dating-Burn-out wissenschaftlich erklärt

Prof. Dr. Hans-Georg Wolff, Überlastung durch große Auswahl, in: Dorsch Lexikon der Psychologie, zuletzt geändert am 15. April 2021, abrufbar unter: https://dorsch.hogrefe.com/stichwort/choice-overload

Iyengar, S. S., & Lepper, M. R. (2000). When choice is demotivating: Can one desire too much of a good thing? *Journal of Personality and Social Psychology, 79*(6), 995–1006.

D'Angelo, J. D., & Toma, C. L. (2017). There Are Plenty of Fish in the Sea: The Effects of Choice Overload and Reversibility on Online Daters' Satisfaction With Selected Partners. *Media Psychology, 20*(1), 1–27.

Scheibehenne, B., Greifeneder, R., & Todd, P. M. (2010). Can There Ever Be Too Many Options? A Meta-Analytic Review of Choice Overload. *Journal of Consumer Research, 37*(3), 409–425.

Scheibehenne, B., Greifeneder, R., & Todd, P. M. (2009). What moderates the too-much-choice effect?, *Psychology & Marketing, 26*(3), 229–253.

Greifeneder, R., Scheibehenne, B., & Kleber, N. (2010). Less may be more when choosing is difficult: Choice complexity and too much choice. *Acta psychologica, 133*(1), 45–50.

## High on Hormones – Was in deinem Körper passiert, wenn du dich verliebst

o. A. Vegetatives Nervensystem, in: Spektum Akademischer Verlag Heidelberg, 2000, abrufbar unter: https://www.spektrum.de/lexikon/neurowissenschaft/vegetatives-nervensystem/13542

Carlson, N. R. (2014). Physiology of Behavior (11th ed.). Pearson Education.

Elliott, B., Explained: Why do we get butterflies in our stomachs?, in: The Conversation, 20. Februar 2017, abrufbar unter: http://theconversation.com/explainer-why-do-we-get-butterflies-in-our-stomachs-72232

Andrea Wengel, Wie Hormone wirken, in: planet wissen, 17. November 2021, abrufbar unter: https://www.planet-wissen.de/natur/anatomie_des_menschen/hormone/pwiewirkungsweisederhormone100.html

De Boer, A., van Buel, E. M., & Ter Horst, G. J. (2012). Love is more than just a kiss: a neurobiological perspective on love and affection. *Neuroscience, 201*, 114–124.

Zeeman, G. G., Khan-Dawood, F. S., & Dawood, M. Y. (1997). Oxytocin and its receptor in pregnancy and parturition: current concepts and clinical implications. *Obstetrics & Gynecology, 89*(5), 873–883.

Shamay-Tsoory, S. G., Fischer, M., Dvash, J., Harari, H., Perach-Bloom, N., & Levkovitz, Y. (2009). Intranasal administration of oxytocin increases envy and schadenfreude (gloating). *Biological psychiatry, 66*(9), 864–870.

Wudarczyk, O. A., Earp, B. D., Guastella, A., & Savulescu, J. (2013). Could intranasal oxytocin be used to enhance relationships? Research imperatives, clinical policy, and ethical considerations. *Current Opinion in Psychiatry, 26*(5), 474–484.

Quintana, D. S., & Guastella, A. J. (2020). An Allostatic Theory of Oxytocin. *Trends in Cognitive Sciences, 24*(7), 515–528.

Lolait, S. J., Stewart, L. Q., Jessop, D. S., Young, W. S., & O'Carroll, A. M. (2007). The hypothalamic-pituitary-adrenal axis response to stress in mice lacking functional vasopressin V1b receptors. *Endocrinology, 148*(2), 849–856.

Amrit Krishna Mitra, Oxytocin and vasopressin: the social networking buttons of the body, in: AIMS Press, 13. Januar 2021, abrufbar unter: https://www.aimspress.com/article/doi/10.3934/molsci.2021003?viewType=HTML

Schneiderman, I., Zagoory-Sharon, O., Leckman, J. F., & Feldman, R. (2012). Oxytocin during the initial stages of romantic attachment: Relations to couples' interactive reciprocity. *Psychoneuroendocrinology, 37*(8), 1277–1285.

Valstad, M., Alvares, G. A., Egknud, M., Matziorinis, A. M., Andreassen, O. A., Westlye, L. T., & Quintana, D. S. (2017). The correlation between central and peripheral oxytocin concentrations: A systematic review and meta-analysis. *Neuroscience & Biobehavioral Reviews, 78*, 117–124.

Aron, A., Fisher, H., Mashek, D. J., Strong, G., Li, H., & Brown, L. L. (2005). Reward, Motivation, and Emotion Systems Associated with Early-Stage Intense Romantic Love. *Journal of Neurophysiology, 94*(1), 327–337.

Langeslag, S. J. E., van der Veen, F. M., & Fekkes, D. (2012). Blood Levels of Serotonin Are Differentially Affected by Romantic Love in Men and Women. *Journal of Psychophysiology, 26*(2), 92–98.

Mateos, S. S., Sánchez, C. L., Paredes, S. D., Barriga, C., & Rodríguez, A. B. (2009). Circadian Levels of Serotonin in Plasma and Brain after Oral Administration of Tryptophan in Rats. *Basic & Clinical Pharmacology & Toxicology, 104*(1), 52–59.

Roney, J. R., & Gettler, L. T. (2015). The role of testosterone in human romantic relationships. *Current Opinion in Psychology, 1*, 81–86.

Burnham, T. C., Chapman, J. F., Gray, P. B., McIntyre, M. H., Lipson, S. F., & Ellison, P. T. (2003). Men in committed, romantic relationships have lower testosterone. *Hormones and behavior, 44*(2), 119–122.

López, H. H., Hay, A. C., & Conklin, P. H. (2009). Attractive men induce testosterone and cortisol release in women. *Hormones and behavior, 56*(1), 84–92.

Edelstein, R. S., van Anders, S. M., Chopik, W. J., Goldey, K. L., & Wardecker, B. M. (2014). Dyadic associations between testosterone and relationship quality in couples. *Hormones and Behavior, 65*(4), 401–407.

**From Stockholm with Love – Wenn die Bindungsangst kickt**

Gilovich, T., Medvec, V. H., & Savitsky, K. (2000). The spotlight effect in social judgment: an egocentric bias in estimates of the salience of one's own actions and appearance. *Journal of personality and social psychology, 78*(2), 211.

Van Ijzendoorn, M. H., & Kroonenberg, P. M. (1988). Cross-cultural patterns of attachment: A meta-analysis of the strange situation. *Child development*, 147–156.

Lohaus, A., & Vierhaus, M. (2015). Frühe Eltern-Kind-Interaktion und Bindung. In *Entwicklungspsychologie des Kindes- und Jugendalters für Bachelor* (pp. 105–114). Springer, Berlin, Heidelberg.

Berk, L. E. (2005). Entwicklungspsychologie. München: Pearson.

Ainsworth, M. D. S., Blehar, M. C., Waters, E. & Wall, S. (1978). *Patterns of attachment: A psychological study of the strange situation*. Hillsdale, NJ: Erlbaum.

Waters, E., Merrick, S., Treboux, D., Crowell, J., & Albersheim, L. (2000). Attachment security in infancy and early adulthood: A twenty-year longitudinal study. *Child Development, 71*(3), 684–689.

Reiner, I. C., Fremmer-Bombik, E., Beutel, M. E., Steele, M., & Steele, H. (2013). Das Adult Attachment Interview – Grundlagen, Anwendung und Einsatzmöglichkeiten im klinischen Alltag. *Zeitschrift für Psychosomatische Medizin und Psychotherapie 59*(3), 231–246.

Hazan, C., & Shaver, P. (1987). Romantic love conceptualized as an attachment process. *Journal of Personality and Social Psychology, 52*(3), 511–524.

o. A., Bindungsangst – Warum fürchten wir die Liebe, und was uns helfen kann, in: AOK Gesundheitsmagazin, zuletzt aktualisiert am 17. August 2020, abrufbar unter: https://www.aok.de/pk/magazin/familie/beziehung/bindungsangst/

**Soul Mate oder Work it out? Was wir glauben, bestimmt, wie wir lieben**

Franiuk, R., Cohen, D., & Pomerantz, E. M. (2002). Implicit theories of relationships: Implications for relationship satisfaction and longevity. *Personal Relationships, 9*(4), 345–367.

Vannier, S. A., & O'Sullivan, L. F. (2017). Passion, connection, and destiny: How romantic expectations help predict satisfaction and commitment in young adults' dating relationships. *Journal of Social and Personal Relationships, 34*(2), 235–257.


## Let's stay friends – Können wir mit einem Date befreundet sein?

Mogilski, J. K., & Welling, L. L. (2017). Staying friends with an ex: Sex and dark personality traits predict motivations for post-relationship friendship. *Personality and Individual Differences, 115*, 114–119.

ElitePartner (Hg.), So liebt Deutschland. Wie sich Paare im Alltag organisieren, was Corona in Beziehungen verändert und wie lange Liebeskummer wirklich dauert, ElitePartner Studie 2021, 9. Juni 2021, abrufbar unter: https://www.mynewsdesk.com/de/elitepartner/documents/elitepartner-studie-2021-so-liebt-deutschland-411329

Altmann, T. (2021). Avoiding cross-sex friendships: The separability of people with and without cross-sex friends. *Current Psychology*, 1–8.

Byrne, D. (1961). Interpersonal attraction and attitude similarity. *The Journal of Abnormal and Social Psychology, 62*(3), 713–715.

Baumgarte, R., & Nelson, D. W. (2009). Preference for same- versus cross-sex friendships. *Journal of Applied Social Psychology, 39*(4), 901–917.

Kirke, D. M. (2009). Gender clustering in friendship networks: some sociological implications. *Methodological Innovations Online, 4*(1), 23–36.

McCroskey, J. C., & McCain, T. A. (1974). The measurement of interpersonal attraction. *Speech Monographs, 41*, 261–266.

Sprecher, S., & Regan, P. C. (2002). Liking some things (in some people) more than others: Partner preferences in romantic relationships and friendships. *Journal of Social and Personal Relationships, 19*, 463–481.

Lou, S., & Zhang, G. (2009). What leads to romantic attraction: Similarity, reciprocity, security, or beauty? Evidence from speed-dating study. *Journal of Personality, 7*, 933–964.

Graziano, W. G., Jensen-Campbell, L. A., Shebilske, L. J., & Lundgren, S. R. (1993). Social influence, sex differences, and judgments of beauty: Putting the interpersonal back in interpersonal attraction. *Journal of Personality and Social Psychology, 65*, 522–531.

Regan, P. C., & Berscheid, E. (1995). Gender differences in beliefs about the causes of male and female sexual desire. *Personal Relationships, 2*, 345–358.

Reeder, H. M. (2000). ‹I like you … as a friend›: The role of attraction in cross-sex friendship. *Journal of Social and Personal Relationships, 17*(3), 329–348.

Weger, H., Cole, M., & Akbulut, V. (2019). Relationship maintenance across platonic and non-platonic cross-sex friendships in emerging adults. *The Journal of social psychology, 159*(1), 15–29.

Afifi, W. A., & Faulkner, S. L. (2000). On being «just friends»: The frequency and impact of sexual activity in cross-sex friendships. *Journal of Social and Personal Relationships, 17*, 205–222.

## Lovesick – Warum Liebeskummer (k)ein Arschloch ist

Eisenberger, N. I., Lieberman, M. D., & Williams, K. D. (2003). Does rejection hurt? An fMRI study of social exclusion. *Science, 302*(5643), 290–292.

Woo, C. W., Koban, L., Kross, E., Lindquist, M. A., Banich, M. T., Ruzic, L., … & Wager, T. D. (2014). Separate neural representations for physical pain and social rejection. *Nature communications, 5*(1), 1–12.

Fisher, H. E., Brown, L. L., Aron, A., Strong, G., & Mashek, D. (2010). Reward, addiction, and emotion regulation systems associated with rejection in love. *Journal of Neurophysiology, 104*(1), 51–60.

Parianen, F. (2017). *Woher soll ich wissen, was ich denke, bevor ich höre, was ich sage?: Die Hirnforschung entdeckt die großen Fragen des Zusammenlebens.* Rowohlt Verlag.

Helen Fisher, Dumped! Why is it so painful when romance goes wrong? Blame the wiring of your brain and the harsh realities of evolution, in: New Scientist, Nr. 2434, 20. Februar 2004, abrufbar unter: http://www.helenfisher.com/downloads/articles/03dumped.pdf

Lindseth, G., Helland, B., & Caspers, J. (2015). The Effects of Dietary Tryptophan on Affective Disorders. *Archives of Psychiatric Nursing, 29*(2), 102–107.

## Willst du gelten, mach dich selten? Warum du keine 3 Tage warten solltest, bis du dich meldest

Janina (Online-Redakteurin), 3-Tage-Regel: Wann soll ich mich nach dem Date melden?, in: Jolie, 12. Februar 2021, abrufbar unter: https://www.jolie.de/liebe/3-tage-regel-wann-soll-ich-mich-nach-dem-date-melden-206486.html

o. A., Die Dreitageregel, in: How I Met Your Mother Wiki, zuletzt aktualisiert am 7. März 2015, abrufbar unter: https://how-i-met-your-mother.fandom.com/de/wiki/Die_Dreitageregel

Beatrice Bartsch, Pressemitteilung ElitePartner, Kommunikation beim Dating: Die ersten 24 Stunden sind entscheidend, in: ElitePartner.de, 27. August 2020, abrufbar unter: https://www.elitepartner.de/magazin/daten/kommunikation-beim-dating/

## Sieben mehr oder weniger gute Gründe für Ghosting – und einer für radikale Ehrlichkeit

Stangl, W., Ghosting, 2022, abrufbar unter: https://lexikon.stangl.eu/16336/ghosting

Liebe und Partnerschaft. Welche der folgenden Dinge haben Sie schon einmal erlebt, zitiert nach: de.statista.com, Februar 2018, abrufbar unter: https://de.statista.com/statistik/daten/studie/818513/umfrage/umfrage-in-deutschland-zu-erfahrungen-bei-beziehungstrends-nach-geschlecht/

LeFebvre, L. E. (2017). Ghosting as a relationship dissolution strategy in the technological age. In N. M. Punyanunt-Carter & J. S. Wrench (Eds.), *The impact of social media in modern romantic relationships* (pp. 219–235). New York, NY: Lexington Books.

Timmermans, E., Hermans, A. M., & Opree, S. J. (2020). Gone with the wind: Exploring mobile daters' ghosting experiences. *Journal of Social and Personal Relationships*, 1–19.

## Status: ungeklärt. Ist unsere Generation wirklich beziehungsunfähig?

Schmidt, G., Dekker, A., Matthiesen, S., Schmidt, G., & Starke, K. (2006). *Spätmoderne Beziehungswelten*. Wiesbaden: VS Verlag für Sozialwissenschaften.

Andrea Wengel, Partnerschaft. Beziehungsmodelle damals und heute, in: planet wissen, 09. Juli 2019, abrufbar unter: https://www.planet-wissen.de/gesell schaft/liebe/partnerschaft/pwiebeziehungsmodelledamalsundheute100.html

Carolin Burchardt, Autor Michael Nast im Gespräch mit Bindungsexpertin Stefanie Stahl: «Das Leid hat meinen Gefühlen erst Würde gegeben», in: RND Redaktionsnetzwerk Deutschland, 27. Februar 2021, abrufbar unter: https://www.rnd.de/liebe-und-partnerschaft/autor-michael-nast-im-gesprach-mit-bindungsexpertin-stefanie-stahl-das-leid-hat-meinen-gefuhlen-erst-wurde-gegeben-3T5B72NIO5CCRD4O2637WFROGE.html

Amanda Barroso, Kim Parker, Jesse Bennett, As Millennials Near 40, They're Approaching Family Life Differently Than Previous Generations, in: Pew Research Center, 27. Mai 2020, abrufbar unter: https://www.pewresearch.org/social-trends/2020/05/27/as-millennials-near-40-theyre-approaching-family-lifedifferently-than-previous-generations/

Twenge, J. M., Konrath, S., Foster, J. D., Campbell, W. K., Bushman, B. J. (2008). Egos inflating over time: a cross-temporal meta-analysis of the Narcissistic Personality Inventory. *Journal of Personality, 76*(4), 875–902.

Dilling, H., Freyberger, H. J. (2019). *Taschenführer zur ICD-10-Klassifikation psychischer Störungen.* Bern: Hogrefe.

Trzesniewski, K. H., & Donnellan, M. B. (2010). Rethinking «Generation Me»: A study of cohort effects from 1976–2006. *Perspectives on Psychological Science, 5*, 58–75.

Trzesniewski, K. H., Donnellan, M. B., & Robins, R. W. (2008). Do today's young people really think they are so extraordinary? An examination of secular changes in narcissism and self-enhancement. *Psychological Science, 19*, 181–188.

Arnett, J. J. (2013). The evidence for generation we and against generation me. *Emerging Adulthood, 1*(1), 5–10.

Scheling, L., & Richter, D. (2021). Generation Y: Do millennials need a partner to be happy? *Journal of Adolescence, 90*, 23–31.

### Bauch über Kopf? Wer entscheidet, ob es Liebe ist?

Kahneman, D. (2011). *Thinking, Fast and Slow.* London: Macmillan.

Kahneman, D. (2003). A perspective on judgment and choice: Mapping bounded rationality. *American Psychologist, 58*(9), 697–720.

Prof. Dr. Gerd Gigerenzer, Prof. Dr. Dr. h. c. Alf Zimmer, Heuristik, in: Dorsch Lexikon der Psychologie, zuletzt geändert am 11. Februar 2021, abrufbar unter: https://dorsch.hogrefe.com/stichwort/heuristik

o. A. Heuristik, in: Spektum Akademischer Verlag Heidelberg, 2000, abrufbar unter: https://www.spektrum.de/lexikon/psychologie/heuristiken/6524

o. A., Repräsentativitätsheuristik, in: Spektum Akademischer Verlag Heidelberg, 2000, abrufbar unter: https://www.spektrum.de/lexikon/psychologie/repraesentativitaetsheuristik/12898

Goldstein, D. G., & Gigerenzer, G. (2002). Models of ecological rationality: The recognition heuristic. *Psychological Review, 109*(1), 75–90.

Todd, P. M., Place, S. S., & Bowers, R. I. (2012). Simple heuristics for mate choice decisions. *Social judgment and decision making*, 193–207.

Patrick Langford, Does everything come in twos? Problems with dual-process theories, in: Psych Brief (Blog), 20. Mai 2020, abrufbar unter: http://psychbrief.com/dual-process-theories/

Keren, G., & Schul, Y. (2009). Two Is Not Always Better Than One: A Critical Evaluation of Two-System Theories. *Perspectives on Psychological Science, 4*(6), 533–550.

Jim Holt, Two Brains Running, in: The New York Times, 25. November 2011, abrufbar unter: https://www.nytimes.com/2011/11/27/books/review/thinking-fast-and-slow-by-daniel-kahneman-book-review.html

Simon, H. A. (1990). Invariants of human behavior. *Annual review of psychology, 41*(1), 1–20.

Todd, P. M., & Miller, G. F. (1999). From pride and prejudice to persuasion: Satisficing in mate search. In G. Gigerenzer, P. M. Todd & t. A. R. Group (Eds.), Simple heuristics that make us smart (pp. 287–308). New York: Oxford University Press.

Burke, M. D. (2007). *Falling in love as a heuristic for mate choice decisions.* Doctor of Philosophy in Psychology. University of South Florida.

Finucane, M. L., Alhakami, A., Slovic, P., & Johnson, S. M. (2000). The affect heuristic in judgments of risks and benefits. *Journal of Behavioral Decision Making, 13*(1), 1–17.

Slovic, P., Peters, E., Finucane, M. L., & MacGregor, D. G. (2005). Affect, risk, and decision making. *Health Psychology, 24*(4), 35–40.